陈群 许哲虎◎著

汽车经销商
法律风险管理攻略

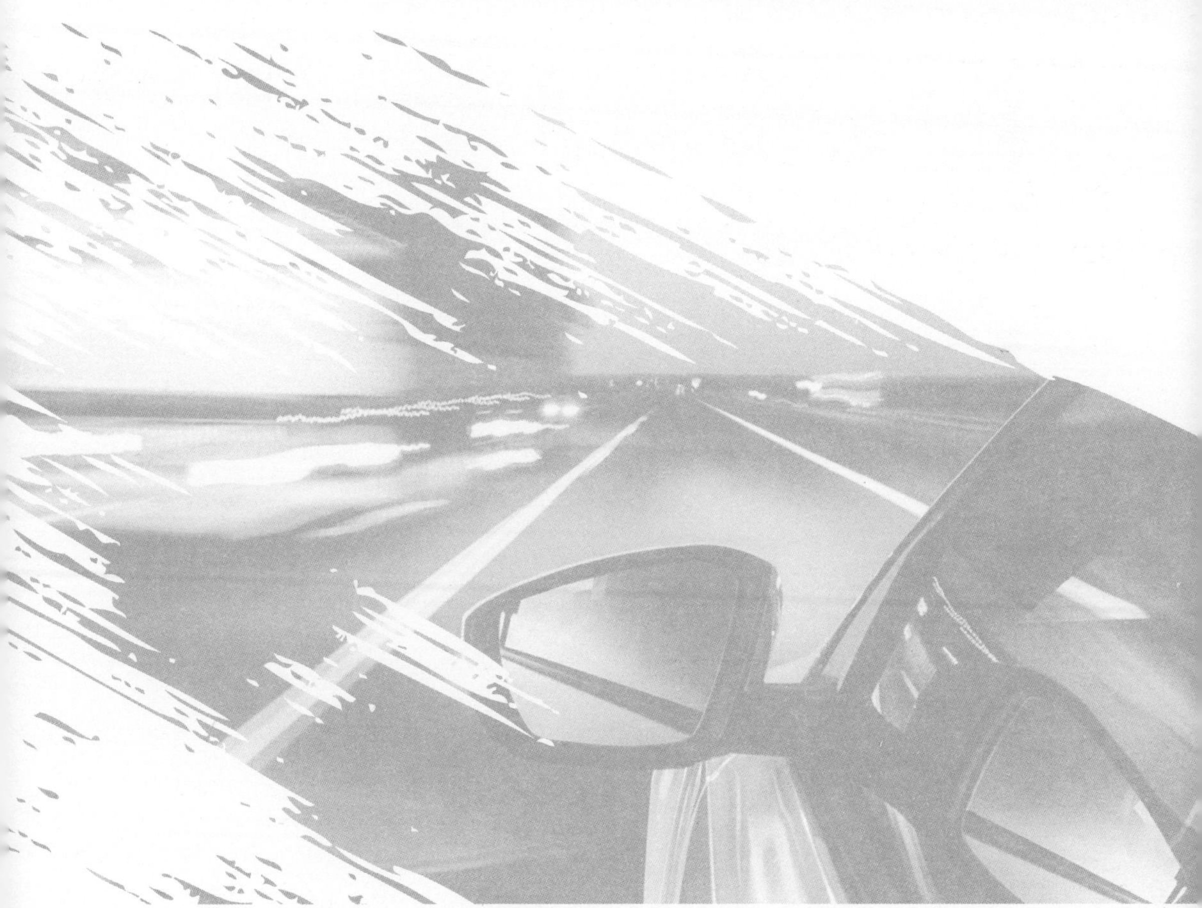

中国法制出版社
CHINA LEGAL PUBLISHING HOUSE

序 言

看到《汽车经销商法律风险管理攻略》这本书，我十分欣喜。在我看来，这也许是第一部系统地为汽车经销商提供专业法律风险评析和指导的书籍。

进入新时代，社会经济高速发展、科技转化日新月异，汽车流通作为支撑社会消费的重要领域，不断出现新情况、新问题、新风险，汽车经销商比以往任何时候都更加需要专业化的法律知识储备和法务实践新理论。《汽车经销商法律风险管理攻略》在这样的时代背景下推出，可以说是恰逢其时，对于汽车流通领域法务创新和实践具有重要的意义。

该书站在行业的高度，集专业性、实用性于一身，概述了汽车流通的历史、现状和未来方向，全面系统地规划了汽车经销商法律风险管理策略和操作指引。除此之外，它还有三个特点：一是提出风险核算的观点及风险博弈的方法，给经销商提供了恰当地、经济地对待风险的全新视角和路径；二是用较多篇幅阐述法律顾问、法务总裁的选聘、维护与管理，帮助经销商意识到风险管理要靠人去实现；法律顾问、法务总裁是风险管理的抓手，提纲挈领就能事半功倍；三是特别重视提升行业惯例的法律地位，帮助实现行业风险的有效管理，特别是对近年来给经销商造成极大困扰和较大损失的“退一赔三”案件，该书力图从源头上、在立法和司法角度帮助经销商长远地维护合法权益。

该书的第一作者陈群是我会的法律顾问，第二作者许哲虎是一位“80后”精英。陈群律师具备的专业法律素养令我敬佩，更难能可贵的是，她是国内少有的既懂法律、又懂汽车的法律专家，能够将法律专业知识有效地运用到汽车流通的实践中；她专注汽车流通十余年，长期为汽车经销商服务，同时参加了我会关于汽车品牌销售管理实施办法、汽车三包规定、汽车国家标准等多项重大行业法律工作。这些宝贵的实践，又进一步丰富和深化了陈群律师对汽车流通行业的理解，对汽车经销商运营特点、服务流程、业务要素的把握。

今天，作者将多年来的宝贵实践经验，编著成了一本指导汽车经销商法务工作的专业书籍，这是实践的结晶、经验的升华、思想的火花。愿更多的汽车经销企业能够从中获益，不断强化法律风险管理意识，不断提升公司治理水平，在汽车流通创新发展的时代大潮中稳步前行！

沈进军

中国汽车流通协会会长

2018 年 7 月 30 日于北京

自 序

从小就喜爱写作，梦想成为作家。也因此，写了不少文章。十多年前就开了博客、时常辛苦码字；近几年更是开了微信公众号“陈群汽车律师”“法律顾问陈群律师”“婚姻家庭与财产传承那些事”；还开了大鱼号“婚姻家庭与财产传承”、百家号“陈姐聊婚姻家庭与财产”、企鹅号“成功者的标配”“婚姻家庭与财产传承”和头条号“陈群律师”。

自以为是个写手，感觉良好。然而，“不吃梨不知梨滋味”，开始写书了，才知道，写书根本不同于写一般文章，写书是个大工程、大动作，非常不容易！

特别想把从事汽车经销商法律服务十来年的种种经验、感受、得失以及对经销商的种种观察了解以《汽车经销商法律风险管理攻略》之名写出来。因为，汽车经销商们太需要这样的书了。这本书的原则、理念、方法、合同文本等，是所有的汽车经销商可以借鉴甚至是可以直接使用的。

2016 年，我们写了基本框架和主要内容，基本定稿，但自我感觉不够好，要继续打磨。我们清楚，《汽车品牌销售管理实施办法》很快就要修订，新法要来了。果不其然，2017 年 4 月，《汽车销售管理办法》公布了，同时宣布废止《汽车品牌销售管理实施办法》。这样一来，法律依据有了很大的改变，汽车经销商的经营模式也相应地发生巨大改变，导致法律风险管理的整个系统必须相适应。因而，此前辛苦写作的内容，很大部分就过时了，我们只好推倒重来！就像一栋大厦，快要建成，却突然被迫要推倒重建，那种感受非常痛苦，那段时间极其失落。

但是，我们很快就振作起来。因为，新法刚刚公布，整个风险管理体系都要重塑、重建，对法律风险管理的需求更强；整个行业都需要重新学习，重新安排，重新标定，需要关注的风险点不少。

后来，党的十九大召开，国家的政治、经济形势更加明晰。新时代，中国梦，“一带一路”，法治中国……种种大政方针、条条路径、幅幅蓝图，令我们激动不已、夜不能寐。

所以，我们重新开始，好好回顾了一下中华人民共和国成立以来，特别是这十来年我国汽车流通行业的发展变化、起伏兴衰，仔细梳理了一下经销商最容易出问题、最需要关注的地方。本书集中力量关注风险管理组织架构的安排、几类主要的风险管理人的选任与相处、经销商法律风险管理的实务、特别是像“退一赔三”这样容易致经销商“重伤”的情形以及行业风险管理等，同时提供一些参考文本，希望能实实在在地帮到经销商；特别是那些风险管理的意识和能力相对薄弱的小微型经销商，他们可以直接把参考文本拿来稍加修改后使用。

陈群　许哲虎

2018 年 7 月 5 日于广东普罗米修律师事务所

目 录 contents

第一编 《汽车销售管理办法》深刻影响经销商

第二编　经销商法律风险管理的新时代、新办法

汽车经销商的法律风险管理是个系统工程，因为风险本身是动态地发展变化的，所以对风险的预见、把握及处理技巧就特别体现法律顾问的经验和功力。

经销商要舍得在法律上投入，聘请经验丰富的律师系统地设计、精细地建设风险防控应对体系，并持续地维护、适时地修正。

经销商要切记，不宜追求绝对的完美，不宜面面俱到、眉毛胡子一把抓，提纲挈领就好，把握法律顾问、法务总裁这两个抓手即可轻松地、高效地实现法律风险管理。

同理，律师要进入汽车行业、成为汽车经销商的法律顾问，要先了解汽车经销商及汽车法律服务。

本书作者深入汽车经销商企业和汽车流通行业协会，持续地为众多汽车经销商全面提供法律服务，了解汽车流通领域这十来年的发展变化，了解汽车流通行业的法律、法规、政策、行业惯例，了解汽车经销商的苦处、痛处、难处，了解所服务过的豪华汽车品牌，了解汽车相关热点事件和重大的、典型的案件，感触较多、经验较多、教训也不少，将这些经验汇集成文字出版，可以让读者少走弯路、多些成功。

本书从律师与经销商两个角度解析汽车经销商法律风险管理的理念、策略、方法、禁忌，着重给经销商一些有用的方法、建议，希望作者的善意能够尽量不受减损地传达到读者，并能实实在在地帮到读者。

可以想见，一本书不可能穷尽风险管理的全部要旨，一两个作者也不代表全部法律顾问的观点或经验，风险管理的规则与规律也不是千篇一律的。本书内容仅供参考，如有不同意见欢迎分享。

第 一 编

《汽车销售管理办法》深刻影响经销商

汽车流通领域的“根本大法”为《汽车品牌销售管理实施办法》，在 2017 年 7 月 1 日之后改为《汽车销售管理办法》。

它们是两部不同的行政规章，但一脉相承，都是谈汽车流通领域的管理、经营所必然要以之为纲的。

为简便起见，本书不加特别说明时，都是指现行有效的《汽车销售管理办法》。

第一章 《汽车销售管理办法》的前世今生

第一节 “红旗”国车

一、开国神车

我国早在1958年就能独立自主地生产高级小轿车，该款高级轿车被命名为“红旗”，形神皆颇具中国特色，可以说，红旗轿车代表的就是国家的形象、国家的实力。当年的国家领导人毛泽东、周恩来等人都乘坐敞篷红旗轿车检阅军队、检阅天安门广场上热情高涨的人民群众。红旗轿车作为一种标志，总是与重大典礼、重要国事联系在一起，国家领导人乘坐红旗轿车的形象家喻户晓、深入人心。所以，大部分中国人都知道，红旗车是我国的开国神车、我国国家领导人的专属座驾品牌。

二、黯然停产

从1958年到1981年，我国在20多年里总共生产了1540辆“红旗”牌高级轿车。然而，令人惊愕的是，1981年，一纸批文，这个生产了23年的“国车”停产了。从此，我国的“红旗”牌轿车，世界闻名的中国国产第一车，被迫谢幕退场、从无限辉煌的顶峰陨落。

据说，“红旗”被下马是因为耗油量大、成本高、产量低。难道，这些问题不可以解决吗？背后的原因不得而知。这一批文使中国完全停止了轿车的生产。一个重要的工业品类就这样失去了。

从此，中国成了没有轿车生产的国家。

第二节 “以市场换技术”

一、国家战略

“以市场换技术”这一说法在当时很流行，据说是当时我们国家的战略，不仅在汽车行业，在很多行业都流行“以市场换技术”这个口号。

三十多年前，中国汽车工业弱小，轿车生产水平较低，生产能力也较差，只有一个“红旗”牌轿车，二十多年也只生产了不到两千辆，当时的轿车真的很“高级”，只有高级领导人才可以乘坐。

改革开放后，市场打开，收入增加，观念更新，人们的消费能力迅速提升，消费欲望迅速被激发，想买车、想用车的人数迅猛增加，而唯一国产轿车又已停产。因此，买国外轿车风行一时，买车的人把外汇都换成了进口轿车。

于是，决策者想出了一个好主意：“以市场换技术”，放开市场，让国外汽车生产企业的资金和技术进入中国，借此扶植中国自己的汽车工业和自主汽车品牌。

据说，“以市场换技术”的主要目标是通过开放国内市场，引进外商直接投资，引导外资企业的技术转移，获取国外先进技术，并通过消化吸收，最终形成我国独立自主的研发能力，提高我国的技术创新水平。

这种想法是多么纯洁、多么美好啊！

二、市场

这里的“市场”，是宏观的、抽象的，即国内的经济环境。

让出“市场”，是指允许外资企业来满足部分的国内需求，理想的场景是把“市场”和“技术”作为互换的对价，像以物易物那样，实现各自的不同需求。

三、技术

“技术”必须是高于我国或我国不具备的技术，利用它能生产出我们国内还不能生产或是能生产但质量差、成本高、资源消耗多、缺额大、竞争力弱、需要长期大量进口的先进产品，特别是那些高、精、尖产品。

“以市场换技术”，不是将市场份额直接给予外资企业，而是将市场对外开放，国内企业仍可在该市场开展商业活动、进行竞争，并努力夺回市场。

四、效果

中国对跨国汽车生产企业开放了市场，是否如当初预期的那样换回了技术?

我们国家让渡了市场，但并没有必然地掌握汽车及零部件的关键技术。

一个国家在汽车制造及相关工业支持方面的综合实力，包括车身设计(风阻系数)、发动机设计和制造（材料及加工精度)、发动机与变速箱匹配、车身轻量化及其背后的科学技术发展水平和材料工业，是一个完整体系，其构成成分互相依存、缺一不可，绝非“以市场换技术”政策的制定者所想象的那样简单。

合资没有换来技术，却丢失了中国人的话语权，让国内的汽车人（包括汽车生产者和汽车销售者）失去了从业者的尊严。

中国汽车人在与国外汽车生产企业合作过程中尝遍酸甜苦辣，在自己的国家却不能做主、没有话语权，这种无奈和窘迫让汽车人十分愤懑。

法律人都知道，如果要获得人家的技术，应当签订技术转让合同、技术服务合同等，一厢情愿地以法律的形式引进外资、开放市场，如何能换来技术?

第三节　山雨欲来

一、《汽车品牌销售管理实施办法》出台

(一)“以市场换技术”理念形成

此后，国家出台了一系列法律、法规、规章，很多合资企业、外商独资企业随之成立。

1. 在汽车行业，这种思潮主要体现在2005年2月21日由中华人民共和国商务部、中华人民共和国国家发展和改革委员会、前国家工商行政管

理总局共同发布、自2005年4月1日起施行的《汽车品牌销售管理实施办法》。

2.《汽车品牌销售管理实施办法》规定，在全国推行汽车品牌销售制度。从此，全国开启了汽车销售的“4S时代”。

（二）基本制度

1.《汽车品牌销售管理实施办法》规定，汽车流通采用全国统一的“品牌授权”模式，建立总经销商、经销商体系，汽车供应商或经其授权的汽车品牌经销商，必须使用统一的店铺名称、标识、商标（以下简称“三个统一”）从事汽车经营活动。

2. 汽车供应商是为汽车品牌经销商提供汽车资源的企业，包括汽车生产企业、汽车总经销商。

3. 汽车品牌经销商是经汽车供应商授权、按汽车品牌销售方式从事汽车销售和服务活动的企业。

4. 汽车总经销商是经境内外汽车生产企业授权、在境内建立汽车品牌销售和服务网络，从事汽车分销活动的企业。

所有已进入中国市场的跨国汽车公司，先是物色合适的中国汽车经销商做自己品牌的总经销商，等网络体系形成并正常运作，再在中国成立独资的汽车总经销商公司，然后，对它们筛选过后认为有利用价值的所有的中国汽车经销商按照“一年一授权”的方式进行管理。

（三）影响

在《汽车品牌销售管理实施办法》施行之初，原有的汽车经销商阵营被立即划分成两半，开始了完全不同的经营“旅程”：

1. 获得汽车厂家授权的经销商被称为“品牌汽车授权经销商”，他们都欢天喜地，以为“天上掉下了一个大馅饼”；

2. 没有获得汽车厂家授权的经销商则无名分、无地位，他们悲伤、痛苦，感觉前路茫茫不知向何处去。

很快地，授权经销商们和非授权经销商们都感到十分窘迫、难以为继！

二、《汽车品牌销售管理实施办法》备受诟病

（一）扼杀竞争，窒息市场活力

1. 授权经销商被总经销商各种“管”。土地、人员、机构、资金、资

源、进货、存货、价格、渠道、软件、硬件……一切都管，哪怕地砖用什么品牌什么规格从哪进货、纸巾用什么品牌买哪个店的货等小事，都得听从总经销商的安排，总经销商成了经销商名副其实的“婆婆”，时时念着“三个统一”的紧箍咒。

2. 授权经销商被迫仰人鼻息，建店投入动辄数千万元，却随时可能被提前终止授权或到期不再授权，巨额投入难以收回成本、回报更无保障，授权经销商普遍苦不堪言、怨声载道、提心吊胆、惶惶不可终日。

（二）人为地改变原有经营生态，造成歧视、“被非法”

非授权经销商们日子更不好过，由于没有授权，以前的路没法走，新路不知在哪，车源是问题，配件是问题，经营资格更是问题，他们被迫从光明正大的经营者变成了“非法经营者”，只能偷偷摸摸地从事一些“地下交易”、打一下“擦边球”，或依附于授权经销商，当“二级”“三级”经销商，靠差价勉强生存。

三、要求修改规定

于是，无论是授权经销商还是非授权经销商都举步维艰，关门歇业者有之，亏本跳楼者有之，奔走呼号表达意见者有之，更有“500 经销商上书”的大事件发生。

经销商要求废止《汽车品牌销售管理实施办法》的呼声一浪高过一浪；也有些经销商则在极力推动《汽车品牌销售管理实施办法》的修改；还有经销商自行草拟《汽车品牌销售管理实施办法》的实施细则并通过各种渠道提出建议。经销商们不断努力，以期修改原有法律或出台细则，使经销商脱离受制于人的窘迫状态。

第四节 姗姗来迟

在媒体的持续关注下以及经销商们的持续努力下，《汽车品牌销售管理实施办法》所推行的品牌销售制度的弊端终于引起了高层的注意，于是，《汽车品牌销售管理实施办法》将修改、将废止、将出实施细则等不同版本、不同内容的小道消息不断流出。

经销商们翘首以待，然而，从 2005 年《汽车品牌销售管理实施办法》

公布到2016年《汽车销售管理办法》征求意见稿发布，其间无数次传出的消息，终成了现实。

历经12年之久，数次说来不来的《汽车销售管理办法》终于在2017年4月来了，并确定于2017年7月1日起施行；数次说走不走的《汽车品牌销售管理实施办法》终于走了。

这一来一去，非同一般，它是汽车流通行业呼唤了十几年才得到的结果！

行业格局说不变，一直都不变；然后，说变就变了！经过长达十多年的各方博弈，新法终于公布实施，实属难得。

第二章 全行业因《汽车销售管理办法》而改变

经销商们盼望已久的《汽车销售管理办法》终于来了，虽说它是各方博弈、均衡的结果，但还是给大家带来了惊喜，变化确实不小。因为，其立法目的是建设公平、稳定、开明的营商环境，宣扬诚信、高效、性价比合理的消费理念，与之前的“以市场换技术”差别太大。

第一节 解读《汽车销售管理办法》

《汽车销售管理办法》（在本节简称《管理办法》）已于2017年4月5日由商务部部长钟山签署，以2017年第一号令在2017年4月14日公布，于2017年7月1日开始实施，同时废止2005年发布的《汽车品牌销售管理实施办法》（在本节简称《品牌办法》）。

为更好地了解、学习《管理办法》，在此对《管理办法》进行解读。

为了简单明了，本文仅从字面上、形式上《管理办法》对《品牌办法》的主要革新这些角度进行解读。

【陈群律师解读】《管理办法》比《品牌办法》少了“品牌”二字，表面看只是两个字，却代表着一种制度——自《品牌办法》施行以来的品牌管理、品牌销售制度。略去二字，目的是弱化“品牌”管理模式。

但通观全文，结合相关法律规定来观察，其实“品牌管理”理念早已深入管理者（厂商和政府等）的内心、渗透这个行业的各个角落，其影响极大，删除“品牌”两个字后的《管理办法》还处处显现着“品牌管理”的“形”与“神”。

法规标题还少了“实施”二字，更加简洁、规范。因为，“实施”的课题太大了，再者，这也是与简政放权相适应的，“实施”应该交给市场去管理、去检验、去调整。

第一章　总　　则

第一条　为促进汽车市场健康发展，维护公平公正的市场秩序，保护消费者合法权益，根据国家有关法律、行政法规，制定本办法。

【陈群律师解读】“维护公平公正的市场秩序”是新增加的，目的是调整汽车厂商与汽车经销商之间的不平等关系，同时亦考虑到少数人滥用权利、过度维权的情形，倡导公平和公正。

第二条　在中华人民共和国境内从事汽车销售及其相关服务活动，适用本办法。

从事汽车销售及其相关服务活动应当遵循合法、自愿、公平、诚信的原则。

【陈群律师解读】“相关服务活动”及第二款是新增加的。

一是将汽车销售管理的范围从汽车销售扩大到相关服务，这是因为在实务中，销售商往往就是服务提供商，销售行为与服务行为密不可分。

二是强调四项原则，与国家打造诚信经营环境的大趋势相呼应。

第三条　本办法所称汽车，是指《汽车和挂车类型的术语和定义》(GB/T 3730.1) 定义的汽车，且在境内未办理注册登记的新车。

【陈群律师解读】本条与《品牌办法》的第四十四条对应，标准是一样的，但明确为“在境内未办理注册登记的新车”，即《管理办法》的管理对象仅为新商品车，从而排除了二手车。这是与长期以来我国汽车市场以新车市场为中心的管理习惯一致的，但与“构建共享型、节约型、社会化汽车流通体系”的追求目标不一致，甚至是矛盾的。

《汽车和挂车类型的术语和定义》是从技术层面解决汽车定义问题，而行政规章作为我国法律体系的一部分，既要有技术支撑，也要考虑当下汽车市场的实际。国家不能对二手车市场放任不管，更不能对二手车市场的蓬勃发展及与之不相适应的法律法规缺位和市场乱象无视。

第四条　国家鼓励发展共享型、节约型、社会化的汽车销售和售后服务网络，加快城乡一体的汽车销售和售后服务网络建设，加强新能源汽车销售和售后服务网络建设，推动汽车流通模式创新。

【陈群律师解读】本条是全新的规定。共享型、节约型、社会化、城乡一体、新能源汽车都是新概念、新提法，这是《管理办法》与《品牌办法》

最大的差异之一，也是投资人进入、生产商和经销商发展、提振消费能力的重要窗口，各方应当特别关注、深入研究、抓住机会。

第五条 在境内销售汽车的供应商、经销商，应当建立完善汽车销售和售后服务体系，保证相应的配件供应，提供及时、有效的售后服务，严格遵守家用汽车产品“三包”、召回等规定，确保消费者合法权益。

【陈群律师解读】本条是全新的规定。把供应商和经销商并提，赋予相同的权利，要求一样的付出。

但是，经销商与供应商不同，经销商并不掌握配件的生产、供应、流转的主动权，同时，召回的启动与执行的主动权和实施权也不在经销商。要求经销商“保证”“严格遵守”的标准较高。

另外，供应商所建立的“汽车销售和售后服务体系”虽然在名称上与经销商的行为一致，但内容上却有很大差异。供应商的两个体系是宏观的、封闭的，主要体现在资源上和技术上的；经销商的两个体系则是微观的、开放的、面向终端客户的。

第六条 本办法所称供应商，是指为经销商提供汽车资源的境内生产企业或接受境内生产企业转让销售环节权益并进行分销的经营者以及从境外进口汽车的经营者。

本办法所称经销商，是指获得汽车资源并进行销售的经营者。

本办法所称售后服务商，是指汽车销售后提供汽车维护、修理等服务活动的经营者。

【陈群律师解读】本条是比较重要的规定，明确“供应商”的三种成分，出现了“接受境内生产企业转让销售环节权益并进行分销的经营者”以及“从境外进口汽车的经营者”两种提法。

“接受境内生产企业转让销售环节权益并进行分销的经营者”是指以合同形式维系与生产者关系的汽车供应商，它可以是生产商投资自设的独立企业，也可以是其他经营者。这里有一个特殊点，生产商与经营者之间不是“品牌授权”关系，而是“转让销售环节权益”关系，这似乎是想打破生产商对经销商的控制。但这个表述其实是有问题的：如何转让？是一年一年地转让？一批一批地转让？还是一个品牌一个品牌地转让？转让的内容是什么？“销售环节权益”如何界定？细思之下，不知所云。

“从境外进口汽车的经营者”的提法非常宽泛，对进口的形式没有任何限制，这响应了平行进口放开政策。这意味着，进口汽车的一切经营者，包括原来的总经销商、平行进口经销商都算是供应商了。

“经销商”，从字面看，是包括平行进口商、授权经销商两类的。

第七条 国务院商务主管部门负责制定全国汽车销售及其相关服务活动的政策规章，对地方商务主管部门的监督管理工作进行指导、协调和监督。

县级以上地方商务主管部门依据本办法对本行政区域内汽车销售及其相关服务活动进行监督管理。

【陈群律师解读】本条与《品牌办法》条目对应、内容变化不大，但仅就调整的内容而言，表述更加准确了，把国务院商务主管部门的职责从“负责全国汽车品牌销售管理工作”改变为“制定政策规章”，这才有利于权责相适应啊。

第八条 汽车行业协会、商会应当制定行业规范，提供信息咨询、宣传培训等服务，开展行业监测和预警分析，加强行业自律。

【陈群律师解读】本条在《品牌办法》中对应的条目是第四十一条，但内容上增加了“提供信息咨询、宣传培训等服务，开展行业监测和预警分析”，等于给汽车行业协会赋权了，行业协会可以做更多的有益于本行业、有益于社会的事了。

第二章 销售行为规范

【陈群律师解读】本章基本上与《品牌办法》第四章对应，但变化不小，是对经销商及消费者影响最大的部分之一。

第九条 供应商、经销商销售汽车、配件及其他相关产品应当符合国家有关规定和标准，不得销售国家法律、法规禁止交易的产品。

【陈群律师解读】本条与《品牌办法》第三十一条对应，将“汽车”扩大到“汽车、配件及其他相关产品”、将“机动车国家安全标准”扩张为“国家有关规定和标准”，范围大了许多，消费者维权的依据更加充分。

第十条 经销商应当在经营场所以适当形式明示销售汽车、配件及其他相关产品的价格和各项服务收费标准，不得在标价之外加价销售或收取额外费用。

【陈群律师解读】本条与《品牌办法》第三十条对应，明确规定加价销售为禁止性行为，违反者“由县级以上地方商务主管部门责令改正，并可

给予警告或3万元以下罚款。”（见《管理办法》第三十二条）

但是，本文并未同时定义“加价销售”，这就使“加价销售”既可能成为经销商的风险点，也可能成为消费者滥用权利的篮子，还使得汽车销售的议价空间只存在于标价以下。

第十一条　经销商应当在经营场所明示所出售的汽车产品质量保证、保修服务及消费者需知悉的其他售后服务政策，出售家用汽车产品的经销商还应当在经营场所明示家用汽车产品的“三包”信息。

【陈群律师解读】本条与《品牌办法》第二十九条对应，将明示“售后服务”修改为明示“保修服务”，使须明示的内容明确具体无争议，但增加了明示“消费者需知悉的其他售后服务政策”的要求，这等于又成了经销商的一个风险点，因为它难以界定。至于明示三包信息，不难操作。

违反本条的法律责任是“由县级以上地方商务主管部门责令改正，并可给予警告或1万元以下罚款”。（见《管理办法》第三十三条）

第十二条　经销商出售未经供应商授权销售的汽车，或者未经境外汽车生产企业授权销售的进口汽车，应当以书面形式向消费者作出提醒和说明，并书面告知向消费者承担相关责任的主体。

未经供应商授权或者授权终止的，经销商不得以供应商授权销售汽车的名义从事经营活动。

【陈群律师解读】本条是新增内容。看起来是维护消费者权益，效果却是延续品牌管理意识。

建议平行进口车经销商，特别注意这一条款，必要时，派专人负责这样的提醒和说明。

违反本条的法律责任是“由县级以上地方商务主管部门责令改正，并可给予警告或3万元以下罚款”。（见《管理办法》第三十二条）“未提醒”或虽提醒而未保留已提醒的证据，将被罚款3万元，经销商须特别注意，尤其是小、微经销商，要有规范意识、证据意识。

第十三条　售后服务商应当向消费者明示售后服务的技术、质量和服务规范。

【陈群律师解读】本条是新增内容。可操作性值得推敲。

“售后服务的技术、质量和服务规范”包括哪些？规章未定义、未给范围、未给标准。那么，它的标准就可能是国家的、行业的、厂家的、保险公司的、经销商自己的；它的范围仅以技术、质量、服务三大类计，每一大类下都有无数的小类；这样一来，规范五花八门、参差不齐不说，须明示的规范内容更是海量，那么，“明示”海量信息的成本有多高？接受这些信息的代价及难度有多大？如此明示，有价值、有必要、可操作吗？

第十四条 供应商、经销商不得限定消费者户籍所在地，不得对消费者限定汽车配件、用品、金融、保险、救援等产品的提供商和售后服务商，但家用汽车产品“三包”服务、召回等由供应商承担费用时使用的配件和服务除外。

经销商销售汽车时不得强制消费者购买保险或者强制为其提供代办车辆注册登记等服务。

【陈群律师解读】 本条是新增内容，充分体现对消费者的保护。违反本条的法律责任是“由县级以上地方商务主管部门责令改正，并可给予警告或3万元以下罚款”。(见《管理办法》第三十二条)

但它的一些内容如“不得限定消费者户籍所在地”可能与目前一些地方政府的规定相冲突，特别是限购城市，有的限购城市行政级别比较高、有地方立法权，所立之法可能需要在当地优先适用。

第十五条 经销商向消费者销售汽车时，应当核实登记消费者的有效身份证明，签订销售合同，并如实开具销售发票。

【陈群律师解读】 本条是新增内容，操作时有一定难度。一是，消费的不一定是消费者；二是，在代付款、代购、赠与、保险赔付等多种情形下，买方、付款人、入户者可能不一致。

违反本条的法律责任是“由县级以上地方商务主管部门责令改正，并可给予警告或1万元以下罚款”。(见《管理办法》第三十三条)

第十六条 供应商、经销商应当在交付汽车的同时交付以下随车凭证和文件，并保证车辆配置表述与实物配置相一致：

（一）国产汽车的机动车整车出厂合格证；

（二）使用国产底盘改装汽车的机动车底盘出厂合格证；

（三）进口汽车的货物进口证明和进口机动车检验证明等材料；

（四）车辆一致性证书，或者进口汽车产品特殊认证模式检验报告；

（五）产品中文使用说明书；

（六）产品保修、维修保养手册；

（七）家用汽车产品“三包”凭证。

【陈群律师解读】本条是新增内容，使汽车买卖合同的卖方附随义务明确，可以充分保护消费者权益，同时也使经销商的操作更加规范化、有规则可遵守。

第十七条　经销商、售后服务商销售或者提供配件应当如实标明原厂配件、质量相当配件、再制造件、回用件等，明示生产商（进口产品为进口商）、生产日期、适配车型等信息，向消费者销售或者提供原厂配件以外的其他配件时，应当予以提醒和说明。

列入国家强制性产品认证目录的配件，应当取得国家强制性产品认证并加施认证标志后方可销售或者在售后服务经营活动中使用，依据国家有关规定允许办理免于国家强制性产品认证的除外。

本办法所称原厂配件，是指汽车生产商提供或认可的，使用汽车生产商品牌或其认可品牌，按照车辆组装零部件规格和产品标准制造的零部件。

本办法所称质量相当配件，是指未经汽车生产商认可的，由配件生产商生产的，且性能和质量达到原厂配件相关技术标准要求的零部件。

本办法所称再制造件，是指旧汽车零部件经过再制造技术、工艺生产后，性能和质量达到原型新品要求的零部件。

本办法所称回用件，是指从报废汽车上拆解或维修车辆上替换的能够继续使用的零部件。

【陈群律师解读】本条是新增内容。这是《管理办法》与《品牌办法》相比较对各方影响最大的条款之一。原厂配件、质量相当配件、再制造件、回用件全部是第一次出现在规章里的新概念。

规章给出了法律概念、明确了概念内容，如“原厂配件”就明确为“汽车生产商提供”和“汽车生产商认可”两个大类，但其对区分标准用“品牌”而不用“商标”，等于降低了确定性和质量标准。

违反本条第一款的法律责任是“由县级以上地方商务主管部门责令改正，并可给予警告或3万元以下罚款”。（见《管理办法》第三十二条）

另外，“提醒和说明”的程度、频度都未明示，经销商须谨防因此陷入维权包围圈。

第十八条　供应商、经销商应当建立健全消费者投诉制度，明确受理消费者投诉的具体部门和人员，并向消费者明示投诉渠道。投诉的受理、转交以及处理情况应当自收到投诉之日起7个工作日内通知投诉的消费者。

【陈群律师解读】本条是新增内容。规定建立健全消费者投诉制度是法定义务，违反本条的法律责任是“由县级以上地方商务主管部门责令改正，并可给予警告或1万元以下罚款”。(见《管理办法》第三十三条)

本条明确了投诉处理的程序、日程等，这需要供应商和经销商共同研究落实之策。

第三章 销售市场秩序

【陈群律师解读】本章是新增内容。

近几年，经销商维权，酿成了一起又一起有影响力的事件，如奥迪事件。因而，经销商的话语权在增强，生产商不得不做些让步，规章则体现民意、顺势而为，为使供、销利益平衡而作出一些安排。

第十九条 供应商采取向经销商授权方式销售汽车的，授权期限（不含店铺建设期）一般每次不低于3年，首次授权期限一般不低于5年。双方协商一致的，可以提前解除授权合同。

【陈群律师解读】本条是新增内容，明确了品牌授权的期限，改变了过去一年一授权、经销商建店巨额投入毫无保障的不正常状态。

第二十条 供应商应当向经销商提供相应的营销、宣传、售后服务、技术服务等业务培训及技术支持。

供应商、经销商应当在本企业网站或经营场所公示与其合作的售后服务商名单。

【陈群律师解读】本条第一款与《品牌办法》第二十三条对应，没有多大变化；第二款是新增内容，这个不难做到。

违反本条第二款的法律责任是“由县级以上地方商务主管部门责令改正，并可给予警告或1万元以下罚款”。(见《管理办法》第三十三条)

第二十一条 供应商不得限制配件生产商（进口产品为进口商）的销售对象，不得限制经销商、售后服务商转售配件，有关法律法规规章及其配套的规范性文件另有规定的除外。

供应商应当及时向社会公布停产或者停止销售的车型，并保证其后至少10年的配件供应以及相应的售后服务。

【陈群律师解读】本条第一款为新增内容，提出了长期诟病的限售、转售问题的解决方向，与《反垄断法》相呼应。

第二款与《品牌办法》第十九条第一款对应，明确停产、停售后的配件供应及售后服务年限，违背此条款的法律责任是“由县级以上地方商务主管部门责令改正，并可给予警告或3万元以下罚款”。（见《管理办法》第三十二条）

第二十二条 未违反合同约定被供应商解除授权的，经销商有权要求供应商按不低于双方认可的第三方评估机构的评估价格收购其销售、检测和维修等设施设备，并回购相关库存车辆和配件。

【陈群律师解读】本条为新增内容。这是经销商们呼唤了十多年、提出立法建议的结果，真是得来不易！

第二十三条 供应商发生变更时，应当妥善处理相关事宜，确保经销商和消费者的合法权益。

经销商不再经营供应商产品的，应当将客户、车辆资料和维修历史记录在授权合同终止后30日内移交给供应商，不得实施有损于供应商品牌形象的行为；家用汽车产品经销商不再经营供应商产品时，应当及时通知消费者，在供应商的配合下变更承担“三包”责任的经销商。供应商、承担“三包”责任的经销商应当保证为消费者继续提供相应的售后服务。

【陈群律师解读】本条为新增内容，规定了供应商、经销商两个主体的变更时及变更后的法定义务，以维护消费者权益。

违反本条第二款的法律责任是“由县级以上地方商务主管部门责令改正，并可给予警告或3万元以下罚款”。（见《管理办法》第三十二条）

第二十四条 供应商可以要求经销商为本企业品牌汽车设立单独展区，满足经营需要和维护品牌形象的基本功能，但不得对经销商实施下列行为：

（一）要求同时具备销售、售后服务等功能；

（二）规定整车、配件库存品种或数量，或者规定汽车销售数量，但双方在签署授权合同或合同延期时就上述内容书面达成一致的除外；

（三）限制经营其他供应商商品；

（四）限制为其他供应商的汽车提供配件及其他售后服务；

（五）要求承担以汽车供应商名义实施的广告、车展等宣传推广费用，或者限定广告宣传方式和媒体；

（六）限定不合理的经营场地面积、建筑物结构以及有偿设计单位、建筑单位、建筑材料、通用设备以及办公设施的品牌或者供应商；

（七）搭售未订购的汽车、配件及其他商品；

（八）干涉经销商人力资源和财务管理以及其他属于经销商自主经营范围内的活动；

（九）限制本企业汽车产品经销商之间相互转售。

【陈群律师解读】本条为新增内容，规定了供应商的行为规则、列出了供应商的负面清单，最大限度地释放了供应商对经销商施加的经营压力。违反本条的法律责任是“由县级以上地方商务主管部门责令改正，并可给予警告或3万元以下罚款”。(见《管理办法》第三十二条)

第二十五条 供应商制定或实施营销奖励等商务政策应当遵循公平、公正、透明的原则。

供应商应当向经销商明确商务政策的主要内容，对于临时性商务政策，应当提前以双方约定的方式告知；对于被解除授权的经销商，应当维护经销商在授权期间应有的权益，不得拒绝或延迟支付销售返利。

【陈群律师解读】本条为新增内容，明确了“销售返利”的法律地位，规定了供应商的商务政策行为规则。这是经销商的重大利好。

违反本条的法律责任是“由县级以上地方商务主管部门责令改正，并可给予警告或3万元以下罚款”。(见《管理办法》第三十二条)

第二十六条 除双方合同另有约定外，供应商在经销商获得授权销售区域内不得向消费者直接销售汽车。

【陈群律师解读】本条与《品牌办法》第二十二条对应，变化较小。违反本条的法律责任是“由县级以上地方商务主管部门责令改正，并可给予警告或3万元以下罚款”。(见《管理办法》第三十二条)

第四章　监督管理

第二十七条 供应商、经销商应当自取得营业执照之日起90日内通过国务院商务主管部门全国汽车流通信息管理系统备案基本信息。供应商、经销商备案的基本信息发生变更的，应当自信息变更之日起30日内完成信息更新。

本办法实施以前已设立的供应商、经销商应当自本办法实施之日起90日内按前款规定备案基本信息。

供应商、经销商应当按照国务院商务主管部门的要求，及时通过全国汽车流通信息管理系统报送汽车销售数量、种类等信息。

【陈群律师解读】本条为新增内容，规定了供应商、经销商的信息备案与报送法定义务。

违反本条的法律责任是“由县级以上地方商务主管部门责令改正，并可给予警告或1万元以下罚款”。（见《管理办法》第三十三条）

第二十八条　经销商应当建立销售汽车、用户等信息档案，准确、及时地反映本区域销售动态、用户要求和其他相关信息。汽车销售、用户等信息档案保存期不得少于10年。

【陈群律师解读】本条为新增内容，规定了经销商的信息管理与保存保管的法定义务。

违反本条的法律责任是“由县级以上地方商务主管部门责令改正，并可给予警告或1万元以下罚款”。（见《管理办法》第三十三条）

第二十九条　县级以上地方商务主管部门应当依据职责，采取“双随机”办法对汽车销售及其相关服务活动实施日常监督检查。

监督检查可以采取下列措施：

（一）进入供应商、经销商从事经营活动的场所进行现场检查；

（二）询问与监督检查事项有关的单位和个人，要求其说明情况；

（三）查阅、复制有关文件、资料，检查相关数据信息系统及复制相关信息数据；

（四）依据国家有关规定采取的其他措施。

【陈群律师解读】本条为新增内容，规定了行政机关现场检查的形式及内容。

第三十条　县级以上地方商务主管部门应当会同有关部门建立企业信用记录，纳入全国统一的信用信息共享交换平台。对供应商、经销商有关违法违规行为依法作出处理决定的，应当录入信用档案，并及时向社会公布。

【陈群律师解读】本条为新增内容，规定了行政机关对供应商、经销商进行征信记录、失信惩戒的形式及内容，与当前国家创建诚信体系的大动作相呼应。

第三十一条　供应商、经销商应当配合政府有关部门开展走私、盗抢、非法拼装等嫌疑车辆调查，提供车辆相关信息。

【陈群律师解读】本条为新增内容，规定了供应商、经销商配合调查的义务。

第五章　法律责任

【陈群律师解读】本章是全新的规定，《品牌办法》没有对应章。

本章将违法行为的查处机关明确为“县级以上地方商务主管部门”，可能是与计划中的发展县域经济、汽车流通网络向三四线城市和农村地区下沉、更好地满足城镇化发展需求、有效地释放这些地区的消费潜力的目标相适应。

第三十二条　违反本办法第十条、第十二条、第十四条、第十七条第一款、第二十一条、第二十三条第二款、第二十四条、第二十五条、第二十六条有关规定的，由县级以上地方商务主管部门责令改正，并可给予警告或3万元以下罚款。

第三十三条　违反本办法第十一条、第十五条、第十八条、第二十条第二款、第二十七条、第二十八条有关规定的，由县级以上地方商务主管部门责令改正，并可给予警告或1万元以下罚款。

第三十四条　县级以上商务主管部门的工作人员在汽车销售及其相关服务活动监督管理工作中滥用职权、玩忽职守、徇私舞弊的，依法给予处分；构成犯罪的，依法追究刑事责任。

第六章　附　　则

第三十五条　省级商务主管部门可结合本地区实际情况制定本办法的实施细则，并报国务院商务主管部门备案。

【陈群律师解读】本条是全新的规定、赋权条款，《品牌办法》没有对应内容。各省商务厅可以有所作为了，希望积极作为、作为好。

第三十六条　供应商通过平行进口方式进口汽车按照平行进口相关规定办理。

【陈群律师解读】本条是全新的规定，赋予平行进口经营者合法权利。

第三十七条　本办法自2017年7月1日起施行。

【陈群律师解读】从签署之日到公布之日，历经9天；再到施行之日，历经85天，想必各方都准备了、适应了。

第二节 新模式、新业态、新规则

一、鼓励模式创新

《管理办法》的一个重大改变是打破了一统天下的“4S 店”模式，鼓励发展共享型、节约型、社会化、城乡一体等新模式、新业态，推动流通模式创新。

这也就是说，在“法无禁止即可为”的原则下，汽车经销商们可以采用一切可以想到的、可以操作的新模式、新业态，无须有顾虑，不会有阻碍。用时髦的话说就是“撸起袖子干，甩开膀子干”，至于能否盈利、投入是多是少，则完全取决于经销商的投资理念和经营管理能力。

二、平行进口合法化

平行进口汽车政策转变方向，一系列保障平行进口的政策颁布实施，对经销商利好的政策不断出现，涉及市场准入、产品准入的规则逐渐完善、标准逐渐向促进进口倾斜。由此，平行进口汽车的经营者迅速增加，平行进口汽车市场发展加快、规模扩大。在进口车市场需求下滑的局面下，平行进口汽车市场却逆势上扬，2017 年 1 月至 7 月，进口汽车销量共计 68 万辆，平行进口汽车就有 94872 辆，同比增长 47%，占进口汽车总量的 14%。

但是，平行进口汽车经销商也面临很多困难、很多问题：

1. 经营者鱼龙混杂、良莠不齐，有规范经营者，但更多的是打擦边球、赚快钱的小企业。

2. 经营规模体量差异巨大，既有大的集团公司，也有打游击的小店。

3. 法律、法规不完善，行政管理不规范、不到位。

4. 回报高但风险大，车型集中但款式多且杂，供车地及配置难以保证与预期一致，更难做到与事先约定一致，尤其难以保证完全符合政府要求和行业规范，诸多问题成了平行进口车商的软肋。这从深圳牧得隆、百事齐等平行进口车商或关门、或跑路、或惹上刑事及民事纠纷的多个热点新闻事件可见一斑。

5. 社会对平行进口汽车及其经营模式了解少、误解多、包容度低、要求却很高，重庆玛莎拉蒂平行进口汽车商被一审判令给消费者“退一赔三”即反映了这一现实。

6. 三包服务及售后维修保养服务难以落实。

平行进口汽车的经营者，基本上不是原有的授权经销商，要么是新成立的，要么是小规模的销售店，他们基本上没有维修保养机构、没有维修保养能力，也不能够像品牌经销商那样，向车主发放汽车三包必备的文件——《三包凭证》。

三、最好的模式是创新与保障同时设计

经营者在设计任何新模式、新业态的时候，最好都有法律顾问参与，以便一开始就能够充分预见到风险及其是否能够承受，进而设计好发展规划和可行性方案，特别是设计好风险防范与规避方案及争议解决方案，避免走弯路。

四、配件销售渠道畅通

这个改变也是令经销商欢欣鼓舞、令消费者满意的。

经销商再也不用纠结于配件从哪进、什么时间进、进多少等，有了一点自主权，有了一点决策权，那是多么幸福！

消费者则是希望配件价格降低，享受实实在在的实惠。

五、生产者不得实施垄断或变相垄断

这是生产者最不愿意接受、也不得不接受的。

生产者原本可能没有垄断的想法、垄断的行为，是“三个统一”的总经销商制度给了生产者实施垄断的机会、得以培植垄断的土壤。

生产者在垄断中大得好处，获得垄断利润，获得垄断话语权，获得垄断市场机会，推行垄断市场规则，实行垄断统治，因而，垄断的积极性高涨，能直接垄断的就直接垄断，难以直接垄断或不能垄断的，则变相垄断。

《管理办法》实施后，生产者必须调整行为，改变态度，再也不能像过去那样占有较大的主动权。

六、配件供应公开透明

这是第一次以法规的形式规定生产者或经销商在配件方面的义务，并明

确了原厂件、同质件、再制造件、回用件、修复件的概念，规定要明示生产商、生产日期、适配车型等信息。这些，对整治配件市场、规范配件供应秩序、提升配件管理效能、提高配件质量、加速配件流通速度都有好处。

但同时，也对经销商的配件管理能力提出了新要求。哪一个方面做得不符合法律规定，都可能在争议中处于被动地位。

七、供应商不得挤占经销商终端市场

要区分供应商、经销商的经营方向，供应商就是向经销商供应整车、配件的经营者，不能越位去代替经销商与终端客户交易。这是对市场主体定位的法律规定，避免供应商利用资源优势挤占终端市场、造成市场成分的杂乱。

八、取消对消费者的种种限制

这也是《管理办法》的一个重大亮点。

无论供应商还是经销商，都不得限定消费者的户籍所在地，不得对消费者限定汽车配件、汽车用品、汽车金融、汽车保险、汽车救援的提供商或服务商，目的就是维护消费者的知情权和选择权，减少非自愿性消费，降低消费者负担。这一点，对经销商是一个考验，它直接影响到经销商实行多年的业务模式、盈利模式、操作习惯、合作关系等。

九、明显变化

随着2017年7月1日的到来，《管理办法》的实施成为现实！

许多汽车流通业界人士在想：《管理办法》的实施，会给汽车流通业带来怎么样的变化？会给汽车消费者带来什么影响？更有一些人在议论：汽车流通业将有巨变！还有网文说：2017年7月1日之后，汽车销售价将会大幅下降，要买车的朋友一定要等到2017年7月1日之后。理由是《管理办法》的实施。

根据多年来浸润于汽车经销商企业的经验，作者认为，《管理办法》以行政规章的形式直接改变了汽车流通业的许多规定、规则，这种改变是理论上的、纸面上的，本章第一节至第六节概述了改变的主要内容；但是汽车流通业的实际变化是受多方面因素影响的。国家法律法规只是导致汽车流通业

变化的一个重要因素，生产者、经销商、消费者、社会需求、市场规律、经济大环境等因素则构成了汽车流通行业变化的合力。

汽车流通业变化是必然的，但变化并不是从 2017 年 7 月 1 日才发生，变化也不是发生在 2017 年 7 月 1 日这个时间节点上，变化一直在发生，变化不是剧烈的、迅速的，而是渐变的，是一个从量变到质变的过程，是一个从部分变到整体变的过程，是一个从自主变、自发变、悄悄变到依法变的过程，是一个大方向、大趋势、大效果变得越来越好的过程。

对于传统的经销商而言，这既是一个最好的时代，又是一个最坏的时代。

您会因为放开模式、放开渠道、放开限制而松一口气，您很快又会因为放开模式、放开渠道、放开限制而叹一口气！

您会时时感受到放开的种种好处，您也会处处感受到放开的种种坏处！

但是，这一切都由不得您，您必须适应，必须与时俱进，必须安排专门力量、随时调整方案、时刻预见并规避风险！

汽车流通行业的变化，主要体现在以下这几个方面：

（一）渐进、并进、跨界兼业

从单一的生产者授权的品牌 4S 店模式向多品牌并存的综合店、大卖场、城市展厅（这一形式早就存在）、电子商务平台等多业态、多样式发展。

这是因为，从反垄断、反技术控制技术掠夺、提高交易效率、维护消费者利益、增强市场竞争及市场活力、降低土地占用与稀缺资源占用等任何一个方面考虑，都应该这样做。

但是，在相当长的一段时间（短则一两年，长则三五年甚至更久），生产者授权的品牌 4S 店模式仍然是主流形式，只是，生产者对经销商的管制、约束、掠夺不得不越来越少，支持、鼓励、让利不得不越来越多而已。

这样的变化最直接、最集中地体现在配件管制的放开、跨区销售禁令的终结等。

品牌 4S 店模式之所以仍然长期存在而不是立即消亡，是因为品牌 4S 店模式已经存在了十多年，它有强大的生命力、强大的惯性、强大的抗拒力、强大的市场话语权，汽车厂家不愿意它衰落，更不愿意它消亡。汽车厂家通过种种手段，如让利、管理软件、汽车资源配置、各种商务政策、各种技术支持等，早已把品牌经销商完全捏在手心，也早已把触角伸到汽车流通的全体系、全方位、全流程。

作者不认为没有实体店的、纯粹的汽车电商能够成为一种汽车流通的经营模式。汽车电商在近几年有迅猛的发展，有些先知先觉、先行先试并且有一定资金实力的汽车电商可以从新模式挖到一桶金，但它们一定要依附于实体店，一定与实体店有密切的关系，没有实体店的纯粹电商不适合于汽车。汽车的技术性、汽车的价值、汽车的服务需求等，使得纯粹的汽车电商难以生存、更难以发展。

但是，如果腾讯或阿里巴巴来做汽车电商，则是另一回事。

它们的体量、资金量、数据量、流量和活跃客户量，以及它们对征信系统的掌握和运用能力、综合的、跨界的运营能力、抗风险能力及争议解决能力、制订规则的能力、创造新模式的能力、市场话语权和行为影响力，与一般企业不可同日而语。

（二）车型

传统的以各种油料为动力的汽车，譬如汽油车、柴油车，仍然长期存在，而不是像有些网文说的那样会很快消失；新能源汽车（包括现有的电动、气动、混合动力，以及将来可能出现的磁场动、水动、电磁动、核动、微生物动等）会有一个长足的发展，但并不迅猛，因为它受很多限制，尤其是技术的限制，如续航能力、加能条件、生产能力等限制。

（三）渠道

随着经营模式的变化，渠道的变化产生了。

经销商从向生产者预订、生产者直接供车这个唯一的渠道变成了多形式、多渠道，平行进口、二三级经销商、吃价差、吃时间差的车虫式、掮客式零散销售、腾讯之类的“大鳄”将来可能做的自产自销等各种想得到甚至想不到的渠道将百花齐放，尤其是政府支持鼓励发展县域经济，四五六线城市及县城甚至乡镇，都将有汽车销售商，汽车销售渠道会很长，会贯通到最基层。

（四）付款方式

汽车买家的付款方式将有较大变化。

从现有的一次性付款、银行或汽车金融公司按揭付款这两种方式，到汽车租赁、汽车融资租赁、支付宝付款、微信付款、各种新型网贷信用贷付款、各种信用平台或别的新型平台的第三方支付、转支付、代支付、信用免支付等。

（五）保险及延保

保险及延保服务将更加丰富周到，费用降低、手续简便、赔付及时，骗保也会更难。保险及延保最易实现第三方支付、转支付、代支付、免支付等，在不久的将来，信用等级与信用分可直接影响保险及延保的投保条件及费用。

第三章　配件管理规范化

《汽车销售管理办法》的一个重点内容就是使配件管理规范化，力图改变配件编号不统一、型号既多又杂还乱、品质良莠不齐的局面。

第一节　原厂配件

一、必须执行新标准

“原厂配件”有了明确的法律概念和违法责任，汽车生产厂家、汽车经销商、汽车消费者都要遵守，这是无疑义的。

二、依法执行

1. 义务主体

（1）经销商；（2）售后服务商。

2. 履行义务的时间

（1）销售时；（2）提供配件时。

3. 义务的内容

义务一：标明，销售或者提供的配件上应当如实标明“原厂配件”。

义务二：明示，明示生产商（进口产品为进口商）、生产日期、适配车型等信息。

义务三：认证，列入国家强制性产品认证目录的配件，应当取得国家强制性产品认证并加施认证标志后方可销售或者在售后服务经营活动中使用，依据国家有关规定允许办理免于国家强制性产品认证的除外。

三、正确理解

“原厂配件”有了法定概念，并不解决一切问题。相反地，未来在是否是“原厂配件”上会有不少争议。有些是因误解而产生，有些可能基于贪婪、甚至出于恶意。

1. 易误解，且误解原因多样化：一是对概念的理解有偏差；二是目前缺少实施细则；三是对规章的可操作性有一定限制。

2. 两个大类须明确：（1）汽车生产商提供配件的来源有两种可能：一是汽车生产商生产；二是汽车生产商采购。其提供方式也有两种可能：一是汽车生产商装配在新车上；二是汽车生产商从配件库向订货的经销商发货。

（2）规章对“认可”形式没有规定，仅规定了认可标准：一是品牌，要么是汽车生产商品牌，要么是汽车生产商认可的品牌，如路虎汽车认可马牌、倍耐力两个轮胎品牌；二是制造标准，如按照车辆组装零部件规格和产品标准制造的零部件。

如果一直没有明确规定，那么“汽车生产商认可”这个环节易起争议：如何认可、认可的形式是什么？是事前认可、事中认可，还是事后认可？是逐一认可，批量认可，还是总量认可？是主动依职权或依合同认可，还是被动依申请认可？将来，省级商务部门可能通过制定本地实施细则来完善。在未明确确定之前，它对经销商是柄“双刃剑”。

第二节 质量相当配件（同质件）

“质量相当配件”在《汽车销售管理办法》的修改稿或征求意见稿中多次表述为“同质配件”，在正式公布的文本里的完整表述是“本办法所称质量相当配件，是指未经汽车生产商认可的，由配件生产商生产的，且性能和质量达到原厂配件相关技术标准要求的零部件。”这就是“质量相当配件”的法定概念。在 2017 年 7 月 1 日以后，《汽车销售管理办法》正式实施，“质量相当配件”就正式成为汽车维修行业生产经营中的合法可用配件。

“质量相当配件”必须符合如下要素：

1. 生产者是配件生产商。如果是汽车生产商所生产，则是“原厂配件”。

2. 未经汽车生产商认可。这也是“原厂配件”与“质量相当配件”的区别之一。如果经过汽车厂商认可，则质量相当配件同时又是原厂件。

3. 是汽车零部件。这个很容易理解，它是专用于汽车的法律概念。

4. 性能和质量达到原厂配件相关技术标准要求。这里有两个要求：一是性能要求，二是质量要求。

零部件性能，是指该产品具有适合汽车产品要求的物理、化学或技术性能，如强度、化学成分、纯度、功率、转速等。通常所说的产品性能，实际上是指产品的功能和质量两个方面。用户购买某个产品，是需要利用它的功能，也就是需要用它来实施某种行为的能力。

这里的“质量”是专指零部件性能部分“实现功能的程度和持久性的度量”，目的是在设计中便于参数化和赋值，在使用中满足需求。

但是，“原厂配件相关技术标准”如何确定、如何查验？特别是“相关”这一提法，产生了巨大的空间和巨大的不确定性。这是“质量相当配件”将来在使用中的最大变数、最易产生争议的地方。

我国的《产品质量法》第十三条第一款中规定，“可能危及人体健康和人身、财产安全的工业产品，必须符合保障人体健康和人身、财产安全的国家标准、行业标准”，显然，汽车零部件应当符合国家标准、行业标准，而不是企业标准。

简单地说，“质量相当配件”既不是汽车生产商所自行生产的配件，也未经其认可，生产主体及产销渠道与汽车生产商完全无关。它或将成为汽车维修行业使用量最大、使用频率最高、品种最多、市场份额最大的零部件。

其实，在汽车维修行业，一直存在的“副厂件”就是“质量相当配件”的前身，只不过“副厂件”没有得到国家法律认可而已。由于没有正规名分、没有法定地位，副厂件良莠不齐，品质好的可能达到甚至超过原厂件的质量标准，差的可能勉强装到车上，用不了多久就会坏，或者无法发挥应有的效用。还有零件编码、原材料标号等的差异，导致副厂件市场比较混乱。

采用“质量相当配件”这样的提法，并以法律、政策支持，是国家为打破配件的渠道垄断而采取的系列措施之一。“质量相当配件”必须在质量上与原厂配件标准相匹配，在材质、结构、制造工艺与功能标准等方面与原厂配件相比质量相当或更高，同时应满足中国法律法规的相关要求。可见，质量相当，是相等或更高，而不是质量降低、更不是一种质量新标准。这样做，就是为了鼓励竞争，打破垄断，给市场注入活力和竞争力。

第三节 再制造件

“再制造件”是《汽车销售管理办法》提出的新概念（尽管在汽车维修

行业该类配件早就存在，只是没有统一的规范名称）。《汽车销售管理办法》第十七条第五款规定："本办法所称再制造件，是指旧汽车零部件经过再制造技术、工艺生产后，性能和质量达到原型新品要求的零部件。"这是"再制造件"的法定概念及法定技术标准，不过，这个标准不是用技术语言来表述的。

与"再制造件"联系最紧密的有新件、翻新件、修复件等汽车配件提法。

新件是由汽车生产商或配件生产商生产的、从未使用过的，保持了新品的全部技术特征、知识产权、外在特征甚至包装的配件。

翻新件，一般是由维修商或一些较小的配件工厂用较简单的方法，如洗涤、去污、消毒、校正、修补、以新品或可用品替换可拆卸的损坏部分等，使已陈旧、已污损、已功能退化的配件外观得到恢复、功能得以适当提高、技术上可用的配件。

修复件则是汽车经销商、维修商或专门的经营者对已损坏但可修复的配件进行处理后的配件，它是零星的、散在的、临时性的。

再制造件，有这样两个显著的技术特征：一是经过再制造技术、再制造工艺进行生产；二是性能和质量达到原型新品要求。再制造技术，是一种新型技术，有较高科技含量和技术要求，兼具维修与制造的特点（既修复，又制造），其生产过程是标准化和规模化的，其生产工艺是精密的和有针对性的，其原材料是统一的和大批量的，其质量控制是严格的和科学的。总之，再制造件是全新的，其性能和质量是等同于、甚至超过新品的。如果要说与新品的区别，就是它是利用了旧件、以旧件为原材料。但您千万不要因此看错了再制造件、把它等同于翻新件、修复件，它的性能、质量、外观都等于或好于新件。

第四节　回 用 件

《汽车销售管理办法》第十七条第六款规定："本办法所称回用件，是指从报废汽车上拆解或维修车辆上替换的能够继续使用的零部件。"

回用件与拆车件有一个共同点：都来源于报废汽车拆解后有用的配件。长期以来，汽车维修行业内部把回用件与拆车件几乎等同，似乎拆车件只是业内对回用件的另一种称呼，似乎回用件就是拆车件、就只是来源于报废汽车。甚至，在《报废汽车回收管理办法》中，对回用件也表述为："拆解的其他零配件能够继续使用的，可以出售，但必须标明'报废汽车回用件'。"

但是，在《汽车销售管理办法》中，回用件不仅可以是报废汽车拆解而来的配件，还可以是维修车辆上替换的可用件。也就是说，在《汽车销售管理办法》的语境下，回用件的来源有两大类，这就使回用件的范围更广泛了，对回用件的这一定义更符合维修行业的客观实际。这样的规定，着眼于"用"，而不特别强调其"出身""来源"，是与日新月异的汽车类型、日益壮大的汽车用户队伍及日益发展和复杂化的汽车市场尤其是二手车市场以及越来越高标准的环境保护要求相适应的。也就是说，《汽车销售管理办法》给了回用件合法的地位。

那么，这样的规定，对有关各方会产生什么样的影响呢？

一、对报废汽车回收企业是利好

对于取得报废汽车回收企业资格认定的企业来说，这是个大大的政策利好，回用件的合法化、正规化、编码统一，如果再加上回用件市场的建立，就会使回用件的流通正常起来，报废汽车回收企业的效益就会有大幅提升的空间。

二、对汽车维修企业是利好

对于汽车维修企业而言，回用件的使用可降低成本、减少配件库存，方便稀缺件与急用件的采购和采用。

三、对送修人也是好事

回用件的价格肯定比原厂件、质量相当配件、再制造件要低，而性能和功效却不一定差。特别是在遇到需要稀缺件、紧俏件甚至是停产断供件的时候，回用件就可解决燃眉之急。而有些重大交通事故车辆上的回用件，可能还是新品。

四、解决汽车厂家停产之后的配件供应问题

从表面上看，回用件的采用可能使汽车厂家的原厂配件销售量下降，但实际不然，回用件主要是用于替代稀缺件、紧俏件、停产断供件，这些种类的配件的供应是少量的、小众的，根本不是汽车厂家的大路货，汽车厂家经营它并没有多少利润，在停产的情况下，汽车厂家可能根本无法供应。

五、有利于环境保护、废物利用、资源节约、效率提高、垃圾减少等

总之，回用件的合法化、规范化是一件利国利民的事。期待回用件管理变得真正规范起来。

第四章　是机会，还是鸡肋

《汽车销售管理办法》鼓励发展新的市场模式、销售平台与渠道，传统汽车经销商即面临客户服务与售后方式的颠覆、对汽车法务提出新课题、对人力资源提出新的管理要求。

尽管有各种不便和不利，但《汽车销售管理办法》来了，其实就是机会来了！

第一节　所有汽车人的机会？

但是，有机会，不等于能抓住机会；抓住机会不等于成功。抓住机会只是迈出了第一步。

也就是说，所有的汽车市场参与者，都平等地面临着极好的机会——一个全新的、可高速地持续性地发展的机会。

能不能抓住这个好机会，就看您行动的速度、胸怀的广度、眼光的远度、计划的精度和落实的力度了。

哪一个环节没处理好，就可能不是机会，而是鸡肋了！

第二节　如何抓住商机

那么，汽车流通领域的大鳄——汽车经销商集团——该如何抓住如此难得的发展机会？作者只简要谈两个方面。

一、网络发展

经销商集团要做到以下两点：

1. 及时修改网络发展计划、建设方案

要充分考虑汽车流通模式的创新，有效嵌入共享型、节约型、社会化、大数据、人工智能、城乡一体这些政策元素，争取政策红利。

2. 最大限度地发挥规模优势

（1）覆盖多品牌：进口品牌、合资品牌、国产品牌；超豪华品牌、豪华品牌、普通品牌、普及型品牌（不称其传统名号“低端品牌”）；多品种：轿车、城市 SUV、越野车、农村 SUV、MPV、小型商务车；多级别：高档、中档、低档；自动挡、手动挡；全系列：汽油车、柴油车、油电混动车、其他新能源车。

（2）提高占有率：市场覆盖面要宽；市场份额要高；客户分布要广。

（3）纵向穿透，从一线城市延伸至二三线城市，直到渗透五六线城市。

（4）提升综合竞争力。汽车金融：能一站式提供保险、汽车贷款、融资租赁等，使客户能够便利地办理汽车相关业务；资源共享：包括汽车资源、配件资源、技术资源、人力资源、设施设备资源、信息资源、信用资源、专业法律服务资源。

二、市场

在大力发展网络的同时，还要大力拓展市场，特别是地级市、县及县级市、乡镇市场。发展此类市场，要改变“高大上”的传统营销理念和营销方法，要有合适的车型、合适的维修保养及保险服务、合适的汽车金融方案、合适的风险防范方案及纠纷解决方案。

对于维修、保养、保险、上牌、救援，最好是批量、包干的一揽子方案，以此降低成本、让利于客、形成口碑营销、抢占并维护市场。但是请注意，一揽子方案一定要经过协商，以避免触犯《汽车销售管理办法》第十四条的禁令！

由于经销商将要面对的是全新的市场、全新的客户、全新的经营模式，经营地域广阔、销售量大而利润比较薄，所以经营及维护的成本与风险都比较高，一开始就要有风险防范方案和争议解决方案，且方案应当便捷、快速、价廉、执行性好。

作者推荐“预设调解 + 仲裁组合式”争议解决方案，还可考虑投保相关保险来分担风险。

第三节　拓展县域市场

发现市场靠眼力，培育市场靠能力，维护市场靠耐力。对市场合理细分并取舍，是迈向成功的必由之路。

一、县域市场的特征

1. 幅员辽阔，人数众多

全国有数千个县域行政单位，按照中国现行的行政区划，县级行政区包括地级市的市辖区、县级市、县、自治县、旗、自治旗、特区、林区八种。理论上，县级数千个行政单位，都可以成为汽车经销商的市场。

2. 客户分布不均匀，消费能力差异非常大

发达的县域，可能对高端品牌需求量大，对售后服务要求也高；落后的县域，虽贫穷，却更好面子，只要买得起，就会买，甚至不关注汽车的本来品质（品牌、级别、生产者、能源、车型等），买车以壮“家声”的不在少数。曾经看到过一个媒体人的文章，他的家人都没有驾驶证（相当于没有合法的驾驶人）、不会开车（非法驾驶的条件也不具备）、家里只有种田的老父母且田很少（没有用车的需求），可他的妈妈愣是赶在过年前花七八万元买了一辆续航能力仅为四五十公里的电动汽车（她不懂车）。老人的目的只有一个：别人家门口都摆了汽车，有的人家甚至摆两三台，我家也得有！——这种情况下，客户主要考虑价位、外形及颜色等外在因素，其他什么都不考虑，只是为了跟风。

3. 政策扶持力度大

地方政府寄予厚望，为了招商引资出台诸多政策照顾、利税优惠，但汽车流通机制没有建立，需要懂行的您科学地开发。

二、从这些方面入手

1. 讲政治、懂法律

负责拓展的班子一定要有讲政治、懂法律、沉稳的人才，要深刻了解国家大政方针，了解当地政府的意图和地方规划。因为，发展县域经济、下沉汽车市场、开放汽车销售模式，其实是国家发展经济、刺激消费的大动作的

一部分。所以，必须与政治大势同频、合拍，才可能赢得商机。

2. 做好市场调查

通过市场调查和市场分析，正确认识并充分了解县域汽车市场，正确认识并充分了解目标县域的目标客户的需求和顾忌，了解县域民众消费心理和消费习惯，从而定位好市场区域、市场目标、市场发展规划。

3. 引导并培养消费习惯

针对县域客户群体进行全方位的开拓设计，从市场到销售到售后，从车源到配件再到保修保养保险，点点滴滴、方方面面，都要兼顾，像母亲对待自己的新生婴儿一样细心周到。

要争取像腾讯创造QQ、微信，阿里巴巴创造淘宝、支付宝那样，以汽车消费的新产品、新模式、新平台、新渠道、新方法给人们带来全新的消费模式和消费感受，从而引领市场。

4. 细分市场

县域市场需求多、内容杂，消费水平跨度大，消费偏好差异大，所以要做好市场细分，找准客户群。

5. 同步开拓和维护汽车市场和汽车后市场

同步提供汽车的销售、售后、延保等综合服务，让客户少操心、不操心，少花钱、不花钱，少跑路、不跑路。

6. 始终重视争议解决方案的设计与执行

县域市场的法治环境、道德环境、规则环境与汽车经销商集团现处的一线和二线城市差别非常大，不能等到争议频发、纠纷难解之时再去考虑有关方案、作出有关安排、支出有关费用，那就被动了。“救火”的费用可能是“消防”费用的十倍、百倍、千倍甚至更多，关键是，还耽误时间、影响效率、会带来一系列负面影响。并且，县域人际圈子小、相互关系错综复杂，人们的攀比、从众心理突出，一次纠纷处理不好，会影响一大片客户。

三、专业与兼业并举

县域市场规模、容量有限，为了降低成本、保证可持续发展，经营模式可以灵活多样，不必再拘泥于品牌销售、专业经营，既可以做传统的4S店或5S店，给客户提供一站式、全方位的贴心服务，也可以只做销售、只做维修、兼营其他业务。

四、实体与电商同进

办实体店的同时，也要积极发展电商平台、网络交易。这也是为了满足县域经济的要求，花较少的钱、配较少的人、提供较多选择、做恰当的事。

五、远程保养、维修

对于简单的、常见的保养或维修需求，可以通过远程指导车主自行实施或当地其他机械操作工人配合的方式来完成。这是基于县域特征的特别安排，确保用户体验良好、后顾无忧。

2

第 二 编

经销商法律风险管理的新时代、新办法

汽车经销商法律风险的管理是多维度、多角度、多措施的，法律规定变了、经营模式变了，法律风险管理的方法也要相应变化。

如今，汽车经销商一般都是集团经营，单店经营的比较少。汽车经销商集团因实力强大、机构庞大、法律事务繁多、经营体量巨大、风险多且复杂，一般都配备法务总裁（法务总经理）及法务部和法律顾问。《汽车销售管理办法》施行以后，汽车销售格局、销售模式有了较大变化，单店不断地冒出来，因为单店投资少、费用低、组织结构简单、船小好掉头。但是，单店在法律风险的预见和防范上，肯定没有集团公司那样的实力，也没有那样的需求，抵御风险的能力也会低很多。

为叙述方便，以下关于风险管理的建议基本上都是针对集团公司的，单店及其他形式或模式的经销商，可以参照。

第一章　汽车行业观及法律服务需求观

所谓汽车流通行业，是指各类汽车经销商的集合，以及这个集合的全部的经营活动。

汽车法律服务需求，是指以汽车经销商为主体的汽车流通领域全部主体、全部环节、全部内容的法律服务需求。

第一节　汽车销售经营格局

一、旧模式在相当长的时间内仍客观存在

虽说《汽车销售管理办法》鼓励新模式、新业态，但是，法律法规要逐步落实，管理体系要慢慢建立，管理理念要渐渐变化，所以，在一定时期内，国家对汽车销售管控仍然相当严格，原有的管理模式在相当长的时间内仍可适用。

二、经营自主与自由是相对的

汽车流通行业是重资产行业，投入多、回本慢，受资金、技术、场地、人员、汽车及配件资源等种种条件限制，在相当长的时间内，汽车销售的经营模式不可能变得完全自由，汽车经销商也不能完全独立自主地经营。

三、垄断是《汽车品牌销售管理实施办法》的副产品

1. 汽车经销商只能向生产者申请并成为这一个生产者旗下品牌的汽车经销商、按这个品牌的汽车生产厂商的指令行事，大到经营品牌、模式、价格、高管组成，小到建店地砖、墙纸、办公用品、车间设施设备等一切都必须符合汽车生产厂商的要求，不得有任何变动。

2. 经销商如欲更换品牌，必须向新的生产者重新申请。

“品牌授权”成了经销商的生命线、紧箍咒，汽车生产厂商凭借授权对经销商颐指气使，经销商只能绝对服从，否则，就必须出局，投入的巨大建店资金等将付之东流。这使得汽车销售市场畸形发展，汽车经销商的日子越来越不好过，汽车相关的法律争议越来越复杂多变、难以解决。

四、汽车品牌销售并不是自始有之

《汽车品牌销售管理实施办法》于 2005 年 2 月 21 日公布、当年 4 月 1 日施行后，品牌销售才逐步实施。此前，既有汽车大卖场、又有汽车专卖店，此后，能够光明正大地经营汽车的就只有汽车品牌授权经销商，老百姓所知的汽车 4S 店就是汽车品牌授权经销商的经营门店。在商务活动中，人们一般称汽车品牌授权经销商为“汽车经销商”或“经销商”。即使现在《汽车品牌销售管理实施办法》废止了，已经形成的行业气候也不能一时改变。

五、多种模式并存

除了品牌授权经销商，还有以各种名义和身份在夹缝中生存的平行进口车商、汽车卖场、汽车综合销售网点、汽车二级或三级经销商、小型车行等。它们或者从授权汽车经销商那里进货（主要是国产车、合资车等），或者以各种方式“平行进口”（进口车），或者专卖海关扣押的走私车等，有人甚至直接走私汽车，或者进口零配件，再在国内组装成整车，也有专卖二手车的。

六、“螺旋式上升”“波浪式前进”“周期性发展”

1. 从 2005 年到 2011 年，是汽车经销商的好日子，卖车的都赚钱，一台国产车赚个三五万元轻而易举，豪华进口车则可能每台赚几十万元甚至更多。

赢利多少与车价及品牌、存量有关，通常来说，车价两三百万元的能赚二三十万元，差不多 10%；在最鼎盛时期，劳斯莱斯之类的豪车，光是“车虫”报酬都可能一台就几十万元。

2. 2011 年以后，汽车经销商的盈利水平逐渐降低、亏损出现，2013 年开始大面积亏损，近年亏损面达到60%。

3. 与此相对应的是，政策发生改变，过去完全不可能的经营形式成为可能，过去“地下”的经营形式成为公开的、合法的形式，譬如，平行进口逐渐放开，非4S店形式悄然诞生。

4. 因为进口车生产者及其设立的独资总经销商长期对整车价格和售后零配件价格的垄断，中国反垄断调查全面启动。2015年8月1日，原国家工商行政管理总局网站挂出《关于停止实施汽车总经销商和汽车品牌授权经销商备案工作的公告》（工商市字〔2014〕145号），宣布自2015年10月1日起停止实施汽车总经销商和汽车品牌授权经销商备案工作。自此，饱受诟病的品牌汽车销售制度开始出现松动，总经销商、经销商授权备案正式停止了，经销商多品牌运作的法律障碍扫除了。

七、创新、融合、跨界成为潮流

汽车市场不断扩大，汽车销售重点区域从一线、二线城市向四线、五线、六线小城市延伸、下沉，直到县域。

参与到汽车销售市场来分一杯羹的，有不少极具综合竞争力的大型企业，也有小型、超小型企业甚至是个人。全球著名的互联网公司腾讯，既投资了新能源汽车产业，又在2018年3月29日与中国汽车流通协会签署了“战略合作协议”，通过战略合作的形式实现对汽车流通行业的进军，一举打通了与全国汽车经销商的联系。

八、各行其道

体量大者有威慑力、影响力，有左右市场甚至制造市场的能力；中型企业做特色、做专业、做服务；小微型企业则“船小好掉头”，通过拾遗补缺、做超小量业务等方式获得生存。

第二节　汽车法律服务现状与特点

一、从事汽车法律服务的律师极其稀少

承办汽车法律业务的律师要了解经销商业务流程及汽车行业商业惯例，

要懂汽车技术、汽车法规、汽车政策并了解这些政策的变化，要懂车语、车情和车文化。律师进入汽车法律服务市场成本高、难度大、行业壁垒多，因而，专门的汽车律师极为稀有、增长十分有限。结果是，律师对于汽车法律服务参与度低，绝大多数律师不关注、不拓展、不投入、不参与，就连汽车法律讲座都听者寥寥。

二、主体众多，法律事务繁杂

（一）车辆所有人

据公安部交管局消息，至2017年年底，全国机动车保有量达3.10亿辆，其中汽车2.17亿辆；全国有53个城市的汽车保有量超过100万辆，24个城市超200万辆，7个城市超300万辆，分别是北京、成都、重庆、上海、苏州、深圳和郑州；2017年，全国新登记机动车3352万辆，小型载客汽车保有量达1.85亿辆，其中，以个人名义登记的小型、微型载客汽车（私家车）达1.7亿辆，占载客汽车总量的91.89%，为历史最高水平。

可见，车主是一个庞大的群体。

车主需要的法律服务十分繁杂，包括买车前的看车、试乘试驾、询价、了解配置到买车后的办理保险、上牌、贷款与抵押、维护维修保养保修争议、合同及质量争议、违章及交通事故处理等；特别是二手车直接交易，也就是车主作为二手车所有人，不通过经销企业、拍卖企业和经纪机构而将车辆直接出售给买方的交易行为。这种交易最好是有律师参与，因为它具有相当的复杂程度及一定的法律风险，并且，按照有关规定，二手车直接交易应当在二手车交易市场进行。

（二）驾驶人

与机动车保有量快速增长相适应，我国机动车驾驶人数量也持续增加。截至2017年年底，全国机动车驾驶人数量达3.85亿人，其中汽车驾驶人达3.42亿人，占驾驶人总量的88.83%。近五年年均增量达8467万人。从驾驶人驾龄看，驾龄不满1年的驾驶人3054万人，占驾驶人总数的7.94%。全国有16个省（区、市）的机动车驾驶人数量超过1000万人。

可见，驾驶人是比车主更庞大的群体。

通常，一台车不止一个驾驶人，持有驾驶证的人是合格的驾驶人，无证驾驶者不是合格驾驶人，但其违章、违法的可能性比合格驾驶人更大，需要法律服务的概率更高。驾驶人从学习驾驶到领取驾驶证，上路陪驾，正式驾驶时的违章处理、侵权赔偿或受害索赔等，都会有法律服务需求。

（三）汽车供应商

《汽车销售管理办法》第六条第一款规定：本办法所称供应商，是指为经销商提供汽车资源的境内生产企业或接受境内生产企业转让销售环节权益并进行分销的经营者以及从境外进口汽车的经营者。也就是说，不同于《汽车品牌销售管理实施办法》的汽车总经销商、汽车生产厂家二元制的供应格局，现在是生产商、进口商、生产商的销售环节权益受让者及分销商。但其实只是名称变了，机构、人员、经营管理理念还是原样。

我们不能割裂历史，在此有必要把总经销商制度简介一下。

1. 进口商（汽车总经销商）

是指经境内外汽车生产企业授权、在境内建立汽车品牌销售和服务网络，从事汽车分销活动的企业。《汽车品牌销售管理实施办法》第六条中规定："……境外汽车生产企业在境内销售汽车，须授权境内企业或按国家有关规定在境内设立企业作为其汽车总经销商，制定和实施网络规划。"因而，汽车总经销商有两类：一类是境内汽车生产企业自行设立的总经销商，另一类是境外汽车生产企业在境内专门设立全资充当自己品牌的总经销商。由于我国法律对外商投资的各种限制，境外汽车生产企业并不是一开始就自设总经销商的，它都是与中国的汽车销售企业签订授权合同，由内资企业充当其总经销商。

作者就曾经为几个进口品牌的内资总经销商长期提供法律服务，参与了官方或民间的对《汽车品牌销售管理实施办法》的多轮修改以及对相应实施办法的讨论、草拟、修改，因而对汽车品牌销售制度的产生、沿革、变化有深刻的了解。目前，进口汽车的生产企业基本都在中国设立了全资企业作为自己品牌的总经销商，并且这些总经销商都位于北京或上海。只有一些进入中国较晚且市场占有份额较低的外国汽车品牌，才会授权内资企业做总经销商。进口汽车生产企业自设的总经销商一般都叫"××中国"，如"奔驰（中国）"。

虽然原国家工商总局2015年发布停止实施汽车总经销商和汽车品牌授权经销商备案工作的公告，但是，汽车总经销商制度还会在相当长的时期内存在，只不过它不再叫总经销商，而改叫供应商。

这是因为：从制度层面看，虽然《汽车品牌销售管理实施办法》已被废止，《汽车销售管理办法》已于2017年7月1日起开始实施，但“总经销商”与“供应商”仅是名称不同，完全可以“新瓶装旧酒”；从实务层面看，汽车生产企业花大力气、大价钱设立了总经销商企业，一定不会让它闲着，一定还会以各种商务政策、商务手段来控制经销商，使未得授权、未进入品牌汽车生产企业闭环销售体系的汽车经营者处处受制。因为，进口整车企业对于经销商的把控能力远超一般人想象，大品牌汽车生产企业有很多方式或理由不允许旗下经销商跨品牌、多品牌销售，尤其是限制甚至禁止销售竞争对手的车型。

2. 汽车生产厂家

汽车生产厂家主要有两大类：一是内资或合资汽车生产企业，生产国产车、合资车；二是外资汽车生产企业，主要是跨国集团，生产各类进口汽车。在《汽车销售管理办法》模式下，第二类叫进口商了。进口汽车生产企业通过在中国设立全资企业充当总经销商（进口商）的方式，享受完全的国民待遇，甚至超国民待遇。

据说，中国汽车网的“汽车生产企业名录”共收录了全国所有2001个汽车生产企业，涵盖半挂车、轿车、越野车、客车、牵引车、货车、专用车、自卸车、农用车、电动车、摩托车共计11大类，有52万个工信部汽车公告产品、182万张产品图片。

（四）汽车服务商

汽车服务商的种类比较多，主要有以下几种。

1. 汽车经销商

《汽车销售管理办法》第六条第二款规定：“本办法所称经销商，是指获得汽车资源并进行销售的经营者。”这是比较宽泛的条件，只说“获得汽车资源并进行销售”，没有对获得的途径、销售的方法或渠道进行限定。那么，从厂商直接获得、从别的经销商处获得、从国外市场获得，都是可以的。同理，自己直接销售、向二级经销商或更多更零散的销售者转售，都是可以的；还有，单品牌销售、多品牌销售、百货商店式销售，也是可以的。至少，从法律规定看不出障碍、限制。这是本书重点讨论的汽车法律服务需求主体，后面将详述，并按行业习惯简称为“经销商”。

据不完全统计，全国有经销商2万多家，其中，很多是集团化、专业化经营，单店非常少，4S 店基本都是集团军，只有二级经销商、地县代销商以单店经营。

2. 二级经销商、各类代销商

如果说 4S 店是汽车销售的正规军，二级经销商、各类代销商就是汽车销售的民兵或游击队。

所谓“二级经销商”并不是规范名称或正规身份，只是由于它们存在并活跃着，在经销商与终端客户之间搭起桥梁、沟通信息，在行业内被普遍称为“二级经销商”。

二级经销商一般比经销商规模小、没有获得汽车厂商的品牌授权、不能从厂商处直接获取汽车及配件资源，所以，它们依附于经销商，从经销商处获取汽车及配件资源。它们遍布城乡各地，往往以价格取胜、以速度占优、以灵活与方便集客。

当然了，它们的管理相对松散、不规范，问题也比较多。作者就曾遇到朋友咨询，有人在县城开设车行，其销售合同非常简单，主要条款都不齐备，权利义务关系也不明晰，如果出现争议，那就非常麻烦。作者当时就建议该店主，赶快修改合同，完善条款，规范管理，再也不要不把乘用车买卖合同当回事。

二级经销商价格低于 4S 店，主要是因为二级经销商的运营成本要大大低于 4S 店。4S 店要设销售顾问、服务顾问、大客户经理、市场部、售后部等职位和机构，要进行客户开发和维护，日常开销就高很多，如管理费用、财税费用、劳动人力费用、法律服务费用、广告宣传费用、巨额投资的资金费用，等等。简单来说，二级经销商与 4S 店的生存方式不同。4S 店主要靠汽车生产厂家的返利生存，只要年底完成销售任务，就可享受厂家的返利；而二级经销商与汽车生产厂家没有业务关系、没有机会获得厂家返利，所以二级经销商要靠价格优势、灵活操作来生存。其他代销商与二级经销商大同小异。

3. 二手车经销商

二手车，是指从办理完注册登记手续到达到国家强制报废标准之前进行交易并转移所有权的汽车、挂车和摩托车。二手车经营主体众多，通常是指经工商行政管理部门依法登记，从事二手车经销、拍卖、经纪、鉴定评估的企业。

二手车经销商从事的是从二手车车主或代理人或别的有权处分人手中收购二手车，并向有购买意愿的自然人或法人销售二手车的经营活动。

二手车来路不同于新车的汽车生产厂家，良莠不齐，车况复杂，甚至有二手车主或其他过手者对车辆做过手脚，如改里程、改出厂日期、改维修记录或事故记录、改车架号等，因而，二手车经营过程中的进、销、存各环节都有法律风险。

4. 汽车售后服务商

《汽车销售管理办法》第六条第三款规定：本办法所称售后服务商，是指汽车销售后提供汽车维护、修理等服务活动的经营者。

正规的汽车售后服务商是指与生产者或销售者订立代理修理合同，依照约定为车辆所有人或使用人提供汽车产品修理服务的单位或者个人。

汽车维修商通常就是汽车经销商，它们同时接受汽车生产厂家的销售和维修授权。

非正规的维修商是那些街头巷尾的路边店，他们与汽车生产厂家或汽车经销商没有合同关系，凭低价和便利吸引顾客。

无论是正规军还是游击队，都存在维修质量及其担保责任的风险管理。

5. 保险商、汽车延保提供商和服务商

目前，提供车辆保险的都是保险公司，提供汽车延保的则既有保险公司，也有汽车生产厂家或汽车经销商，提供延保服务的则多为汽车经销商或维修商。

在这一块，主要是保险覆盖率及保险赔付率的风险管理。

6. 汽车贷款商

向汽车购买者提供消费贷款的，既有银行，也有汽车厂家或汽车经销商开办的汽车金融公司。

汽车消费贷款的风险相对较低，因为它大都是以所购汽车作抵押物，首付通常在三成以上，只有少数资信非常好的客户才可能以首付二成贷款。

但是，骗贷、不按约定办理抵押、不按约定还款等情况仍然会出现。因而，对于汽车律师而言，汽车贷款及抵押物的风险控制任务也比较重。

7. 汽车融资租赁商

这里提的是汽车融资租赁商，而不是汽车租赁商，是因为汽车租赁是普通租赁，出租方是普通企业，汽车经销商可能成为汽车租赁的出租方，但目前数量很少；而汽车融资租赁商基本都是汽车经销商，因为它们手中有的是汽车资源，可以通过汽车融资租赁盘活超期库存车、其他滞销车、试乘试驾车、公务车、PDI 问题车、运输途中事故车、三包退换车等。

所谓汽车融资租赁，是指出租人根据承租人对汽车的特定要求和对供货人或者出卖人的选择，出资向供货人购买汽车，并出租给承租人在一定期限内使用，承租人按约定支付租金。汽车融资租赁涉及出租人、承租人、供货人三方，有时候，出租人同时是供货人，特别是在汽车经销商充当出租人的情况下。汽车融资租赁可划分为光车租赁、定期租车两种。其中，以光车租赁为主。

汽车融资租赁的特征主要有以下几点：

（1）以出租人将要购买的汽车为租赁物。在出租方、承租方签订汽车融资租赁合同的时候，租赁标的物尚不存在；在汽车经销商充当出租方的时候，则是标的物尚未特定化。需要出租方按照承租方的要求购买或特定化之后交给承租人使用。

（2）租赁物是特定的汽车。出租人将要出资购买或者特定化的汽车是由承租人特别选定。一般情况下，承租人对租赁物汽车的品牌、型号、排量、性能、质量、数量、价格、颜色、技术标准、配置、交货时间等享有完全的决定权，并直接与供货人商定。出租人必须按照承租人的特定要求选择、购买汽车。

（3）出卖汽车的是特定供货人。一般情况下，汽车融资租赁合同中，汽车供货人是承租人事先选定的，出租人应当向承租人选定的供货人购买汽车，而不能随意变更供货人。但是，实务中允许出租人根据承租人的要求代为选定供货人，在汽车经销商作为出租人时，其更是兼具出租人与供货人两种身份。

（4）租赁期满时，标的物往往归承租人所有。在普通的汽车租赁合同中，承租人在期满时是要归还汽车的，租赁标的物的所有权不因租赁而改变，只有在租赁合同订有“租购”条款且该租购条件成就时，才有可能在承租人满足支付租购费用等约定条件后改变租赁标的物的所有权。而在汽车融资租赁合同中，租赁期满时，承租人一般应当按约定的方法支付一定价款或费用并清偿租金后取得租赁汽车的所有权。如果出租人、承租人在汽车融资租赁合同中约定期满后汽车所有权归出租人，应以合同为准。

（5）汽车融资租赁既带有租赁特点，更有强烈的融资作用。承租人实际是通过一份汽车融资租赁合同实现买车、借款两种目的，汽车租赁过程也是融资过程。

（6）汽车融资租赁合同是复合法律关系合同。在汽车融资租赁合同中，实际是含有汽车买卖关系和汽车租赁关系两种法律关系的，即使汽车经销商同时兼任出卖人、出租人两种身份，也还是这两种法律关系，要按相关法律规定及各方约定享有权利、承担义务。在这两种法律关系中，租赁关系是主要的，买卖关系是次要的。也就是说，汽车租赁合同是主合同，汽车买卖合同是从合同、服从并配合汽车租赁合同。可以分别签订汽车买卖合同、汽车租赁合同，也可以只签订汽车融资租赁合同。在分别签订两种合同的情况下，必须在从合同汽车买卖合同中写明该合同是汽车融资租赁合同的附件，以使汽车买卖与汽车融资租赁的法律关系联系起来。在只签订汽车融资租赁合同的情况下，必须由出租人、承租人、供货人三方同时签署。

在汽车融资租赁合同里，承租人占有租赁物期间，租赁物毁损、灭失的风险由承租人承担，出租人要求承租人继续支付租金的，人民法院应予支持。这是因为租赁标的物由承租人控制，应当由其尽善良注意义务并承担风险。

汽车是特殊的流动物。要使用汽车，光购买汽车是不行的，还必须进行汽车的注册登记，拿到汽车牌照和行驶证。在实行限购的城市，还必须先拿到汽车的购买许可，有的是通过摇号，有的是通过排队，有的是通过竞买。总之，必须按当地政府明文规定的条件和程序去进行操作。这就使得汽车融资租赁的法律关系更复杂。有关法律规范的缺失、冲突导致汽车融资租赁标的物的所有权与实际占有不一致时的风险难以控制，汽车律师要通过设计好汽车融资租赁合同来规避风险。

8. 汽车后市场服务提供商

近几年，汽车后市场发展迅速，专门的汽车后市场服务提供商不断涌现。由于这方面业务格局、模式都是新的，法律风险防范的任务也很重。

（五）汽车行业协会

1. 中国汽车流通协会

中国汽车流通协会（China Automobile Dealers Association）于 1990 年由民政部批准成立，是在民政部注册登记的唯一的全国性汽车服务贸易行业社团法人组织。

中国汽车流通协会实行自愿入会制，会员由汽车（含二手车）销售企业、汽车生产企业的销售部门、汽车跨国公司在华机构、汽车拍卖企业、二手车鉴定评估、经纪公司、汽车配件、摩托车及配件销售企业、汽车有形市场、汽车俱乐部、汽车装饰美容及用品销售服务企业、汽车租赁企业、地方汽车流通行业组织、相关科研、教学单位、社会团体、相关媒体、网站以及个人组成。

中国汽车流通协会以为会员、行业和政府服务为根本宗旨，以推进汽车流通行业现代化建设为主要任务，团结全行业，增强行业凝聚力；加强行业信息统计工作，开展行业发展理论研究；加强行业标准化建设，全面推进行业自律工作，促进行业诚信体系建设；努力把协会建设成为一个服务功能强、社会联系广泛、国内外知名度较高，能够更好地发挥政府和企业桥梁与纽带作用的全国性汽车流通行业组织。

2. 地区性的汽车行业协会

各省、自治区、计划单列市、经济特区基本上都成立了汽车行业协会，只是各地的名称有所不同，但担负的功能基本相似，成员也都是汽车行业的企业，以个人名义入会的比较少。

汽车行业协会很重视商业惯例的社会价值、经济价值，竭尽全力维护全行业的合法权益，大力宣传并维护本行业的商业惯例和技术标准点，适当规范并明晰表达相关商业惯例和技术标准，积极宣传并张扬行业道德，勇敢维护行业合法权益。

三、汽车纠纷比汽车的增长速度快

这是因为汽车数量爆发性增加，汽车中的私家车迅速增加，汽车的价值较大且汽车的技术特性使人们对汽车的“质量问题”“服务问题”可能过于敏感，也可能有意无意地放大“问题”，甚至可能无中生有。另外，有车一族的维权意识也在增强。

四、汽车争议的处理有较高专业要求

汽车的发展与社会科学技术的发展息息相关，已经成为衡量一个国家科技发展水平的标志之一。

汽车是技术密集性产品，绝大多数高新技术都在汽车产业中应用，如纳米技术、氢燃料电池、高效能碳纤维材料、GPS 全球定位技术、ABS 防抱死装置等，汽车电子化、智能化、环保化是汽车的发展趋势。

五、服务需求庞杂

汽车的技术密集性和专业性带来了汽车纠纷的复杂性，进而决定了法律服务的特殊性。

汽车的可靠性的高低与汽车生产、运输全流程（包括但不限于设计、生产、装配、调试、运输、检验等各个环节）相关，贯穿于将专业技术固化在汽车产品中的全过程。因而，与汽车相关的纠纷在处理过程中始终以汽车的专业技术为分析、判断的前提和基础，需要汽车结构及汽车制造的相关工艺技术、材料学、力学、汽车设计等专业知识背景。例如，汽车产品责任纠纷中事实的认定过程就是一个汽车专业技术分析、判断、确认的过程。

第三节　汽车经销商主要的法律服务需求

这里只是简要罗列，具体分析、建议详见本书第六章。

一、处理各种纠纷

汽车经销商的主要法律服务需求之一是处理各种纠纷。这也是律师的传统业务领域。

汽车经销商的业务类型不多，就是卖车、修车以及其他相关的业务，因而，汽车经销商所涉及的纠纷种类不是很多，主要有如下七类，常见的是买卖合同纠纷、产品责任纠纷、劳动争议。

一般来说，车主会按照《产品质量法》《侵权责任法》《合同法》或《消费者权益保护法》的规定起诉经销商，很少有起诉汽车生产厂家的；近年来只有“路虎发现 4 配置争议”一案中 100 多名车主将经销商和路虎厂家一起告上法庭，案由是买卖合同纠纷。目前，尚无车主完全胜诉的案例。

1. 产品责任纠纷或侵权纠纷

主要有汽车生产商（或汽车商标持有人、或生产商的总经销商）与消费者之间的产品责任纠纷；汽车经销商与消费者之间的产品责任纠纷；进口汽车组装（装配）商与消费者之间的产品责任纠纷；进口汽车组装（装配）商与经销商之间的产品责任纠纷；汽车生产商与汽车配件供应商之间的产品责任纠纷；汽车生产商（或者汽车商标持有人）与被授权生产（装配）商、经销商之间的产品责任纠纷。汽车零件、配件、饰品的产品责任纠纷；因配件产品责任而引发的损害索赔纠纷。产品责任纠纷中，最主要的、最常见的诉讼（仲裁）案件是发生在消费者与汽车经销商之间的纠纷。这两类纠纷都与汽车的产品质量有关，在诉讼（仲裁）实务中，经销商处于优势地位，作者代理的此类案件全部胜诉。

2. 各类合同纠纷

主要的或常见的有以下几种纠纷：

（1）汽车买卖合同纠纷

主要有汽车整车买卖或零件、配件买卖及相应的产品责任纠纷。通常来说，经销商只卖整车、不会直接买卖汽车零件、配件。只有在一些特殊情况下才会产生零件配件饰品买卖。

这是经销商遇到的最常见的合同纠纷，差不多占到案件总数的60%以上，有的经销商甚至高达90%以上。这类案件，绝大多数以车主原告败诉告终。之所以会这样，是因为原告律师不懂汽车及汽车业，往往在证据的组织、运用上出问题，不能支持己方的观点，不能说服法官，更不能说服对方。有时候，也有原告诉讼请求不合理、不适当的问题，动不动就请求整车退一赔三、动不动就告欺诈，连轮胎、导航之类的独立零件都告整车欺诈，怎么可能得到法院支持？

即使如此，汽车经销商的法律顾问还是必须郑重对待、周密准备才是。因为，汽车买卖合同纠纷一般都标的额巨大、案情复杂、引起汽车生产厂家重视，社会关注度往往还很高，如引起轰动的温州路虎退一赔三案件，案由就是汽车买卖合同纠纷。最高人民法院的17号指导案例，[①] 也是汽车买卖合同纠纷。

（2）汽车维修合同纠纷

一是汽车维修商与消费者在车辆维修期间发生的纠纷，包括维修的次数、时间、质量、项目、价款、零件与配件的更换或维修、零件或配件的供

① 张莉诉北京合力华通汽车服务有限公司买卖合同纠纷案。

应渠道及价格等而发生的纠纷；二是汽车维修完毕并交付消费者之后，在一定时间内所维修的项目或机件又发生故障而造成相关联的损失后发生的纠纷。这是经销商所遇到的数量第二多的案件类型。这是跟经销商的业务类型密切相关的，销售和售后本来就是经销商的两大支柱业务、主营业务。

相对于汽车买卖合同纠纷，汽车维修合同纠纷的难度要大一些，案情相对复杂，有时候还比较被动，可能混杂保险合同法律关系及保险赔付问题。这时候，就真的需要非常了解经销商、非常了解汽车行业的律师来承办，否则的话，败诉风险会非常巨大。

（3）汽车租赁合同纠纷

汽车租赁日益成为社会经济生活的一种形态，很多人通过租赁，以较低成本、较小资金压力、较多更新换代机会来实现“有车”和“用车”。特别是在国内异地出差、旅游、探亲时，汽车租赁更是大受欢迎。

（4）汽车信贷合同纠纷

汽车消费贷款的贷款人与借款人（购车人）之间的纠纷；购车人与经销商、担保人之间因信贷购车而引发的债务追偿、担保纠纷。

（5）汽车保险纠纷

保险生效纠纷，即就保险的生效时间、生效条件、生效方式而产生的争议。这些要素影响到保险人是否要承担赔偿责任及具体的赔偿数额，相应地就影响到投保人的风险补偿。

保险理赔纠纷，即因为保险人、投保人或被保险人、受益人对保险生效时间、生效条件、生效方式的争议进而引起的保险理赔纠纷，双方诉请人民法院解决利益纷争。

保险追偿纠纷，这是发生在特定情况下的争议。

（6）汽车物流合同纠纷

汽车运输合同纠纷，包括货物配送、运输过程中丢失、损坏汽车而引发的赔偿纠纷等。前述三类纠纷发生比例较低，成讼的更少，往往在争议初起阶段就已经解决了。

3. 汽车及配件的市场不正当竞争纠纷

接受汽车生产商、经销商、配件生产商、销售商的委托对市场上出现的假冒汽车及配件进行调查并配合工商机关进行查处；向侵权行为人提出侵权赔偿等。

4. 汽车经销商反垄断争议

近几年国家加强了对汽车行业的反垄断执法，但是，经销商一般都并未采取相应的救济措施。

5. 汽车缺陷产品召回法律业务

包括召回的申请、抗辩、复议、提起行政诉讼、执行争议、就汽车产品向有关行政机关进行缺陷投诉；向汽车消费者发出主动召回通知，并协助处理相关事宜；就有关召回指令向有关机关提出行政复议，或者提出行政诉讼。这三类纠纷发生率更低，且多与行政行为有关。

6. 汽车经销商劳动争议

经销商的劳动争议纠纷与其他行业的劳动争议纠纷相比，既有共性又有特性。汽车经销商的劳动争议多以售后班组技术工人或服务顾问为原告，申诉请求及事实理由也大多相似。销售顾问申请劳动争议的很少见，他们的时间很宝贵，在这个经销商这里如果感觉不爽，随时可以跳槽到另外一个经销商，跨品牌流动也很容易。

汽车经销商劳动争议包括高管劳动争议、普通员工劳动争议、集体合同争议。上述三类劳动争议中，又以普通员工劳动争议居多，高管劳动争议发生极少，作者为经销商服务多年，仅遇到过两起成讼的高管劳动争议。这是因为，经销商对高管的劳动争议相对重视，高管离职都会妥当处理，一般不容易成讼。再者，高管一般不容易被欠薪，高管又是法定的综合计算工时制、无法请求加班工资，客观上减少了高管劳动争议的比例。

7. 汽车经销商常见刑事犯罪

（1）单位犯罪

经销商可能涉及的单位犯罪主要是涉税犯罪、知识产权犯罪、环境污染犯罪等；但是，经销商一般都非常注意预防并规避刑事法律风险，作者在为经销商服务的近十年间，一次也没有处理过经销商的单位犯罪。倒是作者的服装行业的顾问单位有涉税犯罪，该企业的董事长因虚开增值税发票被认定为犯罪。需要特别说明的是，企业高管往往不能意识到涉税犯罪的风险，甚至会听不进法律顾问的提示或警告。

（2）自然人犯罪

①职务侵占罪

这是经销商员工涉嫌职务犯罪最多的一个罪名。往往是售后的员工侵吞经销商或客户的零件、配件、油品等，此种类型的违法违纪行为更是多见。也有销售顾问直接侵吞新车价款的，但这种情形比较少见，因为一般情况下，经销商都要求销售顾问不得收取货款、必须由财务统一结算，也规定了客户向经销商的财务缴款才是有效的付款。但是，仍然有销售顾问挖空心思套取经销商的卖车款，曾经有一个销售顾问就是联系外面的 POS 机主到 4S 店刷卡套现的。

②盗窃罪、诈骗罪、合同诈骗罪、保险诈骗罪等犯罪可能存在，但发案率较低。

③交通肇事罪

经销商的员工在路试时可能发生交通事故，严重的可能涉嫌交通肇事罪，但比例很低。由于发生在履职过程中，经销商应当为之提供法律帮助。

交通事故的发生与人、车、路三者之间当时的情况相关。人的因素包括行人的因素，也包括驾驶员的因素；车的因素包括车辆本身的质量状况、技术状况，是否存在缺陷等；路的因素包括路面是否有积水、积雪，是否平整无障碍，交通信号指示是否齐备等。这些都有可能影响到犯罪是否成立、是否存在从轻、减轻的情节。因此，交通肇事罪的辩护人如果能了解人、车、路三者之间的关系并借此分析事故发生时的状态，将有利于辩护。

二、经营中的法律保障

（一）综合保障

法律顾问的工作有很大比重是为经销商的日常经营活动提供法律保障，回复有关业务活动中特殊问题的法律咨询，指导经销商员工应对突发事件等。

（二）销售保障

1. 新车销售

新车销售是经销商的主营业务，其中的法律风险点也多，因此法律顾问要对新车销售流程有充分的了解，对相应的法律风险点有全方位的预警方案，还要临危不惧，沉稳、冷静地指导经销商展厅员工，并在必要时亲自参与各种突发事件的处理。

2. 二手车销售

二手车销售是经销商们在近几年重点发展的主营业务，国家对此也大力扶持。但是，由于二手车往往车况复杂，有的车主甚至故意隐瞒或改变车况，使得二手车销售过程中风险频仍。

目前，一些汽车生产厂家对本品牌经销商的二手车业务予以商务政策扶持，对经销商经营其他品牌的二手车也远没有新车那么多的限制；因此，经销商的二手车业务是相对自由的，既可收购本品牌，也可收购其他品牌。收购基本上是散在的、一对一的，然后多数情况下通过一些二手车电商进行销售，也有在实体店直接销售的。

多数情况下，车主为了改善生活、提高车辆级别而“以旧换新”，即同时在经销商处出卖二手车、买入新车，少数情况下是单卖二手车。

无论哪种情况，都应当规范操作，把握好收车、交车两个重要环节。

3. 零件、配件、精品、饰品销售

经销商一般不单独售卖零件、配件、饰品，只在特定情况下进行。并且，此类业务量不大、金额不高，因而，法律风险不是很大。

4. 汽车保险推广及代理

这也是经销商的主要营利点，一般来说，经销商都与保险公司签订相关协议，保险公司给予种种优惠，因而保险推广及代理比较容易展开。但是，实行“营改增”后，出现了新情况、新问题，保险公司为了自身利益，单方提出改变汽车保险赔付模式，要求经销商在维修保险事故车时，将维修发票直接开给保险公司，保险公司将保险费直接支付给经销商，作为要求经销商开发票的对价和优惠条件。保险公司的这个要求看似对经销商有利、可以让经销商确定地、及时地收到维修费，但其实对经销商而言风险很大。

首先是保险公司与经销商没有维修合同，保险公司并不是维修合同中的定作人，它甚至连送修人都不是。经销商把维修发票开给保险公司势必造成“三流不一致”，轻则要承担行政责任，重则可能有刑事风险。其次是这样做把车主撇在了一边，可能有部分车主会心不平、气不顺，他们拿保险公司没办法，极有可能将气撒到经销商头上，借助相关法律向经销商主张这样或那样的权利，使经销商处于被动的、不利的局面。

所以，汽车律师要慎重处理经销商与保险公司的合同关系，及时指出相关法律风险。

5. 汽车金融产品推广

汽车金融产品，主要是汽车消费贷款的推广、发放，以及相关的汽车抵押登记等。目前，经销商所推广的汽车金融产品主要来自各大银行以及各汽车生产厂家所设立的汽车金融公司，也有少数大型汽车经销商集团设立了汽车金融公司，可通过自己的经销商网络向客户推广汽车金融产品。

相对其他业务而言，汽车金融产品的推广特别是经销商集团自设汽车金融公司汽车贷款的推广是经销商的新业务，操作上可能不是那么熟练，方案上也可能不是那么严密，法律规定也还有许多迟滞的地方。所以，汽车律师要密切关注。

近年，还兴起了一种金融产品，那就是汽车延保业务，车主或汽车使用人缴纳一定数额的金钱，获取延长保修权利。请注意，是保修，不是保险。延保提供商可能是汽车生产厂家，也可能是保险公司，还可能是经销商。但延保服务提供商一定是经销商。

延保产品尚处在研发推广期，法律规定、行业惯例几乎都是空白，因此，还需要汽车律师密切关注。

6. 汽车注册登记上牌代理

汽车注册登记上牌是车主或车辆使用人的法定义务。但是，经销商往往把它作为吸引客户的措施，派专人批量地进行处理，有些大的经销商集团，甚至还利用自己的影响力吸引当地车管所在经销商园区内设立注册登记网点。经销商通过代理行为，可以收取一定的代理费。

这里的风险点主要就是车牌号的选择确定、注册资料的保管与传递、抵押的办理等，要事先通过合同约定清楚。

7. 特殊零配件销售

如需定制的车钥匙、异形门、专用玻璃等，要适用《合同法》的有关规定，专门书面约定收取高额定金甚至预收全部货款、不得退货等。

8. 乘用车买卖合同的草拟与修改等

包括乘用车买卖合同的草拟与修改、签订、变更、解除、终止、履行；相关表单或作业指导书的编制与修改、执行与检查。

乘用车买卖合同是经销商最重要的格式合同之一，其合同文本和合同行为都要依法严格管理，汽车律师应当倾注较多心血。本书第六章第二节有详细阐述，还提供了五种参考文本。

9. 各种赔偿、补偿、安抚、亲善协议的草拟与修改

这是经销商经营活动所必不可少的，往往是发生争议时的一种和解方

式。无论是保修期内车辆还是已经过保的车辆都可能使用到。只不过，保修期内的此类协议往往要用汽车生产厂家的文本，商务条件要由汽车生产厂家来决定或同意；过保车辆则可由经销商自行处理。

10. 突发事件处理

堵门、在展厅闹事、抢夺汽车、查询或扣押汽车等，这是经销商常常遇到、无法避开的头痛事，而且千奇百怪，无规律可循，无规则可守，特别是堵门、在展厅闹事、在车展闹事等，对经销商的经营秩序影响很大。汽车律师需要慢慢积累经验，灵活应对。

（三）售后保障

1. 维修合同及表单或作业指导书的草拟与修改

经销商的汽车买卖合同一般都有比较正规的、格式严谨、内容周密的文本，而维修合同却在全行业"缺位"，多以简单的施工单、结算单代替。作者曾无数次建议经销商制作维修合同，都被婉拒。其实，维修业务也是经销商的主营业务之一，应该有规范的合同文本。不过，汽车流通行业虽说普遍性地没有维修合同，表单、作业指导书却是五花八门、相当细致。

笔者认为，维修部门的法律风险不仅会出现在合同文本上，更多的是会出现在操作上，如维修时间、维修次数等，这就需要售后部门严格把关。否则，合同文本再周详也无法堵住法律风险的漏洞。

2. 各种赔偿、补偿、安抚协议的草拟与修改

这一点与销售有很大相似度，可借鉴销售的做法。

3. 突发事件处理

堵门、在展厅闹事、抢夺汽车的应对。这也与销售有很高的相似度，处理程序与处理方式基本相同，但其发生频率更高。

（四）管理保障

1. 规章制度的编制

为经销商编制规章制度，是汽车律师的一项极其重要的工作。法律顾问应当为之花费巨大精力，并且，这项工作不是一次性的，是持续的，要根据国家法律政策的变化、经济形势的变化、科学技术的发展、经销商的经营情况的变化等不断地完善、修改、新增规章制度，使其渐成体系、趋向完善、规范。

2. 合同管理

合同管理也是经销商法律工作的重要组成部分。合同管理要规范、实用、有针对性和灵活性。

在第二编第六章中有专节谈合同管理，所以此处仅简介。

3. 印章管理

印章是经销商的重要用品，但是很多经销商并不能认识到这一点，甚至把印章管理不当回事。这是不对的，汽车律师一定要说服经销商转变观念，努力把印章管理好、使用好。本书第六章第四节专述印章管理，还附有参考文本。

4. 工商登记管理

前已述及，现在的经销商多是汽车经销商集团，单店几乎没有。而经销商集团往往是机构遍布全国，网点多如牛毛。因此，实行统一的工商登记管理很重要，要把公司章程、公司治理意图体现在工商登记上，并随工商登记制度的改革而变革、随公司机构的变化而及时变更，保持公司信息的规范化和正确性。

5. 知识产权管理

汽车经销商作为销售者，其享有的知识产权主要是著作权和商标权，与工业产品密切相关、主要以工业产品为载体或表现方式的专利权则很少为经销商所享有。

知识产权管理主要是对自身知识产权的管理维护以及防止发生知识产权侵权行为，主要是软件或图片的侵权行为。汽车律师要通过规章制度来为经销商规避知识产权风险。

6. 人力资源管理

经销商的人力资源管理是一个庞大的系统工程。一般的经销商集团都有几十家甚至上百家公司，网点遍布全国，员工来自五湖四海，所需要的人才五花八门。经销商人力资源管理的风险贯穿于经销商生命周期的始终，需要法律顾问全程关注。

7. 财务管理

经销商的财务管理也是一项工作量巨大的工作。但是，财务的特性使得其管理相对容易一些。

近几年，经销商的财务人员违规侵吞经销商现金的案例一再发生，有的到了肆无忌惮的地步。所以，经销商的财务管理要加强，要保证财务人员的稳定性，要做好财务人员的背景调查、行为规范指引。

8. 审计管理，配合审计的证据调查

经销商都有完整的审计体系，汽车生产厂家还会定期对经销商进行审计。但是，经销商内部审计与汽车生产厂家审计以及外部第三方审计的性质都不同，方式也有很多差异。经销商的内部审计主要针对易违规的部门和岗位进行，且是事后审计、内部审计，审计结论法律效力较弱，但用于内部管理却是比较有用的。汽车律师有时要配合经销商内部审计进行证据调查。

9. 工程基建管理

经销商为了扩张业务、增加网点，大都需要建店；即使不建新店，也需要对原有的各项设施进行维护维修，有的经销商集团甚至自己设立工程建设子公司以自行承担工程基建任务。

10. 4S 店管理

4S 店是经销商最主要的经营平台，一般来说，4S 店的总经理是店里的“最高长官”，全面负责 4S 店的经营管理。销售经理、售后经理、人事经理、市场经理等部门负责人则各司其职、辅佐总经理开展业务。所以，4S 店的法律风险控制相对规范。

11. 网络发展管理

经销商集团的网络发展管理比较复杂，既有项目管理，又有投资融资管理，还有招投标管理、政府关系管理、土地招拍挂管理等，需要汽车律师投入较多时间和精力。

12. 法律宣传、培训

对经销商员工进行法律宣传和培训，是汽车律师的一项重要工作，可以通过普法促进防控风险的目的实现。

第四节　汽车法律服务市场需求前瞻

1. 争议骤增

随着汽车保有量及汽车所有人、使用人的暴增，汽车争议数量多、标的额大、争议种类集中。

2. 共同或同类诉讼多

汽车争议因品牌、车友关系，易成共同诉讼或同类诉讼，易生串案。

3. 新型争议层出不穷

随着大数据、人工智能等新技术、新手段的迅速发展，以及汽车销售模式的创新、各大互联网巨头的涌入，汽车争议将出现新理由、新形式、新类型、新标的。

4. 汽车法律服务影响巨大

每一辆汽车都与整个社会紧密联系，汽车不仅与车辆的驾驶人、乘员有关，而且与所有的交通参与者、社会公共安全相关。也就是说，汽车对社会的影响已经远远超出其自身的范围。

第五节　汽车法律服务对律师的素质要求

一、思维、行为职业化

（一）思维方式

思维方式是看待事物的角度、方式和方法，它对人们的言行起决定性作用。成长经历不同、生活背景不同的人看待事物的角度、方式不同，是因为思维方式的不同。科学思维、价值思维、应变思维决定着思维方式的完善性。

1. 多元化思维，而非线性思维

线性思维用过往的结果或规律去推断未来的趋势，利用经验分析事物。但经验是受“经验”限制的，规律也是旧有的“规律”；如果仅凭借原有的经验或规律去分析、判断事物，这种分析可能就比较粗浅、难以把握事物本质，特别是在原有的经验或规律所对应的客观情况、事物条件发生较大变化时，线性思维的结果就可能出现较大偏差。

汽车律师需要运用多元化思维围绕经销商要达成的目的进行深度的、理性的、综合的思考，不能局限于某一点、某一事、某一方向、某一方案，要寻求多元化观察、发现、解决问题的方案；把那些纠缠不清的理论问题明晰化、简洁化，把枝节横生的现实案情立体化、网格化、条理化，使沉重艰深的思维转换、法律关系处理、法律适用等问题变得比较轻松、简捷和实际。

例如，在维修合同纠纷起诉行使留置权或受偿权时把保险公司、第三方肇事人等列为被告或第三人，表面上似乎违反了“合同相对性”原则及法律关系对应性原则，但为解决问题提供了合适平台，各方参与到同一个案件中，可以调解、可以直接履行，使经销商在有保险但因各种原因拖欠维修费的情况下的诉求得以顺利解决。也可申请把拖欠者作为第三人加入对保险公司及致害人的交通事故损害赔偿之诉中，直接要求保险公司向维修方履行。但这在实务中难以落实，因为汽车经销商并不知道拖欠者是否起诉以及何时起诉保险公司及致害人。倒是自行起诉时可以自由设计诉讼框架、安排好被告或第三人以及诉讼请求。

2. 建设性思维，而非否定性思维

汽车律师不能只是对汽车经销商说“不”字、指出风险，而是要有战略眼光，为解决问题寻求路径，尊重程序但不拘泥于程序，特别是在诉讼中，懂得运用技巧化解取证难、执行难等问题，围绕经销商的经营目的为经销商量身定制解决方案；并且，在可能的情况下，提供成套方案、呈梯次的方案，以便经销商权衡、选择。

经销商需要知晓待解决事项的客观条件并理解汽车律师设定方案的用意，懂得“不解决”“解决不了”也是特定情况下的解决方案的组成之一。

3. 理性思维，而非感性思维

汽车律师要“不以物喜，不以己悲”，情绪稳定、态度平和、视角客观，自控力与控场力皆强；尤其要眼明心亮地识破引诱、挑衅、伪装、假象、面具、道具等，不被引入歧途，能够英勇无畏、有谋有略地破局、拆局、解构、拒贿，力挽狂澜于既倒之时。

（二）工作模式

1. 具有均衡性、规则性、程序性、创造性

遵守程序，科学安排，不打无准备之仗。

2. 把握好工作节奏和工作深度

该紧则紧、该松则松，重要的工作全力以赴、毫不懈怠；次要的工作妥当安排、按部就班；张弛有度、疏密有致。

3. 无论面对什么人、处理什么事，都坚守规则，不越底线

4. 创新、创造，理念与行动均与时俱进

（三）性格特征

坚韧不拔，百折不挠，“耐压、抗磨、经折腾”。因为，汽车律师面对的、需要处理的都是复杂的、重大的、紧张的、紧急的、负面的、利益巨大且争议激烈的、甚至是危险的事件或事项，有时候还可能腹背受敌、内外交困，这些都需要汽车律师火眼金睛、铜头铁臂、内心强大。

二、坚持学习，与时俱进

汽车律师要勤学习、善思考、关注法律的变化和社会的发展，跟上时代的步伐。

一是学习新法律。了解汽车法律责任：产品质量责任、产品担保责任、三包责任、侵权责任等。

二是学习新技能、新方法、新知识、新理念、新事物、新工具，提高适应性及工作效率，增强融合度、契合度。

三、关注变化，“耳聪目明”

一是关注法学新理论、新动向，如法律经济学、法律哲学、经济伦理学、刑事和解及谅解、认罪认罚制度、刑事全覆盖制度、律师调解制度等。

二是关注新规定，如取消汽车授权备案、允许平行进口、限号、限牌、限行、汽车反垄断等。

三是关注典型案例，如最高人民法院第 17 号指导性案例、最高人民法院的第一例退一赔三改判案例、“车闹”者被判赔偿经销商案等。

四、善于查询、筛选、归集、比对、运用各种信息

在互联网高度发达的现代，快速地从海量的信息中查询、筛选、调用经销商所需要的信息，也是一种能力和知识的体现。

五、关注汽车文化、了解汽车历史

了解国家汽车发展政策和有关法律、法规，熟悉国内汽车行业生产、销售与服务以及国外相关领域的发展状况，了解汽车文化、汽车语言、汽车艺术、汽车的特色和风格。

六、善于观察

1. 承办每个案件、处理每次纠纷都坚持看现场、看实车、看争议零配件或功能、查厂家系统和经销商系统。

2. 不论有利还是不利、对方的还是己方的证据材料，尽可能地收集、研析。

3. 足够敏感，善于从个案发现规律、从蛛丝马迹中寻找真相。

七、立场和思维方法

1. 站在经销商立场去观察、思考、体验、寻求路径。

2. 坚持法律服务的底线。

3. 懂得对风险施行阻隔、化解、承担、转移。

4. 懂得利害的取舍，合理控制诉讼（仲裁）标的。

八、特别坚韧

近几年，汽车市场发展不均衡，汽车经销商60%以上亏损，因此，汽车业洗牌频繁，并购密集，管理团队结构不稳定、变化频繁，具体表现在以下几点：

1. 空降者多，新任职者品质与素质常常与职位不匹配、更不了解企业文化和企业历史，难以为经销商谋取长远利益，甚至利用职权拉帮结派、排斥异己。

2. 在位者没有长期经营理念，只图自保，有些人甚至趁机侵占公司财产。

3. 管理缺位、管理松弛、乱管理或不管理，导致针对汽车经销商的群体性事件、暴力性事件、对抗强烈的事件、参与者众多且表现激烈的劳动争议频繁出现。

4. 急功近利、好表现、追求短期显性“绩效”，不顾、甚至牺牲经销商根本利益、长远利益，导致汽车律师执业艰难。经销商的极个别管理者甚至直接刁难汽车律师，直接危害经销商的法律风险防范体系。

近几年，“退一赔三”案件越来越多、标的额越来越大，已有经销商连续败诉、需赔车主数千万元，导致原告、被告利益博弈极其严酷。这种情况下，汽车律师要有超强的意志力、坚韧的忍耐力和必胜的信心，镇定从容、俯仰自得、驾驭风浪，“不管风吹浪打，胜似闲庭信步”。

第六节 汽车经销商法律事务特点

一、群体事件、突发事件、热点事件多

1. 群体事件

在车主的诉求未得到满足时，其可能会组织亲戚朋友，甚至是花钱请人，少则七八人、多则几十人甚至上百人，让这些人浩浩荡荡、吵吵闹闹地上门给经销商施加压力，逼迫经销商答应其无理要求。

2. 突发事件

也是在客户的要求得不到满足时，有的人就会采取意想不到的手段来毁灭证据、破坏现场等。比如，有一个客户要求赠品也开发票，经销商没有答应他，他竟然一把抢过双方已签字盖章、已正式成立的一式四联的《乘用车买卖合同》，将它们全部撕成碎片、迅即冲到水槽里。又如，一个客户水淹车却强行打火，导致发动机损毁，保险公司不赔，客户就以查阅协议为借口，把已与经销商签订的水淹车免责协议一把抢去撕成碎片，后反诬经销商修理质量问题导致其发动机损毁，还打起了官司告经销商。

3. 热点事件

例如，“温州路虎退一赔三事件”，当时就被媒体热炒。该事件就是由法官不了解汽车行业习惯所导致的。

二、车闹千奇百怪、难以应对

车闹事件频发，手段多样，防不胜防。

例如，强占展厅、在展厅里居住，故意在展厅里吃榴莲、花生以破坏展厅环境，组织几十人披麻戴孝在展厅闹事，甚至把长筒丝袜故意晾到新车车头上。

三、媒体介入的深度、广度、频度、热度超过其他行业

“温州路虎退一赔三事件”几乎完全是被媒体炒起来的，客户一发现经

销商遗忘在车上的PDI工单，就向媒体报料，媒体就鼓动诉请退一赔三，然后跟踪报道，一时间，它成了闻名全国的大案。

第七节　汽车经营中常见的道德风险

一、车主“讹诈”

少数车主滥用消费者权利，动辄以十分离奇的或夸张的赔偿项目、赔偿理由对经销商提出天价赔偿请求，比如：

（一）各种苛求

1. 想当然地、天马行空般地对汽车性能、油耗、质量提十分苛刻的要求，根本不考虑汽车设计与生产的技术水平、汽车材质特征及路况、计量方法和计量技术等。

2. 对异响、加速时间、最高速度、车内气味、油耗等过度敏感，甚至吹毛求疵。

3. 对于配置，则是要求尽善尽美、低价高配，常常是求全责备，误解加曲解、臆想加猜想。

4. 对于交车期限，有客户明明与经销商签订的是“期货”合同，却诉请违约延迟交车的“直接损失”赔偿，而其所谓的“直接损失”竟然是客户在别处高价买车的车价与经销商车价的价差。

5. 客户一方面指出汽车有这样或那样的“严重问题”，另一方面又拒绝经销商的拆检，提出类似于威尼斯商人的“割肉不许出血”的要求，让经销商以及生产厂家难以应对。

（二）滥用“欺诈”指控

由于《消费者权益保护法》第五十五条规定了“经营者提供商品或者服务有欺诈行为的”应当退一赔三，而汽车动不动价值数十万元甚至数百万元，三倍的话，少则上百万元，多则上千万元，诱惑力太大。因而，时常有人滥用欺诈指控、主张三倍赔偿。而实际上，真正支持三倍赔偿的极其少见，法院对三倍赔偿请求的证据及事实与理由审查相当严格，经销商对三倍赔偿请求的案件也极其重视。

（三）不以合法方式表达诉求

一些车主为达到逼迫经销商答应其无理要求的目的，采用堵门、拉横幅、找媒体、到处投诉、在经销商展厅吃住、跟踪经销商高管、网络造势甚至不惜造谣等种种粗暴的、卑劣的、野蛮的手段，给经销商施以高压。

二、员工贪心

（一）各种变态违纪和群发性劳动争议

近几年，经销商劳动争议呈现群发性、对抗性、有目的性等特征，少数劳动者借劳动争议之名谋取不正当的甚至是非法的利益，极个别经销商想息事宁人或是处理不当，轻易调解结案、相信劳动者信守承诺而支付数十万元解除劳动合同补偿金等，常常引致多人效仿，如泡病号、持续诉请“工资差额”、分别诉请加班工资及未休年休假工资、投诉社保基数不足、仅打上班卡与下班卡却并不向用人单位提供劳动而是去外面兼职等。特别是打车软件盛行之后，有些人就明里拿着经销商的工资，暗里去挣跑车的钱，不如其意，就以提起劳动争议相威胁。

（二）侵占零配件、内饰、油品等

少数员工没有职业道德，利用职务之便，侵占经销商或客户的零配件、内饰、油品等，或者以副厂件替换原厂件，或者收费、领料出库却并不实际使用在客户车辆上，而是私下拿到外面去卖。

（三）侵占购车款或维修款或库存现金

有的工作人员直接联系“电线杆膏药”上的电话、约社会上的 POS 机主来经销商处，将客户的购车款或维修款通过 POS 机刷到非经销商账户上套现，并且采用拆东墙补西墙的方式把这种骗局隐瞒；甚至有财务人员故意在节假日申请值班，然后假称“受骗”，直接把经销商的营业收入款项划转至非经销商账户，实际是其与他人合谋侵吞经销商财产。

（四）侵占商务优惠等

汽车生产厂家和经销商集团往往都有针对重点客户群体、重点系统或大企业的大客户政策或商务优惠条件，于是，有些利欲熏心的员工就想办法假冒大客户侵占这部分利益。这类违规事件往往会被内部审计发现。笔者就处理过冒充检察院、法院、政府等机关“购买”豪华进口车的案件。

（五）假经销商之名谋一己之利

某些高管不顾法律规定、合同约定及经销商利益，为树威望、为追求业绩、为表现“创新”，甚至是为了拿回扣、拿提成，巧立名目排斥异己，给不是本山头的人挖坑，“携天子以令诸侯”地拉起公司的大旗，频繁进行人事更替、规章制度修改、供应商变更等并不见得对公司有利的活动；甚至故意拖欠律师费、排斥、陷害、打击法律顾问，丝毫不考虑如果律师事务所被逼急了，起诉经销商讨要律师费，将使经销商处于何等被动的地位。

第二章　正确认识法律风险

第一节　法律风险的种类

一、不同的标准，可以多种划分

例如，以能否控制，分为可控风险、不可控风险；以能否预见，分为可预见风险、不可预见风险；以风险的性质，分为经营的风险、败诉的风险。风险的分类方式还有很多，为避免过于理论化、过于枯燥，并限于篇幅和编著目的，本书不对风险的分类作更多表述，不去进行深入的理论研究。

二、本书关注的风险分类

（一）法律风险的概念

法律风险，包括事件本身违法的风险以及败诉的风险。

（二）经营风险

简单地说，我们把上述概念中的前一种风险叫作“经营风险”，是由经销商的经营行为中违法、违规部分引起的，是经销商的总法律顾问或法务部门基本能够预见并规避的风险，通常可以在事前通过“合规性审查”来预见并规避。所以，大的经销商集团一般都有“合规部”，对本集团的重大经营行为事先审查，起规避经营风险的作用。

（三）败诉的风险

上述概念的后一种风险，我们把它叫作“败诉的风险”，主要是由汽车产品质量有问题或被怀疑有问题，以及经销商的违约行为，有时候也可能是违法的或违规的行为所造成的。

败诉的风险也并不是不可预见、不可规避的，多数情况下可以通过争议解决方案的筹划、证据材料的收集与运用、诉讼法律风险防范来规避。

（四）管理风险的基本规则

所谓管理风险的规则，是指对风险的预见、防范、规避、承受的程序、措施、方法、路径等。

1. 合法性优于合理性

这是对风险的性质进行排序的规则。对法律的遵守强度肯定要高于对道德、公理的遵守，所以，要优先考虑合法性，然后才考虑合理性。

2. 客观性优于主观性

这是依据风险的状态而排列的规则。客观的、非人为的东西，可控性、合理性等多维度都比主观的东西更复杂，更应重视。

3. 程序公正优于实体公正

在风险涉及程序公正与实体公正且效率与公平相矛盾、相背离、不一致的时候，要优先考虑效率。这是基于效率与公平的经济性质、可控程度等作出的安排。

4. 形式合理性优于实体合理性

这与“程序公正优于实体公正”的理由相类似，只是更加细化。

5. 理由优于结论

这个有点不太好理解，但仔细想想，也就释然。

结论，要等风险过后、水落石出才有，还不一定会有；而理由则是事先找出来的，当然处于优先地位。

6. 外部优于内部

当既有外部风险又有内部风险之时，则首先攘外，其次才安内。这是因为，内部风险是“内”，影响力一般要小于外在的风险，不会立刻弄得满城风雨。虽说有“堡垒最容易从内部攻破”的传统说法，但这还是与攻破堡垒的火力有关。

第二节　预见与化解并重

一、法律风险体检、诊断与法律风险管理策划

“律师如医师”，意思就是两者的思维方式、工作方式、价值取向有很

多相似。

“体检”是事前防范、心中有数，法律顾问可以对经销商的股权结构、治理结构、人力资源体系建设、营销管理制度、合同管理制度、商业秘密保护制度、经营和合作等方面的现状进行体检式诊断，找出其中存在的法律漏洞和可能的风险点，通过相应的法律筹划，建立并完善“事前预防、事中控制、事后补救”法律风险管理体系，安全避开可能遇到的法律暗礁，最终实现经销商的可持续健康发展。

二、以防为主，防控结合

1. 增强风险意识，培养全员风险防范理念

培养风险意识，提高风险辨识与化解能力，让全体员工了解风险可能来源于管理措施未制定、制定不当或执行不到位，可能来源于外部环境变化，也可能来源于其他未知因素。

这项工作，在新店成立时要格外重视、切实执行。因为万事开头难，如果一项重要工作得到了理念化、习惯化，久而久之，习惯成自然，则该项工作就不难完成。

2. 对不合法事项及时纠正

这主要是针对经销商内部管理的法律风险而采取的措施。例如，经销商人力资源操作不够规范，没有按时签订劳动合同、特别是没有及时续签劳动合同；或者已签订的劳动合同没有及时给劳动者签收；或者虽交给劳动者却未履行签收程序、未保留相应文件材料；或者与实习生的实习期、正式劳动合同期没有协商好、衔接好；经销商法定代表人、住所地、股东发生变化等应当依法及时办理变更的事项没有及时办理变更登记；经销商的具体运行没有遵照公司章程的规定逐一落实等。这些事项可以及时进行“内部纠错”以符合法定的要求。

3. 对相关事项进行补充和完善

对于经销商已经施行但还不够规范、不够完善的事项进行补充和完善，如有些经销商召开股东会、董事会时没有会议记录和会议纪要，或者虽有却不规范、要素不齐全；人力资源管理仅仅依靠劳动合同，没有严谨规范的入职、离职手续，缺少劳动合同存续期间的培训、考核等。

以上这些风险都发生在经销商内部，发现及时的话，完全可以弥补。

第三节　风险的经济核算

风险也是一种成本，应当列入经销商经营计划，事前预估、考量、核算，事后审计、摊销。

法律为您指出合法的营利模式和途径，因此，汽车经销商要在法律框架内组织营运，这样做的安全系数最高。

依法经营，既不能视风险于不顾，也不能无谓地夸大风险，避免闻“风”失志、闻“风”失策、闻“风”失度。

一、正确认识并对待风险

（一）认识风险，不畏惧风险

1. 了解风险、认识风险才能驾驭风险

人类对未知事物有了解的兴趣、了解的欲望、了解的动力，对于风险，了解了才可能去驾驭它、征服它、利用它。

2. 风险是不确定的

不是所有的风险都可以预见、可以规避、可以防范；风险也不是一成不变、始终如一的，风险如同台风，其力度、级别、方向、影响等随时会改变，往往实际状况与预见的相去甚远。超出人类的认识能力、认识水平、认识视野的风险是无法预见的，认识的时机不对、认识的方法不对、认识的角度不对，也无法预见到风险。无法预见的风险谈不上规避和防范。

3. 风险不都是“坏东西”

不是所有的风险都应当回避。

风险不是千篇一律的、不是机械的，风险给经济带来的影响不都是负面的。如同一般人都以为胆固醇是坏东西，要远离它、要少吃甚至不吃富含胆固醇的食物，这种观点其实是错误的。胆固醇是动物组织细胞所不可缺少的重要物质，它不仅参与形成细胞膜，而且是合成胆汁酸、维生素 D 以及甾体激素的原料——胆固醇经代谢能转化为胆汁酸、类固醇激素、7－脱氢胆固醇，并且7－脱氢胆固醇经紫外线照射就会转变为维生素 D3，所以胆固醇并非对人体有害的物质，不是一切人在一切年龄段、在一切身体状况下都要远离胆固醇。

最常见的接纳风险、迎风险而上的金句是："股市有风险，投资须谨慎。"它明确形象地说明风险是与机会伴生的。老百姓都知道"高风险高回报""无风险无回报"。也就是说，拒绝风险，可能同时就拒绝了机会、拒绝了高收益。所以，在经济生活中，人们并不是一味地拒绝风险，即使对于一些已经预见到的、可以规避的风险，人们也会出于成本的考虑、逐利的目的、综合的衡量等因素而不去规避、不去防范，甚至迎风险而上。这样的例子很多，所有的经销商就都是在明知有经营风险的情况下照样开展经营活动的，没有一个经销商会因为有风险而不开业、不经营。

4. 试错成本是换取成功的筹码

试错成本，是经营者必须付出的成本。没有哪个经销商天生就知道经营之道、管理之道、风险防范之道、成功之道。只有建立"为担当者担当，替负责者负责"的试错、容错、纠错机制，经销商才能发现人才并用好人才、发现商机并抓住商机、防范风险并规避风险，不断地健康发展。所谓"一帆风顺""万事如意"，那都只是祝词，现实生活中是不会有的。

（二）选择和利用风险，适当地承受风险

1. 无法做到完全回避风险

汽车经销商要获取利润，完全回避风险、不承受风险是无法做到的，也是不可能的。

2. 分类、区别对待风险

要对可预见的风险进行衡量、评价和分析，主动地、有计划地分类处理风险，以最小成本获取最大安全保障。

3. 衡量风险

估算风险发生的可能性大小和严重程度，以及处理风险造成的后果所需要的人力和物力投入及对资源和机会的损耗。

4. 评价风险

把风险衡量结果结合其他因素综合考虑，进而采取相应的风险管理措施。

二、有意识地进行风险博弈

（一）风险的博弈价值

风险因其不确定性、可变性而能够带来商机或营利可能，具有博弈价值。

（二）风险的博弈原则

经销商要进行风险博弈，必须坚持以下原则：

1. 选择性承受

汽车经销商可以选择那些可以控制的、可以转化的、不可避免的、与经营绩效无法分离的、承担风险所带来的收益远远大于规避风险的成本的风险去承受。

比如，某城市公共交通公司本应购买某种商业保险、每年需至少为此缴纳保险费五千万元人民币，但该公交公司核算出此前三年该保险覆盖的保障事故年平均赔偿额均在一百万元人民币以下，三年总赔偿额在三百万元人民币以下，该公交公司就选择不购买该种保险、准备承受该保险保障范围内的风险赔偿，这个风险承受预计可以为该公司每年节省四千九百万元以上人民币。

当然了，这是根据历史数据测算的结果，不投保之后，如果事故率变化，可以再根据新的情况来调整风险策略。

2. 独立承受

承受某个风险是经销商的决策结果、是经销商的经营行为；经销商要谋取较高利益就应当敢于冒险并坦然承受。

经销商应当尊重并珍惜具有鲜明企业家精神的决策者，尊重并信守当初的决策；无论风险承受的结果如何，都应当且只能由经销商承担。

3. 损益无关

决策者不因风险承受获益，也不因风险承受受损；若决策者可因风险承受而受益或受损，则可能导致道德风险、导致决策失真、导致风险失控、导致决策迟延，甚至导致人才流失。

4. 益者增益，损者免损

经销商可以在因风险承受而获益后褒扬、奖励决策者，以期鼓励企业家勇敢决策、正当决策；但绝不可在因风险承受而受损后批评或惩罚决策者，以免严重挫伤企业家的决策勇气、信心、胆略、眼光和胸怀。

“益者增益，损者免损”原则与“损益无关”原则的主体不同、关注点不同，“损益无关”原则是对决策者的鼓励和保护，“益者增益，损者免损”原则是对经销商的要求和约束。

5. 充分承受

虽然，在决定风险承受时是有选择性的，但是，一旦决定承受某风险，就是对该风险的过程与结果的全盘接受，不能再选择。

(三) 风险博弈的策划

1. 选择要适当、衡量要合理

如前所述，要选择可控的、与经营关系密切的风险，在选择、衡量、决策时要用相同的尺度、一致的标准，且须知己知彼、信息灵通。

例如，前述公交公司，之所以敢于承受交通事故的风险，是因为它们的公交车都行驶在城市主干道上，路况好、车况好、车速慢、驾驶员技术好且纪律严明、乘客素质高、交通秩序较好，交通事故概率低且事故损害较小，同时，拥有多年的可靠数据，风险博弈的胜算把握极大，且胜算数额很大。

2. 合理安排资源

不可因为决定承受风险而放弃对原有条件的利用、规划，要调配并安排好资源，既然计划承受风险，就要全力以赴。

3. 配套支持

不仅是资源调配，系统内的综合支持也很重要。

前述公交公司在决定不交商业保险费之后，加强了车辆及人员的调度观察、强化了驾驶员安全提示、增加了安全设施、细化了出站到站安全操作流程，结果一年内没有任何交通事故，比风险承受前的情况还要好。

4. 及时调整

从决定承受风险的那一刻起，经销商就应当密切关注风险承受方案的执行情况，适时地根据客观情况调整方案，以使风险承受实现收益最大化、损耗最小化。

三、合理配置权利种类，提前控制风险

法律不能直接创造财富，但是可以通过确认和保护财产来间接创造财富。依法配置权利，就是用法律“创造财富”、规避风险。

(一) 物权是创造财富、持续经营的基石

经销商主要的、常见的物权有土地使用权、房屋所有权、车辆所有权、设施设备所有权等。

可以这样说，经销商的物权是其他权利的基础，是经营的物质条件，在

经销商的权利配置中占有重要的地位。

（二）合同是创造财富的工具

合同是经销商经营活动的工具和手段，也是经销商权利义务的载体和证明，其体现的是债权，其重要性显而易见。

无论是公民个人或者经销商都应该多了解合同法，只有这样才能更多地创造财富，过上有尊严的、体面的生活。

经销商既要利用合同谋取经营效益，又要谨慎地签订每一份合同，防止合同纠纷。

（三）股权是创造财富的杠杆

股权的最大优势在于用有限的资本承担有限的责任，另外，出资的多样性和资本聚合的放大效应都使股权投资成为财富增长的重要工具。同时，资本背后的经营控制权、财富分配权和财富积聚效应，以及投资人带来的各种资源、各种信息，使得股权的安排在经销商的经营活动中占有极其重要的地位。并且，经销商的股权模式没有定论，到底如何安排才得当，每个经销商的情况都不同，应当聘请律师进行“量体裁衣”的特定化设计。

（四）知识产权是创造财富的源泉

商标权、专利权、著作权等知识产权是人类智慧的结晶。按照《公司法》及《公司登记管理条例》的规定，这些知识产权都可以作价入股，并且没有比例限制。在日常经营活动中，经销商自有的知识产权一般是商标权、专利权，较少涉及著作权。

目前情况下，在经销商的所有权利中，占比最少的就是知识产权。因为经销商是贸易商和服务提供商，不同于产品生产商，知识产权的份额没那么多，价值也不那么高，对经营的影响也不那么大。

四、依法筹划，“利向险边求”

风险筹划是一门大学问、大艺术，特别体现法律顾问的功力。但很多时候，风险筹划是否进行、效果如何，依赖于经销商的眼光、胸怀、格局、气度、能力。小肚鸡肠、目光短浅的经销商与风险筹划无缘，面对这样的经销商，法律顾问即使有能力进行风险筹划也不能、不敢、不便、不易、不愿进行风险筹划。

人们总是认为，律师就是打官司的，法律就是当事人权益受到侵害后的最终救济途径，法律部门是消耗部门，不创造财富。其实不然。法律顾问以权利、义务、优先权、抵押权、权利让渡、权利放弃、诉讼、调解、仲裁、复议等法律要素或法律手段为原材料，进行筹划、操作，烹出法律与财富的美味大餐。

律师对法律的实施状况是敏感的，法律顾问与经销商的联系是密切的，在提供优质服务的同时，也能发现更多的资源或商机，同时也能规避更多的风险。因为，法律教我们如何规避风险、减少损失，法律也教我们如何赚钱、如何用钱、如何省钱、如何合理花钱、如何使钱生钱。

霍英东先生在商业上的巨大成功，最重要的因素是利用了“按揭”这样一种商业模式，即购房者以所购住房做抵押并由其所购住房的房地产经销商提供阶段性担保的个人住房贷款业务。这个商业模式在“房地产热”中造就了很多大富翁。可见，对商机的敏锐嗅觉和对法律的感知力、运用力能够创造财富。

经销商可以依法进行税务筹划、法务筹划、财务筹划、规划筹划、争议解决筹划。只要筹划到位，既可多盈利，又可多赚钱，还可少风险，一举多得，非常值得去做！

第三章　选聘法律顾问的五个标准

汽车经销商要想有效防范并规避法律风险、保障经营活动依法、有序、高效地进行，就需要聘请法律顾问。经销商的法律顾问，以合适、合用为好。因此，物色并聘请法律顾问，是经销商高层的重要工作。

以作者长期为汽车经销商提供法律服务的经验看，经销商既要清楚自己的需求、又要了解律师执业特征，才能聘到得力的法律顾问。

作者为方便您选聘法律顾问，推荐以下五个标准，请您自己衡量、选择、决定。

第一节　品行良好

一、人品端正

持有律师执业证，只是表明持证人具有法律职业资格和律师执业资格、有为您提供法律顾问服务的条件，不等于就是您合适的法律顾问。所有经销商用人时都会重点考虑备选对象的工作能力。然而，汽车经销商选择法律顾问时，更要注重备选对象的人品。因为法律顾问不是经销商的员工，不受经销商劳动纪律及规章制度的约束；但法律顾问又要更多地接触经销商发展规划、核心商业秘密及重大负面信息，且经销商经营规模庞大、常常跨界经营（涉金融、涉保险等），经营的商品是价值高昂、构件复杂、涉及道路交通安全的商品汽车，所以，用人必须保证稳妥可靠。

人品，是人本真的、内在的力量和道德，是人的能力施展的基础，是人的作用发挥的前提。好人品是和谐社会、和谐组织、和谐经销商、和谐劳动氛围的润滑剂、加油站。能力不强是次品，身体不健是废品，人品不好就是危险品。一个人品欠佳的人，即使有才干，也可能会在关键的时候给经销商带来损害，并且，能力越大，危害越大，所造成的损失也会越大。因而，汽车经销商聘请法律顾问，头一个条件就是看备选对象人品怎么样。

既要听其言，更应观其行，查其既往经历，察其如何为人处世，访其是否孝亲、睦邻、守时、诚信，看其能否勤劳、善良、坚毅、努力。特别要看其如何对待上级或强者；如何对待困难、面对打击、排除阻碍。好人品主要表现为守时、守信、积极、负责、善良等。

二、忠诚

汽车经销商的法律事务千头万绪、琐碎繁复，难度、深度兼具，那么，经销商在选聘法律顾问时，须考察备选者是否具备忠诚之心，做事是否负责、有担当、敢作为、压得住台，能否不受非法利益诱惑、心无旁骛地致力于受托事项，站在经销商的立场上思考问题，忠心耿耿地维护公司的利益。

忠诚的体现是多方面的，如果法律顾问能够为经销商服务多年、历经不同的高管团队而不变，这个法律顾问就是可信赖的。

法律顾问不是雷锋，经销商不应当要求法律顾问无谓地牺牲。所以，忠诚的前提条件有两个：一是经销商十分尊重法律顾问，给法律顾问的律师费及相关待遇体现了经销商对法律顾问的高度认可；二是经销商与法律顾问沟通畅顺，互相理解和接受彼此的价值观和理念。

三、敢于担当，关键时刻有谋亦有勇

律师是社会正义的守门人，是引领人类文明进步的向导。律师工作经常处于矛盾旋涡中、争议风口上，优秀律师既是谋士、又是勇士、还是斗士。

经销商在遭遇各种危急的、突发的、令人纠结的严重事件时，最能分辨法律顾问的品质：优秀的法律顾问有胆识、有勇气、有担当，不退缩、挺身而出，义正词严，力挽狂澜、立场坚定地维护经销商权益。无担当者要么最先败下阵来，要么干脆做“缩头乌龟”、躲到一边享清凉。当然，也有可能是资历浅者底气不足、见识少者手足无措、胆子小者畏缩不前。经销商的法律事务有时候既复杂又惊险，法律顾问既不能鲁莽草率，也不能迟疑不决，更不能畏缩逃避，在事发时要有急智、有胆有识，能够机智地应对、妥善地处理。

例如，有交警态度强硬地要扣留涉嫌交通事故的车辆，却不拿出任何法律文书（可能尚未立案，所以没有文书），如果不让扣，似乎是“妨碍公务”（其实，没有扣车文书就是违反相关法律程序，是无效的行政行为。但是，不建议经销商与交警对抗，要讲策略），得罪了交警可不是好事；让他扣吧，如何跟车主交代？车主拿着经销商开具的维修提车单来要车怎么办？维修费怎么办？这时候，就是显示法律顾问胆略的时候。笔者告诉交警：我们一定会配合您执法，但也请理解企业的难处，您要让企业能够有正当理由向车主交差，同时，不能让企业有经济损失。您签发行政的或者刑事的扣车单、责令车主来把维修费交了或者你们先代交了，我们就可以立即放车。说这话，要绵里藏针、外柔内刚，让来访的警方知道出单、出钱是经销商依法提出的放车的充分必要条件。经销商的要求在理、经销商的法律顾问是久经沙场的谋士，就有了一个良好的开端，接下来经销商一方就会在法律与道德上始终处于优势地位。

第二节　敬业、勤奋

一、有理想，有激情，有活力，与经销商同频

1. 优秀律师有法治梦想和追求。越是负责任的优秀律师，越是容易在担任法律顾问、为经销商提供法律服务的过程中遇到不如意、不称心、不公平对待，甚至被误解、被嘲讽、被排挤、被攻击，无奈地忍痛苦、受煎熬。但优秀律师叹口气、抹把泪，然后会继续坚守，坚定地坚持法治梦想。

优秀律师对汽车经销商的贡献不是招摇过市，不是哗众取宠，不是邀功请赏，而是对经销商坚定不移的专业服务、对合法权益的坚决维护、对法治进程的推动，以实际行动对公平、正义的守望和追求！这些都需要日复一日、滴水穿石的坚持和不懈努力！需要生生不息、星火燎原的活力！

2. 好的法律顾问非常重视对知识、经验这些知识资本的积累和管理，每时每刻都注意学习知识、积累经验、增强能力。

3. 在为经销商提供服务的过程中，律师要用一双明亮锐利的法眼透过现象看到问题的本质，切实地预见并避免可能存在的风险，为经销商提供明

确的、可操作的法律意见，并尽可能地给出两个以上方案供经销商权衡选择，便于经销商维护权益。

4. 一个优秀的法律顾问肯定律师费很高。但是，其工作的目的不仅仅在于获取报酬，更多的是事业的追求、道德及个人价值的实现。因而，工作的驱动力和主动性都强烈并且持久，对工作节奏和工作效率及工作质量的把握十分恰当，乐于为工作做出个人牺牲，起早歇晚是常事，夜以继日是常态，完成工作并且成果适当才肯休息。

优秀的法律顾问会主动协调与经销商的适配度，既与经销商一起成长、发展，也与经销商一起奋斗、坚持，在经销商的经营周期里始终如一地步调一致、同频同框，与经销商形成合力。

二、既高瞻远瞩，还体察细微

优秀律师有适当高度、强度、速度、深度、厚度、温度，观察细致、注重细节，不放过瑕疵，排除一切合理怀疑。懂得站在国家利益、民族权益、人性本善、哲学智慧的高度，恰切地运用法律知识和法律工具来认识和处理具体个案涉及的人或物的法律关系，认识并兼顾法律之外各方面的辩证关系，努力适应社会、人性与事物演进的规律，真正地做到“案结事了”，干净利落、不留后患地处理经销商的法律事务，使经销商的法律关系处于稳定状态。

须知，此不是以一时的胜诉、营利、少付出钱款等为唯一表现和终极追求的，而是要通过从长计议、“舍”与“得”、“收”与“付”来综合考虑的，还必须要有经销商的理解和配合才能达到预想境界。

三、熟悉业务，能力与需求适配

能力，如同催化剂、调和药：人品好的人若兼具较强能力，将会发挥巨大效用、创造非凡价值；如果品德低下的人能力强，轻则可能成为经销商的羁绊或障碍，重则可能成为马加爵、林森浩、朱令铊中毒的放毒者、“徐玉玉被欺诈致死案”的被告人之类的对社会造成严重危害的人，且因为这样的人能力强、智商高、犯罪手段隐蔽、反侦查能力和毁灭证据能力及伪装能力强，而导致破案艰难、受害人救济无望。

经销商的法律顾问就是熟悉经销商、熟悉汽车流通行业，能够给经销商提供恰当的法律服务的专业人士。

四、积极主动，坚持而不固执

（一）责任心强，每一件事都认真去做、都力求做好

优秀律师主动思考，主动行动，主动检查，主动担当，并且善于毛遂自荐、能够拿捏好主动的尺度。

（二）工作秩序井然，控制好程序和次序

内外有别、轻重有序、缓急不同、要事第一，把握好程序和次序、质量和数量、速度和效率。

（三）聪明地工作、努力地工作，创造条件完成任务

一项工作能否做好，很大程度上与工作者的工作态度、工作方法、工作理念相关。好的法律顾问，都有自己的合适方法和路径。

（四）善于沟通，能够当面开口，当场解决

带着方案去提问题，胸怀大局，既报喜也报忧，内部可以有争议，对外要一致。

不生气，极争气，挤时间充电，发展自己的“比较优势”，挑战自我，提前化解潜在危机。低调、平实，不喜欢邀功请赏，不摆架子或显老资格。

（五）感恩，珍惜一切应该珍惜的

珍惜工作给的学习和成长机会，珍惜同事给的配合，珍惜对手给的压力，珍惜每一张纸、每一支笔芯，珍惜并高效利用每一分钟工作时间。

累了，再坚持一下；烦了，再忍耐一下；腻了，再克服一下。

第三节 文笔流畅，社会经验丰富

语言，是重要的沟通、交流工具。这个重要工具又分为口头语言和书面语言两方面。

法律顾问如果嘴皮子不利索、口齿不清楚、声音不洪亮或语言不清晰、感染力缺乏，口头表达就大打折扣。法律顾问会说、说对、说好、能言善辩、情绪饱满、魅力丰厚，方能感染各方，赢得尊重、敬佩、信服。

同理，如果笔头子不硬，不能快速地、顺畅地、恰当地进行文字的组织、编辑、写作、修改，则书面表达也打了折扣，进而影响沟通效率和效果，影响预期目的的达成。尤其是在严重的紧急事件发生之时，法律顾问要想帮助经销商力挽狂澜，就需要快速的、严谨的、规范的书面表达功力。

例如，前些时候著名的“海底捞公关危机事件”，据说其法律顾问设计的应对方案及草拟的公告功不可没；而“鸿茅药酒”事件的处理方案，则是大家都可以看到的负面典型。

法律顾问还必须逻辑严谨、思维缜密、行为规范，既能恰如其分地表达情感，也能准确流畅地专业论证。

经验，不是一朝一夕得来的，要靠日积月累，还需要有心地及时总结归纳；经验来源于实践，必须有亲身体验，在实践中找出差距、吸取教训，减少失误，并随着阅历增长，经验越来越丰富；法律顾问的经验，不局限于司法经验，而是涉及政治、信用、社会、道德、风俗民情、经济等多领域的经验，是要有长期的积累和细心的观察思考才能形成的。

第四节　懂得权衡，知利弊，存善念

一、不过线，守本分，负责而有分寸

1. 趋利避害是人之常情。有好处的地方，可能大家都盯着。优秀律师懂得权衡和取舍，只拿自己该得的，不贪非分之财或非分之利。

2. 律师是个既专业又理性的职业，优秀律师会谨慎地分析案情，对证据材料仔细研判，把可能出现的结果或认为最好的策略或方案告知当事人，但不会承诺“包赢”“包成”。因为解决争议的过程中随时可能出现意想不到的突发状况或情势变化，影响预定方案的落实、甚至影响解决方向。经销商千万不要因此而对法律顾问感到失望或者怀疑法律顾问的能力。

二、灵活变通，利他亦利己

书是人编的，法是人定的，案是人办的。只知道照搬法条和僵化理解的律师不是好律师。优秀律师头脑灵活、反应敏捷、思维迅速。既坚持原则又适时灵活处理，巧妙运用法条、证据材料、商事规则、行业习惯，进而获得

预期的效果。

有些人，做事难以成功、做人难以服众，不是他们无德、无能，而是因为他们做事过于追求完美、做人眼里揉不得沙子，过于僵化、缺少必要的变通。有这么一个故事：战时，一个士兵掉队后逃到山洞，敌人在身后紧追，他躲在洞中一筹莫展、惊慌失措，突然胳膊被狠狠地咬了一下，原来是只蜘蛛，他刚要捏死咬痛自己的小生灵，突然触景生情、心生怜悯，于是就放了它。死里逃生的蜘蛛爬到洞口，织了一张新网，继续觅食。敌军追到山洞口，见到蜘蛛网完好，认为洞中无人，士兵因而躲过一劫。这告诉我们：利他可能利己，心存善念，可能会得到意想不到的善报。

三、知进退，恰当斡旋

正常、健康的人际关系，可以助人一臂之力，可以成就事业；不正当"关系"则可能害人不浅、贻误商机；优秀律师能以适当方式进行公关、借力，能协调好同行关系，绝对不会把同行变冤家，不分场合地诋毁、排斥。适时进、恰当退，不会乱了方寸、失了人格、丢了尊严、没了风度。

四、成败得失缘于意志力

法律的施行受到人的意志的影响，这往往不是表现在不折不扣地贯彻法律上，而是更多地体现在执法者的意志因素和法律职业者的法律技巧运作方式上。所以，一个法律事件，有律师参与和没有律师参与、参与的律师是否优秀并努力，其过程和结果都会有很大差异。

律师比经销商更能预先精准判断综合条件的优劣利弊、事物的走向趋势、并感知攻守进退的多种方案或路径，所以能够在法庭或其他场合上向裁决者或执法者或合作者或竞争者（以下"裁决者或执法者或合作者或竞争者"简称裁决者）以适当的方式转述经销商的故事，把这种转述建立在扎实的证据基础上，以这种转述恰当地表达经销商的诉求，以提供技术手段、梳理逻辑脉络、优化表达方式、寻找价值依归等方式说服、感动、影响裁决者，具体地为裁决者作出价值判断提供标准、尺度、依据；为裁决者进行逻辑推演提供方法、路径、规则；为裁决者对事实的认定与分析提供合乎情理的清晰准确的说明；以此说服裁决者并促成其内心确信，以达成经销商的预期目的。

所以，除了实力之外，信心、坚持和意志至关重要。

对律师而言，最重要的资产，其实就是自己的时间以及用时间换取的经验。律师的人生投资，本质上就是对自己时间和精力的持续定向投放，从而形成长久、深刻、持续、有效的积累。律师精细耕作某一个细分领域，通过持续坚持使得自己的专业能力不断提升、行业经验不断丰富。此时，他们与普通律师相比，花费相同时间精力下所得到的提升和进步要大得多，他们处理法律事务的代价就比别人低得多，他们替经销商长远谋划、通盘考虑的能力更是别的律师所无法企及的。所以，聪明大气的经销商懂得尊重、珍惜有经验的专业汽车律师，乐意与自己的法律顾问长期合作，宁愿花费巨额律师费并每年提升律师费去维护与其长期合作的法律顾问的关系，而不愿意为了节省几十万元、几百万元律师费而去换聘更为年轻但律师费低廉的律师，也不愿意为了迁就、照顾某一两个有一定实力的高管的个人欲求而改变与法律顾问的长期合作和默契配合的宝贵状态。

第五节　排除不靠谱的

一、无底线者

请远离见风使舵、心口不一、为所欲为、毫无原则的律师。虽然他/她也有“律师”这名头和身份，但是他/她却早已失去“律师”的职业道德和职业精神，他/她给您带来的不再是安全和保障，而是堕落和沉沦。

有的律师与当事人合谋建立“诉讼产业链”，从一时看，可以获得非法暴利；从长远看，却是典型的利令智昏、不计后果的犯罪行为。举例如下：

1. 深圳一家科技公司为当事人出具虚假证据，使其从“农村户籍”变为“在深工作居住一年以上”，可按城镇户口标准得到更高赔偿。该公司多次为他人提供虚假证据，所以人民法院对该公司处以 50 万元罚款。

2. 某法院法官宋某与其老师伍某合谋，以抗诉、再审改判等“合法形式”为当事人罗某谋取非法利益以换取巨额贿赂，结果，以害人开始，以害己告终，宋、伍、罗均被采取刑事强制措施。

3. 上海有律师为当事人设计“套路贷”系列方案，参与诈骗，被处以三年有期徒刑。

二、拍胸脯“包赢”者

（一）司法部和全国律协明文禁止律师对案件结果进行不当承诺

1.《律师执业管理办法》第三十三条第一款规定：律师承办业务，应当告知委托人该委托事项办理可能出现的法律风险，不得用明示或者暗示方式对办理结果向委托人作出不当承诺。

2.《律师执业行为规范》第七十九条规定：有下列情形之一的，属于律师执业不正当竞争行为：……（五）就法律服务结果或者诉讼结果作出虚假承诺；……

3.《律师职业道德和执业纪律规范》（2001 年 11 月 26 日中华全国律师协会修订）第二十六条规定：律师应当遵循诚实守信的原则，客观地告知委托人所委托事项可能出现的法律风险，不得故意对可能出现的风险做不恰当的表述或做虚假承诺。

胆敢公然违背法律规定和行业规范的律师，您敢请吗？敢信吗？

（二）案件结果是由多种因素决定的，很难预知

1. 影响案件结果的因素很多

案件事实不清、当事人提供证据不足、案件超过时效、法官的自由裁量权、受诉法院对某一类案件的裁判倾向、诉讼策略、律师的专业水平、国家政策变化、权力干预等都可能影响案件走向和结果。其中有可控因素，如诉讼策略和律师的努力；也有不可控因素，如审委会意见、权力干预等；还有不可知因素，如法律政策变化；还有可能可控也可能不可控的因素，如证据材料的取得和展现、法官对案情的理解和倾向、甚至于承办法官的心境与情绪等。

2. 律师只能着力于可知、可控因素

真正有专业水平、有职业道德的律师会全面搜集、研究证据材料，从而最大限度地维护委托人的合法权益，而不是事先乱承诺、事后不作为或乱作为。

（三）包赢的不正当性

他们可能是假律师，冒充律师骗钱；也可能是没有执业道德、没有专业水平的律师，靠对当事人作出虚假承诺、投当事人所好来争取案源。出

问题后，骗子“律师”逃之夭夭、无影无踪；职业道德差的律师则用各种理由搪塞、推诿。

（四）“包赢”只是一张空头支票

总之，诉讼结局是多方博弈的结果。代理人的“包赢”承诺只是给当事人的安慰剂。

不作出不当承诺，不承诺裁判结果或项目结果，是一名律师应当秉持的基本职业道德规范。

三、标榜自己有强大的社会关系

这样的律师往往是很危险的，其做法很容易导致违规甚至违法的严重后果。关系网可能起源于同学、战友、老乡、亲戚等正常社会关系，也可能纯粹是用金钱和利益来织就。但是无论关系的起源如何，关系的维系显然是需要成本的，这些成本的出处显而易见。

随着我国法治进程的推进，办案人员办案行为越来越规范，与其进行正常的沟通不存在障碍，想通过律师向办案人员进行违规甚至是违法的操作，根本就没有可能。也就是说，利用关系，小事没必要，大事办不了。

四、靠谱律师的行为特征

1. 收费标准明确，提前告知可能存在的费用

千万不要嫌弃费用项目及数额明确、但是让您感觉收费比较高的律师。这种律师才靠谱，这才是正确的收费方式。收费较低可能涉嫌不正当竞争；费用过于低廉，服务质量难以得到保障。

律师的诉讼、仲裁收费有两种基本模式：一是收取固定代理费；二是风险代理，先收取初始启动费用及一些差旅费用，裁判后按照标的的百分比收取代理费，这个百分比一般不低于30%，可达50%，甚至更高。

法律顾问收费则主要是按年收费，一次签约，每年收费，且每年按一定比例提升律师费，如同房屋租赁按约提升租金标准一样。律师费通常是一年收一次，签约即预付一年费用，然后由律师事务所开具等额的税率为6%的增值税专用发票。

2. 及时告知风险

既不盲目乐观，也不随意夸大风险，信守收案时表明的办案态度，凭借

专业能力、诉讼策略最大限度地影响案件的结果，使委托人的合法权益最大限度地得到维护。

3. 与当事人保持良好的沟通

律师应具备的基本素养除了明确费用标准、诚实守信，还有很重要的一条：就是与当事人保持良好的沟通。

第四章　汽车经销商与法律顾问的相处之道

法律顾问是经销商法律事务的专家，对经销商的法律风险管理举足轻重。

虽说经销商精挑细选优秀律师担任法律顾问，但是，要想配合默契、服务上乘，光靠顾问律师的努力还远远不够，还需要经销商深谙与顾问律师的相处之道。

第一节　真正尊重，切忌“管”

一、用人不疑、用人不限

（一）专业的事交给专业的人做

人不是全知全能的，即使是伟大的领袖、杰出的学者、精明的商人、巧手的工匠，也都会有不同的知识盲区或盲点、经验不足、业务弱项或能力短板，所以，人们都必然需要他人的帮助、建议、指引、点拨等。正所谓“专业的事交给专业的人去做”。

（二）专业者的建议越是专业和精准，价值就越大

人们十分乐意为专业的人付费，哪怕所费不菲。正因如此，您想聘请专业的有行业经验的顾问律师，律师费就一定比聘请普通顾问律师的费用要高得多！

（三）李嘉诚之言

越是富商大贾越是尊重律师，越是权重位高越是需要律师；香港首富李嘉诚有一句流传很广的话：没有律师的意见，我不敢在合同上签字。离开律师，我什么也做不了！可见，李老先生对律师有多么尊重，律师在李老先生心目中有多么重要！这可不是客气话，而是真真切切的事实！

（四）中级人民法院院长的感叹

某中级人民法院院长曾说过类似的话：判决死刑的案件，凡是有辩护律师的，他就放心签字；凡是没有辩护律师的，他就不敢签字，即使签字也会睡不着觉！

（五）尊重律师，敬畏法律

经销商要向李老先生和法院院长学习，在法律框架内行事，这样才能确保自己和企业都高枕无忧。

尊重律师，就必须说到做到、真诚无瑕，有刘备三顾茅庐恭请诸葛亮的诚意，用人不疑、用人不限。万万不能开会说尊重、嘴上讲尊重，但心里不尊重、具体事不尊重，这也不放心，那也要过问，把律师当员工管，对法律顾问处处设防，捆绑人家手脚，禁锢人家思想，干涉人家执业。

二、形成制度，形成风气

（一）初聘法律顾问，由董事长或 CEO 亲自面谈

这个面谈是实体性的、实质性的，不是程序性的，不能仅仅走过场，也不是礼节性的，不能敷衍了事；要真诚地、深入地交流，要平等，不能居高临下，更不能确定了时间、地点后又一改再改，或者让拟聘法律顾问一等再等。经销商的董事长或 CEO 通常都很忙，但律师也忙、时间也很宝贵；而聘请法律顾问是经销商的一件大事、一次重要交易，理所应当由经销商的董事长或 CEO 与拟聘法律顾问亲自面谈，如此便于经销商与拟聘法律顾问双向了解、双向选择、双向确定合作基础和合作模式，因而，必须相当郑重、十分正式。

这样做，既表明经销商对法律顾问的高度重视和十分尊重，也可提高决策的效率和效果，还向全公司昭示了法律顾问的地位和性质；也使法律顾问充分感受到经销商的诚意，并通过与经销商权威决策者的密切接触而快速地、全面地了解经销商的战略规划和经营目标以及法律体系建设思路，并有机会向经销商提出初步的法律意见。这样，经销商与法律顾问的合作就有了一个良好的、庄重的开端。

（二）经常地、主动地、真诚地听取法律顾问的意见

经销商要习惯于征求法律顾问的意见、听取法律顾问的建议，召开重要

会议、重要谈判要请法律顾问参加，并在经营中出现重大事项的决策前根据法律顾问的意见和建议对方案进行调整。

理解、配合、支持法律顾问的工作，对法律顾问发出的律师意见书、法律意见书等书面文件或电子邮件要认真阅读、及时回复意见或召集面商，不能让法律顾问的意见石沉大海、束之高阁，让法律顾问的智力劳动成为无用功。不要等到法律顾问所预见的不利情形出现或风险变成现实之时，才大呼后悔！

当经销商与法律顾问有不同意见、经销商不理解法律顾问的意图或难以接受法律顾问的意见或方案时，应当及时地、坦诚地与法律顾问沟通，以便消除分歧、修正方案或意见。

（三）与法律顾问相伴始终

经销商是有生命周期的，永远的兴旺发达只是一种美好理想和美好祝愿，现实中，60%以上的经销商亏损，80%以上的品牌亏损，很多经销商被并购，经销商的经营状况发生剧变的比比皆是。那么，无论发生什么样的变化，只要经销商还存在，甚至已经被并购、已经进入破产程序、法律意义的主体即将不存在或已经失去，经销商仍然要信守并履行法律顾问合同。因为，混乱时更容易出问题，更需要法律顾问认真投入、随时响应、及时提供量身定做式的法律服务。所以，经销商越是艰难，就越要厚待和善待法律顾问，以便持续地获取法律顾问的坚定支持。

经销商千万不要指望法律顾问在经销商艰难时当“雷锋”，这种想法是要不得的。这是因为，如果一个法律顾问的自身合法权益受侵害、被贬损、不被支持，法律顾问又有什么理由、又凭借什么去维护经销商的合法权益？反过来，如果一个法律顾问念在与经销商多年合作愉快的情谊、并坚信经销商只是暂时困难，愿意“裸身”以无偿或延期支付律师费形式与经销商共渡难关，那只是法律顾问出于深情厚谊的自愿选择，经销商应当真诚感谢并日后加倍回馈才是。

第二节　富养，切忌“抠”

一、落到实处

对法律顾问的尊重不能停留于语言或态度，应落实到行动，体现在律师费、办公条件、出差待遇、会议待遇、礼仪、餐饮、公务车、停车位等方面。

想把企业做大、做强、做长久的汽车经销商，还可以考虑给法律顾问以股权，彻底地留住法律顾问，构筑像阿里巴巴那样的风险防控体系。

二、正确对待

无论兴衰、成败，都不要把法律顾问与高管比，更不能把法律顾问与员工比。他们身份不同、作用不同，完全不具可比性。

错误地役使法律顾问、想让工作占据法律顾问的全部时间，让法律顾问承担琐碎的事务性工作、让法律顾问没有时间和精力去从事重要的全局性的法律工作、让法律顾问被迫像陀螺一样辛劳。表面上您可能节省了一两个法务部员工的工资，可那是划不来的，是浪费资源，是与您付出的律师费严重不匹配的，也是与您的初衷严重违背的。

那种言行不一、表里不一、首尾不一，办公费抠门、律师费拖欠，管理者对法律顾问虚情假意、冷若冰霜的公司，一定不能吸引到优秀律师，更留不住优秀律师。

那种把什么级别的员工才能坐飞机、什么距离的差旅才能坐飞机、不同级别的住宿标准和餐饮标准套用到法律顾问头上的做法，实在是不明智、不经济的。您花大价钱请来法律顾问，却让他的时间耗费在路途上，您为了节省一点食宿行费用冷了律师的心、丢了律师的工作时间，值得吗？何况，您节省了出行的费用，可能增加了食宿费用、耽误了商机，岂不是更加不划算？

那种一旦企业经营出现困难，就首先削减律师费，甚至企图通过挤压、刁难、排斥、迫害、泼污水等非法手段赶走法律顾问的做法，是大错特错、得不偿失的。

第三节　信赖，切忌“疑”

一、信赖法律顾问

（一）和盘托出

1. 应当毫无保留地向法律顾问交代案件、事件或项目的来龙去脉、前因后果、得失成败。

2. 其中越是涉及商业秘密，甚至是企业的短处、痛处或难处的，越要坦诚地、完整地让法律顾问知晓。

3. 绝不可以对法律顾问有所遗漏、保留、遮掩、隐瞒。法律顾问只有了解全貌，才可能综合考量，合理判断，设计出最合适的、最经济的解决方案或应对策略。

（二）绝对信任

1. 法律顾问的法律地位、工作性质很特殊，接触的、处理的、研究的、推动的或阻止的都是经销商的重大事件；知晓、管理并在工作中运用的要么是负面信息，要么是重要的商业秘密。

2. 法律顾问的工作可能牵扯到一些人的利益（如处理劳动争议，必然减损作为申请人的劳动者的利益；处理公司僵局，必然触及制造僵局或维持僵局的股东的利益；处理涉及公司的刑事犯罪，必然导致一些犯罪员工最终失去金钱或自由；等等），这些利益被触动的人，不可能都正确理解法律顾问的工作。

3. 法律顾问可能出于公司整体的、综合的、长远的、更重要的利益追求和战略安排而在具体事务上有些退让、有些放弃、有些包容。

4. 法律顾问处理经销商法律事务时，永远是有胜有败、有进有退、有盈有亏，无法做到常胜、常进、常赢。

5. 经销商应该始终保持对法律顾问的充分信任，理性并智慧地认识和对待外部或内部各种人出于各种原因而对法律顾问的指责、苛求、评头论足、指桑骂槐、含沙射影，意志坚定地不被离间、不受挑唆、不遭蒙蔽、不怕压力，态度鲜明地表达对法律顾问一以贯之的信任。

二、依靠法律顾问

（一）言听计从

1. 对法律顾问有商有量，确保法律顾问的法律意见不打折扣地得到落实，才能收到风险防范与规避的效果。

2. 如果半信半疑、将信将疑，法律顾问的方案、策略就会失真、变形，不可能达到预期目的。

（二）保持稳定

1. 居安思危，不在平顺时期忽视法律顾问，不在功成名就之时“鸟尽弓藏，兔死狗烹”。

2. 临危不惧，处乱不惊，不在凌乱、纷争时期苛责法律顾问，绝不能搞“一朝君子一朝臣”，一旦并购、管理层换人就拿法律顾问开刀。那会乱了经销商的法律保障体系、乱了法律保障方案、乱了自己阵脚，给本来就乱的经营局面添乱。

第四节　理解，切忌“猜”

不同律师的成长背景、受教育程度、法律服务的综合能力、社会实践经历、人生体验、思维层次、品质素养等都不尽相同，对于事物的认识也因此存在差异，但优秀的品质和执业的需求是一致的，都需要深切的理解。

律师与医生相似，都从事救死扶伤的事业。只不过，医生面对的是人，治的是患者肉体上、功能上的病，维护的是患者医学意义上的身体健康、组织功能和生命；律师面对的是法律关系，治的是当事人法律关系的瑕疵、缺陷、风险，维护的是当事人合法的权益、人身自由甚至生命。医学不是万能的，医生不能治愈一切疾病、不能治愈一切病人。法学也不是万能的，法律顾问不能解决一切法律问题、避免一切法律风险、满足汽车经销商的一切要求。所以，汽车经销商要真正理解律师的职业性质，要认识到法律顾问尽力就好，不要奢望法律顾问是“神”、能搞定一切。更不能因为法律顾问某一次没有满足经销商的预期目的（如败诉了、合同没谈成、欠款没收回、项目没拿下等）而心生嫌隙。所谓“夫尺有所短，寸有所长；物有所不足，智有所不明；数有所不逮，神有所不通”，说的就是这个道理。

第五节　自由，切忌“捆”

律师大多独立完成工作，无论是某个经销商集团独家专聘模式还是通常的常年法律顾问模式，经销商都不应限制法律顾问的工作时间、工作方式、工作模式、工作范围，尤其不应当以排他式、独占式条件聘请律师当您的法律顾问。

法律顾问不是您的劳动者，您也不可能给律师以竞业限制补偿金；即使您愿意给法律顾问支付竞业限制补偿金以换取对律师工作时间的独占，您也很难合理地支付该种补偿金；最重要的是，您的排他和独占的请求是不公平的、不合理的、不切实际的、难以持续的。所以，应当由法律顾问自行安排工作、自由计划时间；法律顾问可以休息、休假，可以旅行，只要不影响经销商的在诉案件或在办项目即可；法律顾问可以发表专业言论，可以分析评判自己承办的案件，而不用受经销商的限制，只要不泄露经销商的商业秘密即可。那种把法律顾问当员工对待，不能这样、不能那样，时时管束，处处控制，实在是越俎代庖之举。

第六节　充分认识法律顾问的价值，切忌“贪”

一、党和国家重视法律顾问

《中共中央办公厅、国务院办公厅关于推行法律顾问制度和公职律师公司律师制度的意见》体现了党和政府对加强法律顾问制度建设的重视。

二、经销商应当对法律顾问的作用合理期待

（一）冷静思考

法律顾问协助并推进经销商依法经营、促进合规管理、抵御法律风险的作用日渐显现。如何发挥法律顾问的作用，实现法律顾问的功能，是需要经销商冷静思考和切身实践的问题。

（二）不可轻视法律顾问的作用

认为法律顾问的职责就是审审合同、打打官司，法律部门只是经销商的

一个消耗部门的观点不正确；法律顾问的作用与功效，很多时候不是显性的、不是直接的，它特别像大河上窄桥的栏杆，有它，您不一定去扶，但心安；无它，您过桥时就会心惊胆战，您甚至根本不敢上桥。

（三）不可高估法律顾问的作用

法律顾问的价值在于提供法律支持。法律顾问不能取代销售顾问、服务顾问，也不能取代管理者，大家各有所长、各司其职、各负其责。

三、法律顾问与法务不可互相取代

（一）法务取代不了法律顾问

1. 以法务取代法律顾问的主张基于私心

有人主张用法务取代法律顾问，打着“培养经销商自己的人才”的漂亮旗号排斥法律顾问；这种提法看起来很正当、可能会一时得经销商之欢心、一时减经销商之费用，其实是极其错误、极其荒谬的。提出这种说法的人，要么是对经销商太不了解、太不负责、对经销商的利益太不关心，要么包藏某种私心、私欲、私计，无非是想拉山头、树旗号、组班子、创“业绩”，甚至是谋贿赂，最终结果只有一个：坑害经销商。

2. 法务、法律顾问有很大不同

两者的法律地位、职业道德、职业权利义务、身份、资历、心态、经验、工作能力与水平、工作性质和工作重点、工作氛围、工作的稳定性等有很大的不同。

（1）法律顾问是外部人，其职业本质上是律师

由《律师法》规范行为、由司法行政机关管理、由律师协会自律，法律顾问本能的求胜之心与律师职业的守法守纪、尽职尽责的特征天然融合，使他们能够不带杂念地、心无旁骛地为经销商提供专业的、纯粹的法律服务，此服务仅以律师费为对价，无须其他任何附加条件，没有更多的利益纠葛，没有执业办事之外的竞争和矛盾冲突。

律师既是一种职业又是一种专业，是很多人终生为之奋斗和追求的目标，律师团队是很多身为律师的人十分珍惜和维护的队伍，律师工作成为很多身为律师的人赖以生存的饭碗。

律师不珍惜职业声誉的代价是高昂的、惨重的、难以补救或替代的，所以，律师往往是非常较真、非常负责、非常敬业、非常努力、非常拼的，这

从近几年很多关于律师劳碌伤病、英年早逝的报道中可以看出。

律师职业是终生学习型职业，自我教育、自我提高是职业的内在要求和外在表现。

法律顾问作为律师，其执业行为受法律保护并在相当多的场合享有职业权利和职业声誉，有许多执业便利和执业保障。法律顾问作为专业人士，既有职业经验，又有行业的整体支援和互助互励。法律顾问作为律师，是法律职业共同体的一分子，与公安、检察院、人民法院等最常见、打交道最多的司法机关同源、同质、同追求，易于沟通和理解，且都能尊重对方的职业道德、职业纪律和职业地位。

法律顾问与经销商是合作关系，与经销商的法务总裁、法务部员工也是合作关系，不存在任何竞争、没有任何利益冲突。

法律顾问作为律师，没有执业年龄的上限，没有退休、离职的压力，不需要跳槽，不需要升职，可以单纯地、持续地、稳定地、经验越来越丰富地为经销商提供法律服务。

（2）法务是经销商的员工

法务是劳动者，经销商要为法务提供工资、社会保险、福利、培训、晋升机会等，代价高昂，管理复杂；法务与经销商既依存又离散，变数很多：一方面，经销商对法务有升降予夺之大权，另一方面，法务有离职跳槽之自由；一方面，法务内部有职场的矛盾和竞争，另一方面，法务又与经销商的其他部门有竞争和协作关系。这种复杂的矛盾、竞争、利益冲突使得法务较难独善其身、专心致志，难以长期为经销商兢兢业业地工作。

法务通常是做日常的、基础的法律事务，一般不具有法律顾问那样的专业性和执业经验。

除了劳动纪律之外，法务没有像律师那样的来自司法行政机关的严格管理和监督，没有像律师那样的职业法律及职业道德和职业纪律的约束，没有律师行业的自律所带来的自检、他检、互检的自净自修复功能。法务如果不尽职尽责或者法务如果对经销商不满而报复经销商，只需提起劳动争议或是披露一些所掌握的纠纷信息，就能够给经销商带来巨大损失和深远的负面影响，而经销商却很难追究法务的责任，更难挽回法务造成的损失。

经销商与法务之间的法律关系是“劳动关系”，法务违法、违规的代价极低，并且，如果法务不胜任、不称职，经销商想要解除与法务的劳动关系将困难重重、顾虑重重、代价很高；法务处处要竞争（竞争上岗，竞争职位，竞争奖金，竞争一切有利的物质或机会等），法务时时面对诱惑，只要有更高的薪酬、更好的机会、更合适的环境，法务就随时可能离职。

总而言之，法务的可靠性、专一性、稳定性、单纯性、专业性、忠诚度都远不及法律顾问。

（二）法律顾问代替不了法务

1. 法律顾问不可能像法务那样在经销商那里朝九晚五地每天 8 小时坐班处理日常的、基础的、琐碎的法律事务。

2. 法律顾问也不大可能像一般法务那样参与经销商的经营活动的某个环节。

3. 法律顾问是外部人，类似于独立董事，是超然的、坚持底线的。法务是内部人，有着错综复杂的利益关系，在某些特殊情况下，法务可能被动地、不情愿地帮助经销商做些违反内部规定的事，至于打擦边球的情形可能更多。

所以，无论是从专业的角度还是从管理的角度，都不应该提出并企图以法务代替法律顾问。

第五章　构建法律风险防火墙

经销商法律风险的管理应是体系化、网格化、经常化的，全面地、动态地体现经销商法律风险管理的目标、价值观、资源、偏好和承受度，形象地说，就是要构建法律风险防火墙。这“墙”既是具体的，又是抽象的；既是物化的，又是理论的。

例如，要尽可能地预见到法律风险的范围、种类、发生的可能性、影响程度；要规划好利益相关者可接受或可容许的法律风险状态及损失数额或比例。

第一节　用人之道

这里的用人，既指常规用人，也指一时、一事、一项目的临时用人，覆盖经销商人力资源的全过程、全流程。

经销商可以将诸葛亮“观人七法”用于识人、选人、用人、留人、激励人的全过程。诸葛亮运筹帷幄，策无遗算，他的《知人》一文集中其人才智慧：“一曰，问之以是非而观其志；二曰，穷之以辞辩而观其变；三曰，咨之以计谋而观其识；四曰，告之以难而观其勇；五曰，醉之以酒而观其性；六曰，临之以利而观其廉；七曰，期之以事而观其信。”简言之，是从“志、变、识、勇、性、廉、信”七大方面全面考察。基于这些基本规则，经销商用人的注意点有以下几个方面。

一、禁用六种人

不是什么人都值得经销商花费时间和精力去考察并对付。不要让那些低劣的人缠到您、咬到您。不要把宝贵的时间和精力，浪费在毫无意义的事情之上。最好的办法，就是远离那些有害无益的人，不用他们，不理他们。

（一）“垃圾人”

1. “垃圾人”可能有心智缺陷或情感障碍，他们脾气坏、心胸窄、人品差，他们社会适应能力弱，做事不计后果。他们对人、对事充满了愤怒与不满、嫉妒与仇恨、沮丧与失望、傲慢与偏见、贪心与算计、抱怨与攀比等负面情绪。

2. 当他们负面情绪缠身、心理垃圾积聚时，就可能情绪失控、不管不顾地往别人身上倾倒情绪垃圾，使得职场空气紧张，人际关系失常，涣散人心，消磨斗志，浪费时间、精力等宝贵资源，导致团队难以协调、合作，好事难成。

（二）“白眼狼”

1. 说到“白眼狼”，大家都知道是怎么回事。它是指披着人皮却没人性的人。现在多用来形容忘恩负义、过河拆桥、恩将仇报的人。

2. “白眼狼”般的人，虽有人之名、人之形，却没有人之心地、人之品质，一有风吹草动，其本性尽显：阿谀奉承、拉帮结派、落井下石、栽赃陷害，无所不用其极，严重污染经销商的人力资源环境。

3. 尤其是当白眼狼伤害曾经的提携人、培养人、带路人、导师、上级的时候，就不仅是表面上的针对对象受伤，还使周围的人都受到伤害。也就是说，“白眼狼”扰乱了人际关系，使人们难以建立互信。

4. “白眼狼”和下文将要提到的小人的最大区别就是，“白眼狼”以怨报德、不识好歹，可以为一时之利或一己之利而伤及一切人包括恩人和贵人；小人虽心胸狭窄、目光短浅，却可能不失人性，知恩、感恩。

（三）小人

1. “子系中山狼，得志便猖狂”是对小人的最佳描述。

2. 小人可能有道德瑕疵，但并不一定是地位卑微的人；相反地，由于小人善于钻营，还可能窃取高位。

3. 小人皮厚心黑、心浮气躁、心胸狭窄、目光短浅、自私自利，仇官、仇富、仇名，嫉贤、妒能、欺善，缺乏容人之量，更少爱人之心，操控欲极强，常常搅浑一池水。

4. 小人以自我为中心，骨子里自我崇拜、孤芳自赏、唯我独尊，嫉妒比自己强的，挤兑比自己差的，损害他人利益、群体利益、经销商利益甚至国家利益，自以为有多高明、多能耐、多了不起，以排挤他人、贬抑他人来抬高自己，使职场空气污染、氛围压抑、执行力严重削弱，对经销商的组织和风气具有巨大的破坏力。

5. 小人专横跋扈、培植亲信、挖空心思排斥异己达到登峰造极的地步，利用一切机会折腾他人、短时间内把一些本来工作很努力的员工开除，甚至想把法律顾问也逼走。小人的种种行为客观上会造成经销商在一定期间内人力资源短缺，很多重要工作处于停顿或无人打理状态。那些被小人挤兑、辞退的人无奈地、十分不情愿地离开工作岗位、因此对经销商有一大堆意见，甚至找机会报复经销商。新招来的人则不适应钩心斗角、动荡不安的企业环境，观望、犹豫一段时间后最终选择离开，再次造成岗位空缺。频繁换新手或生手从业，其结果是工作效率低下、客户服务质量下降、工作脱节、信息丢失或断档、人员频繁更替导致企业文化得不到传承。

6. 小人折腾别人，也使自己身心疲惫，业绩难看，时间长了经销商势必请君走人，这就影响到小人自身的职业发展。

7. 一句话，小人是危险源、是灾祸根，害人、害公司又害自己，甚至对经销商是致命的摧残。

（四）滥竽充数之人

这种人徒有其名、尸位素餐，好吹嘘，好邀功，好享受，贪图名利、地位、待遇，却不真干、不实干、不好好干，无能耐，不作为，使政令不通，管理失控，是职场的霉菌，必须远离。

（五）不守规则的人

千万要远离那些不守规则的人，因为雷劈他的时候，可能会连累到您。遵守规则，就能生活得坦坦荡荡、工作得踏踏实实。规则冷冰冰、毫无人情，您不遵守它，它比老虎还要可怕；当您遵守它，它就是您最坚实的盔甲和最温暖的外衣。

不遵守规则的代价实在太大！那个“勇敢无畏”地在八达岭野生动物园猛兽区开车门的女人，哪怕她有一万个理由，也不能不守规则。她已经为自己的冲动付出了代价。网传她平日就戾气深重，不把规则放在眼里。若真如此，恶劣习性和变态行为已经埋下了祸根，出事只是迟早的事。

不遵守规则的人，与下文将要提到的“染灰”、涉黑者的最大区别是，不遵守规则的人平时是个各方面看起来很平常、很正常甚至是有些优秀的人，他们只是在是否遵守规则这一点上与常人不同；而“染灰”、涉黑者却是明显有问题且风险度很高的人。

（六）“染灰”、涉黑者

1. 所谓“染灰”者，是指私欲强烈、胆大妄为、雁过拔毛式的人，随时随地都希望得好处、占便宜、揩油水、获取灰色收入。

2. 所谓涉黑者，则是指与社会上的违法犯罪分子有勾结，欺行霸市、为非作歹，言行离经叛道、毫无章法的人。

3. 显而易见，这两类人与经销商的法律地位和经济目的格格不入，禁用是必然。

二、慎用五种人

（一）高分低能、孤僻傲慢的人

他们往往从小备受追捧、不懂得尊重别人，团队意识差、协作能力弱、以自我为中心，表现欲和控制欲都非常强，习惯于将快乐建立在别人的痛苦之上，是团队的不安定因素。

（二）空降的人

1. 外来的和尚并不总是好念经，恰恰相反，外来者易水土不服，内部人对外来者易生排异。

2. 外来者初来乍到，不了解情况，不清楚规则，不知晓惯例，很可能乱指挥、乱作为、乱评价、乱下结论，搞乱规则和体系，搞乱人心和秩序。

3. 有些空降者还喜欢带自己的团队一同到新单位，自成帮派，这更使原有的员工感觉不安、压抑、前途无望。

（三）自负的人

1. 自我感觉良好

有些人并没有多大能耐、多高水平，尤其缺少经验，却自以为是，把任何人都不放在眼里，很难听取旁人的意见。在他们眼里，别人都不如他，都得听他指挥、由他安排、他说了算。这就是自负的人。

2. 自负的实质是无知

人贵有自知之明。自负者不自知，要么盲从，要么狂妄。

3. 时时事事都从自己的利益出发

从不顾及别人的感受：不求于人时，对人没有丝毫的热情和礼貌，很少关心别人，与他人关系疏远；求人时，则腆着脸、毫无羞耻。

4. 固执己见

唯我独尊，总是把自己的观点强加于人，在明知别人正确时，也不改变自己的态度或接受别人的意见。总爱抬高自己、贬低别人，把别人看得一无是处。

5. 过度防卫

别人成功时，其因妒生恨，极力去打击别人、排斥别人，并用“酸葡萄心理”来维持自己的心理平衡；别人失意时，其幸灾乐祸、甚至落井下石，不向别人提供任何有益的信息或帮助。

6. 自命不凡

轻视别人，对己、对人都不能作恰如其分的评价。语言行为偏激，考虑问题总是以个人的喜好判断，先入为主。

7. 心狠好斗

擅长挑拨离间，喜欢拉拢一帮打击另外一帮。

8. 多疑

对谁都不放心。

9. 任人唯亲

对追随、吹捧自己的人极力关照。喜欢建立绝对的权威，对异己刻意“修理”、毫不留情。自负者令众人不悦、不和、不顺、不安，使组织涣散、工作停滞。

（四）自私的人

有些人自私自利，脸皮厚、心胸窄、目光浅，削尖脑袋争名夺利，伸手要权、要钱、要人、要名、要资源，对困难、风险、责任则能推则推、善于“打太极”。这样的人，严重破坏风气，动摇军心。

三、优先使用的人

（一）真诚，大气，常怀善意之心

心有莲花，便能看见莲花；心有粪土，便只能看见粪土。

真正的教养，不是只看到表面现象就妄自揣测，更不是站在道德制高点上任意指责，而是做好自己，帮助他人，对陌生人都能常怀善意。

考察一个人的真正素养，需要时间。成大事者必有大气，大气者必有大忍。忍者，本性善良、天性温厚。忍不是逃避，不是胆怯，不是懦弱，而是能量的积蓄，策略的安排，时机的选择。

善良是世界上最美好的品德，真诚是人际交往的第一原则。它们会让您所做的一切都内心安定。与真诚大气善良的人相处，会如沐春风，会有好心情、好运气、好氛围。所以，经销商要尽量录用真诚、大气、善良的人。

（二）有干劲，有激情，有责任心

要用有英雄情怀、悲悯情怀的人，要用有血性、有灵性、有理性、有悟性的人，要用有本事、有担当的人。这样的人，堂堂正正，光光彩彩，规规矩矩，有格局，有气魄，有胆识，有气度。

（三）懂得包容

这样的人心胸是宽广的，眼光是长远的，头脑是清醒的。不会斤斤计较、寸利必得、寸步不让，也不会因为占了小便宜而庆幸，更不会小肚鸡肠、睚眦必报。

经销商的经营是综合的、复杂的、交易是有成本、有对价的，不能只进不出、只得不失，所以，懂得包容、知道退让或回旋是员工很重要的品质。

（四）匠心独运

有匠心，有匠意，有匠功，有匠力，做事专心致志、较真负责、恒久可靠。这样的人是少有且难得的，经销商若遇到，一定要非常珍惜！

第二节　总法律顾问

一、法律地位

法律顾问是经销商法律风险防范体系的构建者，是法律事务的专家、外脑、外嘴、“外墙”。较大的经销商集团，应当聘请总法律顾问，法律地位和效用类似于独立董事。总法律顾问制度可以有效改革公司权力结构配置，使这种结构更加稳定、高效、安全，从而为企业带来更好的经营效益。这是因为，在职业经理人制度下，为保障经营者不背离所有者的目标，防止内部人控制，会通过创设总法律顾问制度来改变经营者风险管理决策的结构和程序，达到监督、制衡的目的，从而促进所有者与经营者双方利益的一致，提高风险管理效益，以最小的投入得到最大的产出。

二、作用

优秀的法律顾问有居高临下的境界、力挽狂澜的魄力、见微知著的眼力、急救与固本培元兼具的功力，能够洞悉并均衡满足经销商利益诉求，为经销商建章立制、打造品牌、规避风险、增加利润、推挡麻烦、处理纠纷，为经销商做大、做强、做久提供服务，使经销商健康、有序发展。

可见，一个好的法律顾问对于经销商具有至关重要的作用。经销商要给法律顾问足够的地位和权限，以使法律顾问的作用得到充分发挥。

（一）避讼，帮经销商保值增值

2015年《政府工作报告》中提到："国内生产总值67.7万亿元。"2015年《最高人民法院工作报告》中提到："地方各级人民法院受理案件1951.1万件，审结、执结1671.4万件，结案标的额4万亿元。"也就是说，全国经济总量中约有5.91%是经历了诉讼的。诉讼中的经济量不都是当期的，可能是上年或更远期的。被裹挟在诉讼里的资金或资产脱离了正常的轨道，失去了流动性、实用性、可支配性、剩余价值创造能力，其价值损耗和机会损失十分巨大。

法律顾问既可帮助规划整体战略和局部策略，又可就某些专项事务提供法律意见，使经销商处于"有备无患"、有的放矢的良好环境，并权衡多种解决方案的优劣利弊，在法律风险产生之前或处于萌芽状态时，进行有效识别、规避和化解，大大降低法律风险和纠纷处理的成本，最终使经销商避讼以至无讼。

这需要经销商能正确认识避讼的意义和价值，有魄力在诉讼并未出现时就舍得花钱聘请律师，并能认可因为律师的努力工作而避讼的成果。

（二）促成并保障交易

法律顾问理解、促成并保障经销商的主要交易，包括公司设立、增资、对外股权收购及A股各板上市或境外上市；公司通过借贷、信托、资产管理计划、发行债券、举办汽车金融公司等手段融资或调度奖金；整车或零配件及精品的采购；汽车销售；汽车维修；汽车保养；汽车保险；汽车租赁；

内部管理；等等。法律顾问须以推动交易为目的起草、修改、审查经销商主要经营活动的法律文件，充分满足经销商的需求。

（三）合同管理，避免交易风险

法律顾问在促成交易的同时，应当提示交易风险，并提出应对的策略，站在经销商整体的角度和法律的高度，展开商务谈判、合同的起草、审查与修改等工作，保障交易安全。

（四）建立良性循环

如果说促成交易是帮助经销商“踩油门”、风险防范是帮助经销商“踩刹车”，那么，战略建议便是帮助经销商“掌方向”。

法律顾问在了解经销商的整体情况之后，拥有对经销商乃至整个汽车行业更深的认识，能够以更深刻、更长远的眼光关注经销商，从被动解决问题变为主动控制风险，站在经销商的立场和发展的高度为经销商想办法、谋出路，用完善的制度规范人、约束人、监督人和激励人，形成良性循环，使经销商的压力越来越小、涉裁涉诉案件越来越少。

（五）发挥特殊作用

例如，代表经销商与行业协会沟通；代表经销商与厂商联系；代表经销商处理各种重大、紧急、复杂、危险、尴尬的事务，主要是代言、推挡、回环、劝解、斡旋、威慑、阻隔等，可视不同对手、不同情形、不同场合而扮演不同角色，发出不同声音，表达不同意思。在经销商遇到麻烦或不方便时出面，既使经销商负责人适时回避或避开锋芒，又给对手一种无形的心理压力。

经销商聘请法律顾问是经销商有法律意识、现代意识、风险意识和前瞻意识的表现，也是经销商成熟、稳健、规范、可持续发展的标志，可以大大提升经销商的商业形象、增强经销商的商业信誉，而且在客观上促使商业伙伴或竞争对手在进行合作或竞争时有所顾忌。

（六）为经销商创造价值

一些经销商对法律顾问重视不够，甚至认为法律顾问可有可无。这是因为他们对法律顾问的价值认识不够。其实，“防范风险”是经销商法律顾问的常规价值体现，“创造价值”是法律顾问的发展价值所在。

法律顾问可以从两个方面着力为汽车经销商创造价值：

1. 规范公司治理结构

（1）经销商组织架构的规范治理，主要是股东关系、投资人关系、股东会、董事会、监事会、总经理的组织和运行，以及矛盾的化解、纠纷的解决、公司僵局的破解等；

（2）经销商集团内权利义务关系治理，明确集团公司与子公司、总公司与分支机构各自承担的职能以及权利义务关系，具体到汽车资源的分配和调配、资金的调度和分配、人员流动的规则等；

（3）经销商集团内关联关系治理，梳理集团公司、总公司、子公司、关联公司的关联关系，主要是税收优惠、利润安排等；

（4）经销商与代理商、分销商之间的利益平衡。

将这四类法律关系予以规范，能够大大提升经销商的整体价值。

2. 发挥信息优势，整合资源

律师广泛接触各个领域、各个行业，具备其他任何人所不具备的信息优势，完全可以为顾问单位寻找商业机会。

（1）从律师事务所及律师协会的角度实现商业资源的整合。无论是汽车销售还是汽车维修保养或汽车保险等，律师群体都是经销商的优质客户。法律顾问作为客户的示范、口碑效果会非常好。

（2）从律师的角度实现顾问单位之间的商业整合。律师担任不同企业的法律顾问，这些企业之间存在商务合作的可能，由于都是同一法律顾问，产生纠纷的可能性大为降低，即使有不同意见，也容易沟通、化解。

（3）律师可以为经销商提供上下游产业整合机会。一方面，部分律师可能会专注于特定行业和产业，形成“完整产业链”的法律顾问模式；另一方面，一些经销商也在发展到一定阶段之后，对上下游产业有所触及。此时，律师无疑能为这种产业整合提供有价值的法律和商业服务。

第三节　法务总裁

一、法律地位

法务总裁是汽车经销商的核心管理者，是经销商法律风险管理的领军人物和灵魂人物，是经销商法律风险防范体系的关键部位和关键环节。

二、素质要求

（一）懂汽车、懂人性

汽车经销商的法务总裁，必须既懂汽车、又懂人性，善于协调，可以只了解法律而不精通法律。

（二）有经历、懂珍惜

作为法务掌门人、担大任者，其必须是有丰富经历、懂得珍惜之人。一帆风顺者或经历简单者，都不合适。

（三）品行端正，定位明确

不可有私心；不可无原则；不可越底线。

法务总裁与总法律顾问是合作关系，不是竞争关系、不是上下级关系、不是利益关系。如果法务总裁把总法律顾问当作竞争对手予以排斥、当作下级加以指挥、当作家丁呼来唤去、当作摇钱树来挤压，说明法务总裁心胸狭隘、目光短浅，甚至品行有问题。

（四）行动的楷模，协作的标兵

法务总裁要模范地遵守经销商规章制度和行为规则，与法律顾问及法务人员一起营造经销商的安全感、稳定感。

（五）“三气”“六度”“九不”

1. “三气”

做人有志气，清廉正直上进；做事有底气，公平公正正派；管理有正气，规范严格统一。

2. “六度”

对人有厚度，包容、理解、体谅；对事有气度，看得开，想得通；对工作有浓度，积极、负责、高效；对批评有风度，有则改之，无则加勉；对下属有温度，支持、关心、培养；对是非有尺度，不越底线，不留情面。

3. “九不”

不媚上级。勤奋做事，简单做人；不损同级。克己，内敛，忍让；不亏下级。有决策力，无拖延症。经常欣赏、善待、关心、理解，可以霸气，可以义气，不可匪气，不可帮气；不弄权谋私。懂得天外有天，人上有人，权力是一时的，钱财是身外的，好好做人、努力做事才是长久的；不轻诺失信。言而有信，守信践诺。说话不算数与总裁的身份和职责不相称；不怠慢下属。人与人本质上是平等的，都在哭声中来，哭声中去。人是相互依存和相互影响的，退一步海阔天空，忍一事风平浪静；牢骚太盛防肠断，风物长宜放眼量；不打断人家说话。倾听是智慧、修养、尊重、心灵的沟通，身处高位更要懂得俯身聆听；不自视清高、封闭自己。“三人行，必有我师”，要养成学习的好习惯；不欺负同级或下属。尊重并同情弱者是美好品德、善良境界，积善成德、修身养性。

三、职责

1. 是队伍的召集人

联想集团柳传志先生关于团队建设的九字箴言“搭班子、定战略、带队伍”特别适用于汽车经销商的法务总裁。

2. 是士气的鼓动者

对下属全力支持、大力鼓励、充分理解、适度包容、平等对待，充分调动员工的积极性。

3. 不是“帮主”

切不可拉一批、打一批、培植“嫡系”、制造分裂、构陷、挤兑。

4. 有效工作

与总法律顾问一起规划好法律风险管理体系的建设与维护，调度好法律风险防控力量，安排好法务部门的日常工作；迅速有效地指挥团队应对各种重大突发事件；模范地理解、履行合同；不可犯任何拖延症。

第四节 法务部

一、负责人称职

经销商应当用心物色法务部负责人，可以设总经理或总监，必要时也可由总裁兼任。要让有行业经验、谦和、勤勉、虚心、有正能量的人担当。不要以为海归或名校毕业生就好，这类人恰恰可能不胜任。

法务部负责人要有风度和胸怀，能容人、善容人、努力营造并维护积极良善的工作氛围，深刻理解并做到对法务人员、法律顾问应支持、不支配；

应询问、不质问；要体贴、也要体谅；尤其是在进行案件讨论、诉讼策划、证据筛选等专业活动时，要听得进别人的意见，绝不因意见不同而歧视、报复别人。

如果法务部负责人自以为是、刚愎自用、独断专行，则这个汽车经销商的法律风险防范系统可能面临崩溃。因为，法务部是法律风险管理的实施部门，其负责人上要对法务总裁负责，下要将法务部工作组织好、落实好，外要同法律顾问联系接洽。如果法务总裁既懂汽车又懂法律且善于用人，尚可抵消法务负责人不称职的恶果，假设法务总裁也不称职、不作为、乱作为，那么，这个经销商的法务体系就乱套了。

需要特别提请经销商注意的是，法务部自身管理风险不同于经营风险，经营风险以亏损、业务滑坡等形式体现在即期数据上，可被立即发现并迅速采取补救措施；法务部自身管理风险只有法务内部人员可以感知，它缓释、迟显、持续危害，甚至可能十年、二十年后才被发现（有些合同期限长达数十年，问题可能在期中或期末才暴露）。

二、内部分工明确

法务部团队应当分工明确、清晰，各司其职，各尽其责。绝对不能出现权限不明、界限不清、职责不定、可左可右、可做可不做的情形。

三、配合默契

有些经销商虽人才济济，却动力不足、内耗严重，原因是缺乏忠诚、敬业、服从、合作的团队。法务部的每个成员都应在某一方面或几个方面具有显著的特长，且服从总体安排，遵守纪律，积极响应，多为别人考虑，形成默契，发挥协同效应，才能保证战斗力。

四、工作规则

规则应该明确，透明，统一，稳定，公平。讲理不讲情，对事不对人。

法务部的员工应当成为“对手”和至交，既能相互冲撞启发，又能相互吸收弥补。他们在讨论案件时常常针锋相对，互不相让，形同两军对垒。但会后又能亲密无间地配合工作，丝毫不因争论而伤和气。

这才应该是法务部最正常的工作关系和最正常的工作状态。

第五节 规章制度

规章制度（含员工手册）是经销商行使企业管理权的重要依据和有效工具，在有争议的时候，特别是在劳动争议中，它又成为重要的证据材料，对于支持经销商的观点有极其重要的作用。规章制度有助于经销商合理地管理员工。经销商应强化制度本身的合规性和实用性，确保民主程序及公示程序的合法性、规章制度的合理性和可操作性。

近几年，一些企业出现了人力资源的异常现象：员工“只进不出”；收入“只增不减”；管理人员“只上不下”，员工违纪过激化、隐蔽化、多元化、复杂化、极端化，导致经销商用工成本高企、管理失力。因而，经销商应当加强考勤管理、休假与请假管理、加班管理、培训管理、绩效管理、保密管理、员工行为管理，从而实现对员工的有效管理、降低用工成本，规避法律风险。

第六节 人 防

一、普训与特训

实行专业培训、专题培训、专门培训等多形式、多梯次的培训，对所有员工一视同仁，不论出身、来路、背景、学历、职位、年龄、级别、收入、职称，来了就是企业人、新人、需要培训的人，必须了解经销商的历史、企业文化、规章制度、规则流程。

二、把握时间节点

1. 入职时

必须进行入职引导，让新员工了解经销商的企业文化、企业发展战略、企业规章制度、企业劳动纪律。

2. 升迁、调动、换岗时

必须进行适应性培训，让员工尽快了解新单位和新岗位，知晓新的职责和权利义务关系。

三、培训的目标

对经销商有一般性、概括性、历史性的了解；能够具备团队协调性和适应性；具有岗位匹配度。

四、审计

经销商要有内部审计组织和审计人员，及时对经营过程及经营结果进行审计，发现问题、堵塞漏洞。

五、保险

要依法投保，确保保险险种和额度的保障覆盖需要保险的业务或财产，以分担风险。

六、公关

经销商要有公关机构，负责处理危机，适时适度开展公关工作，与法律顾问一起处理重大、紧急、疑难的问题。

第七节　技　　防

一、监控设施设备

要对防范风险舍得投入，在重要场所、关键部位配备监控设施设备，既可满足诉讼（仲裁）中获取证据需要，也可保障公司的安全和秘密。

二、系统

要完善经销商的自备系统、厂家系统，并保持系统的正常运转、信息完整可靠，还要及时下载、复制重要信息。

第六章　法律风险管理

第一节　规章制度管理

一、编制

经销商的规章制度应当依法编制，保证内容合法、程序亦合法，二者缺一不可。

法律顾问要对此投入很多心血，设计好、编制好，确保经销商“内部法律”充分体现经销商的意志、经销商的经营理念，且没有法律上的瑕疵。

二、公示或告知

规章制度必须依法公示，特别是《劳动合同法》第四条所规定的有关劳动报酬、工作时间、休息休假、劳动安全卫生、保险福利、职工培训、劳动纪律以及劳动定额管理八类“直接涉及劳动者切身利益”的规章制度的制定、修改、决定，必须经职工代表大会（基本上是有职工代表大会的大型企业如经销商集团采用）或者全体职工讨论，提出方案和意见，与工会或者职工代表（尚未设立工会组织的经销商可采用）平等协商确定。

三、执行

制定规章制度就是为了应用，为了指导、促进经营活动。所以，规章制度的执行是一项重要工作。对于工资制度、考勤制度、合同制度、奖惩制度、财务制度、公章管理制度等重要的、常用的规章制度，要特别注意其执行的力度、广度、效果，随时检查督促。

四、修改

规章制度不是一成不变的，更不是一劳永逸的。在适用一段时间后，经销商就可以从执行反馈中了解到哪些条款不太合适、需要修改、哪些事项未做规定或规定不合理、不能够操作，于是就可以启动规章制度的修改程序。

第二节　合同管理

合同是经销商经营过程中成果的体现，是重要的法律文书和重要的证据材料，所以合同是经销商法律风险管理的重点。

合同管理的基本流程是：法律顾问根据谈判结果进行合同的起草，或者根据谈判结果审查、修改合同相对方提供的合同文本，然后由业务部门走流程审批、印制、用印、存档。

合同管理实务分为合同文本管理和合同行为管理。

一、合同文本管理

合同文本管理是对静态的合同条款及其载体的管理，兼顾形式和内容。

有些合同要么缺少法定的必要条款，要么有关条款违反法律、法规的相关规定，要么其中的有关条款存在重大漏洞。合同的条款问题极有可能带来履行争议，因此，要把合同问题解决在签订之前。

对文本的审核不仅涉及合同，还可能涉及经销商股东之间在公司治理过程中的各种对内、对外的规范性文本，以及经营管理中的各种“通知”“作业指导书”等。

（一）传统纸质合同的管理

所谓传统纸质合同，是指人类自有印刷术造纸术并懂得印制合同或手写合同以来，一直在沿用的用纸张记载的合同。通常，经销商的传统纸质合同文本分为格式合同、范本合同、常用合同、对方合同等几类，对不同的合同，其管理方法不同。

1. 格式合同

格式合同，是经销商事前编写、定型、印制好的合同，是经常使用、绝大部分内容确定、少数变动内容可限制填写的规范合同，是经销商处于强势或主导地位、有充分的话语权或实施权的时候所使用的合同。

格式合同一般都印制了合同号、文本号。合同号如同自然人的姓名、企业的名称一样，能够使合同“特定化”、使某一份合同对应于某一次交易、某一个合同相对方，从而便于合同整个生命期的全程管理。经销商的合同号编制规则应当在合同制度里明确规定（也可发专文规定），经销商集团的每一个独立法人有其对应的编号序列；文本号是经销商内部为满足对某一格式合同编制、修改的批次的控制、记录的需求而设置的。例如，甲经销商的劳动合同修改过两次，那甲经销商的劳动合同就有两个文本号，以此类推。

经销商的常见格式合同有以下三大类。

（1）劳动合同

劳动合同在几乎所有的用人单位都是格式合同，不同之处在于：绝大多数的经销商尤其是经销商集团是由法律顾问草拟并经法定程序审定劳动合同文本的，而那些单店、大卖场等形式的经销商，因为规模小、人手少、法律风险意识淡薄，可能从网上随便下载一份劳动合同就用了。这其实是非常错误、非常危险的做法。因为网上的劳动合同是通用的、不是汽车流通行业的，更不是为您量身定做的，没有体现您的用工需求、用工目的、用工条件，只满足一般用工条件。经销商应当非常重视劳动合同文本的内容，依靠法律顾问，编制本企业特有的考虑细致、周全、合理的劳动合同文本。

这里，作者提供一份汽车经销商企业的劳动合同文本供参考。

参考文本之一：《劳动合同》

劳 动 合 同

使用说明：

一、本合同供用人单位与劳动者签订劳动合同时使用。

二、用人单位与劳动者签订劳动合同时，凡须双方协商约定的内容，协商一致后填写在相应的空格内。

签订劳动合同，甲方应加盖公章；法定代表人或者主要负责人应本人签名或盖章。劳动者须本人签名。

本合同中涉及的自然人姓名均须与该自然人的居民身份证姓名完全一致，且保持本合同有效期内的唯一性。

若劳动者依法变更姓名，须在正式变更后三个工作日内书面告知用人单位，同时提交变更后的居民身份证复印件（验原件）。

劳动者不得使用居民身份证姓名之外的曾用名、惯用名、简名、小名、笔名等非正式姓名在劳动合同及用人单位正式文件上签名。

不允许他人代签劳动合同。

本合同中的空栏，由双方协商确定后填写；不需填写的空栏，划上“/”。

三、当事人约定的其他内容、劳动合同的变更等内容在本合同内填写不下时，可另附纸。

四、本合同应使用黑色钢笔或签字笔填写，须字迹清楚，文字简练、准确，不得涂改。

五、本合同一式两份，甲乙双方各持一份。

甲方（用人单位名称）____________________

法定代表人或者主要负责人____________________

住所____________________

联系电话____________________

电子邮箱____________________

乙方（劳动者姓名）________________性别________

居民身份证号码____________________

家庭住址________________邮政编码________

在本市居住地址________________邮政编码________

居民身份证地址_____省（市）_____区（县）_____街道（乡镇）____

联系电话____________手机____________

电子邮箱____________微信____________

主要关系人姓名____________与劳动者关系____________

主要关系人电话____________联系地址____________

根据《中华人民共和国劳动法》《中华人民共和国劳动合同法》等法律、法规规定及用人单位规章制度，甲乙双方按照平等自愿、协商一致的原则订立本合同。

一、合同期限

（一）合同期限

甲乙双方同意按以下第________种方式确定本合同期限：

1. 固定期限：从______年____月____日起至______年____月____日止。

2. 无固定期限：从______年____月____日起至《中华人民共和国劳动

合同法》规定的终止条件成就之时或法定（约定）解除条件成就之时或甲乙双方协商一致解除劳动合同之时止。

3. 以完成一定工作任务为期限：从______年____月____日至约定工作任务完成时止。

（二）试用期

双方同意按以下第________种方式确定试用期：

①无试用期。

②有试用期。试用期从______年____月____日起至______年____月____日止。

二、工作内容和工作地点

1. 乙方的工作岗位（工种）为________类岗位。乙方保证有能力及愿意从事上述工作。对乙方入职后的工作内容与职务，甲方可根据工作需要及乙方的能力、表现进行安排或调整。乙方有反映本人意见的权利。

乙方的工作地点：_______市（甲方及甲方兄弟公司所在地），以及___。

甲方实行全员岗位聘任制，聘任期满后可续聘、另聘、不聘。乙方被聘任岗位的工作内容或岗位职责由《岗位说明书》确认；被聘任的岗位发生变更或工作内容岗位职责发生变更时，以变更后的《岗位说明书》为准___。

2. 乙方应按照双方约定的岗位职责，按时、按质、按量完成工作。

3. 甲方调整乙方工作岗位，如不涉及改变本合同约定的乙方工作地点、减少乙方正常工作时间工资的，可由甲方单方决定，无须乙方同意；如改变本合同约定的乙方工作地点或减少乙方正常工作时间工资的，须取得乙方同意。

三、工作时间和休息休假

（一）甲、乙双方同意按以下第________种方式确定乙方的工作时间：

1. 标准工时制。

2. 不定时工作制，即经劳动保障部门审批，乙方所在岗位实行不定时工作制。

3. 综合计算工时工作制，即经劳动保障部门审批，乙方所在岗位实行以________为周期，总工时________小时的综合计算工时工作制。

（二）甲方因生产经营需要，在符合法律法规规定的前提下，经与工会或乙方协商后可以延长工作时间，无论是因甲方安排还是乙方因工作需要加班，均需书面填制《加班申请单》并完成相应审批。

（三）工作时间的具体安排：

1. 正常工作日之工作时间依甲方之规定执行，乙方应完全配合。

2. 甲方可因不可抗力及工作需要，视情况调整工作时间。

（四）乙方应当遵守甲方《考勤管理制度》，在按照该制度办理好甲方规定的相关手续的前提下，乙方有权享受法定节假日、年休假、婚假、丧假、产假、看护假等带薪假期以及患病或非因公负伤的法定医疗期。在此期间的工资支付标准，按相关法律、法规规定执行，优先适用用人单位所在地的地方法规。没有相关法律、法规规定的，按照甲方有关规定执行。

四、劳动报酬

（一）乙方劳动报酬的组成及依据按以下形式实施：

1. 乙方了解并遵守甲方依法制定或修改的劳动报酬管理等各项规章制度、管理方案。

2. 乙方的劳动报酬由正常工作时间工资和其他劳动报酬两大部分组成：

（1）正常工作时间工资为乙方掌握岗位基本技能并按正常工作时间提供合格劳动后的劳动报酬；乙方正常工作时间工资为________元/月。因当地最低工资标准调整导致乙方正常工作时间工资低于当地最低工资标准的，乙方正常工作时间工资随之调整为当时当地的最低工资标准。

（2）其他劳动报酬为甲方根据乙方所在岗位，参考乙方具备的履行工作岗位职责所需的特有技能、工作业绩、工作时间和工作效率等因素，按照甲方依法制定或修改的劳动报酬管理、提成方案、考核管理、奖惩管理、出勤考勤管理、岗位管理、保密管理等相应规章制度和管理方案考核并计算后向乙方支付的其他劳动报酬。乙方未被甲方任何岗位聘任期间不享有其他劳动报酬。

甲方依法安排乙方加班或依乙方申请而批准乙方加班的，依法调休或按本合同四（一）2（2）及四（二）支付加班工资。乙方未经甲方安排或批准而自行“加班”的，不得主张调休或加班工资。

加班工资计算基数为本合同约定的劳动者正常工作时间工资。加班工资计算依据为审批生效的《加班审批单》。

（二）甲方每月________日左右发放上月正常工作时间工资。如遇节假日或休息日，则推迟到最近的工作日支付。

乙方的其他劳动报酬，须经乙方书面确认后，甲方方可再行支付。

若乙方对本人的其他劳动报酬既无书面异议又不书面确认，则由甲方暂时代为保管，直至乙方确认之日，或本合同依法终止或解除之日，甲方始得向乙方支付。此代保管不构成“拖欠工资”或“克扣工资”。

（三）甲方依法安排乙方加班或依乙方申请而批准乙方加班的，依法调休或按本合同四（一）2（2）及四（二）支付加班工资。乙方未经甲方安排或批准而自行“加班”的，乙方不得主张调休或加班工资。

（四）以下情形不属于拖欠或克扣工资：

1. 按本合同四（二）的代保管；生效仲裁裁决、法院判决、裁定中要求代扣的抚养费、赡养费。

2. 因乙方原因对甲方造成经济损失的赔偿或本合同约定的违约金、赔偿金。

3. 扣除乙方在甲方的到期借款或债务的。

4. 乙方离职、未办理工作交接及解除或终止劳动合同手续的；甲方因不可抗力导致无法按时支付工资的。

5. 乙方不按甲方告知领取工资或因乙方原因导致甲方支付不能的。

6. 甲方确因经营困难、资金周转困难，经工会或职工代表同意延期支付的。

7. 乙方未提供正常劳动、未正常履行职责且不具有法定特殊情况时的“零工资”。

五、劳动保护、劳动条件和职业危害防护

1. 甲方为乙方提供必要的劳动条件和劳动工具，建立健全业务流程，制定操作规程、工作制度和劳动安全卫生制度。

乙方应自觉遵守相关制度、自觉执行相关流程、自觉使用相关工具设施。乙方须承担因自己不遵守、不执行、不使用而导致的不利后果。

2. 甲方对乙方进行职业道德、业务技术、劳动安全、劳动纪律和甲方规章制度的教育或培训。乙方赞同工作时间、工作内容、工作质量要求悉由甲方规定。

3. 甲方应提供符合安全卫生要求的工作环境，保护乙方在工作中的安全和健康。甲方对可能发生职业病危害的岗位，应当向乙方告知并做好劳动过程中的职业危害防护工作。

六、社会保险和福利待遇

1. 甲乙双方按规定参加社会保险、住房公积金。甲方按规定为乙方代扣代缴社会保险、住房公积金，乙方的社保基数和住房公积金缴存基数及缴存比例由甲方按规定确定、告知乙方。

2. 乙方患病或非因工负伤的医疗待遇按有关规定执行。

3. 乙方患职业病或因工负伤的待遇按有关规定执行。

4. 甲方按法定和本合同约定及甲方规章制度规定给予乙方享受带薪假期。

七、劳动纪律

1. 甲方根据生产经营需要，依法制定规章制度、流程和劳动纪律，乙方受此约束，若有违反，甲方有权根据规章制度、流程或劳动纪律进行处理，直至解除本合同。甲方的规章制度包括但不限于《考勤管理制度》《员工职务行为准则》《员工奖惩规则》等。

2. 乙方愿全力为甲方效力，不再兼职于其他企事业单位，亦不以直接或间接的方式损害甲方的人事、财务、信用、资讯、知识产权等。任职期间所为任何研究、发明、制作、设计、改良、生产等而获得之专利申请权、专利权及著作权亦完全归属甲方所有。

3. 乙方自觉遵守国家、省、市的劳动法律、法规和甲方依法制定的各项规章制度、流程和劳动纪律，严格遵守安全操作规程、劳动安全卫生、业务流程和工作规范，爱护甲方的财产，遵守职业道德，严守甲方商业秘密，诚信、廉洁、善待甲方客户，积极参加甲方组织的培训，提高自身素质。服从管理，按时完成工作任务。

乙方应当诚实守信，不以任何形式、任何理由将甲方或甲方代保管的财物（包括客户财物、厂商财物、供应商财物、第三方财物、无主财物等）据为己有或“借用”“管理”“保管”、处分。乙方若实施前述行为，属严重违反甲方规章制度和劳动纪律，乙方须受解除劳动合同处分、按《中华人民共和国劳动合同法》第三十九条、第四十六条执行。乙方同时须赔偿因此给甲方及财物主人、第三方所造成的全部损失。

乙方应当提高劳动效率和工作质量，不得耗工时、怠工、随意“加班”。若必须加班，须依甲方规章制度等履行手续。

4. 乙方在甲方工作期间应遵守国家的计划生育政策，如乙方违反国家计划生育国策的，按国家规定和甲方规章制度处理。

5. 甲方有权对乙方履行制度及遵守劳动纪律的情况进行检查、督促、考核和奖惩。

6. 乙方在职期间如掌握甲方的商业秘密或其他秘密，乙方有义务为甲方保守。

乙方在离职后不得泄露甲方任何商业机密、商业数据和公司管理制度及管理流程，如乙方违反，甲方有权追究乙方由于违反本条款而给甲方所造成经济损失的赔偿责任甚至刑事责任。

八、本合同的变更

1. 甲乙任何一方要求变更本合同的有关内容，都应以书面形式通知对方。

2. 甲乙双方经协商一致，可以变更本合同，并办理相应手续。

3. 本合同有效期内，与本合同有关的行政审批结果自动适用于本合同，但甲方须公示或向乙方告知行政审批结果。

4. 乙方被聘任情况的变动及“其他劳动报酬”的变动不属于本合同的变更。乙方正常工作时间工资随市政府公布的最低工资标准同时同额调整不属于本合同的变更。

5. 由甲方变更《岗位说明书》所引致的乙方工作内容或岗位职责的变动不属于本合同的变更。

九、本合同的解除

（一）经甲乙双方协商一致，本合同可以解除。

（二）属下列情形之一的，甲方可以单方解除本合同：

1. 在试用期间，乙方被证明不符合录用条件的，例如：提供虚假资料的，或不能提供甲方规定的个人资料的，或不能完成工作任务的，或在试用期内绩效考核得分有80分以下或C、F级记录的，或未按时提交转正考评资料参加转正考评的，或入职培训考试不合格的，或因个人原因不能办理劳动备案的，或其他不符合录用条件的情形。

2. 乙方严重违反甲方劳动纪律或规章制度的；

3. 乙方严重失职、营私舞弊或实施其他严重不良行为，给甲方利益或声誉造成重大损害的；

4. 乙方（全日制员工）同时与其他用人单位建立劳动关系的；

5. 乙方（非全日制员工）同时与其他用人单位建立劳动关系，对完成本单位的工作任务造成严重影响，或者经甲方提出后拒不改正的；

6. 乙方被依法追究刑事责任或因触犯法律被刑事拘留、行政拘留、劳动教养、被行政罚款人民币二千元（含）以上的或有贪污、盗窃、职务侵占等不良行为（未被国家机关追究刑事责任、行政责任的）以及组织或积极参与罢工或怠工等活动的；

7. 乙方以虚假的姓名、文件、证件、资历等骗取甲方信任与之订立劳动合同的。乙方在劳动合同有效期内变更姓名等户籍信息未依法及时有效地书面通知甲方并配合甲方作相应变更的；

8. 甲方依照企业破产法规定进行重整的；甲方生产经营发生严重困难的；甲方经营方式调整，经变更劳动合同后，仍需裁减人员的；

9. 乙方患病或非因工负伤，医疗期满后不能从事本合同约定的工作，也不能从事由甲方另行安排的工作的；

10. 乙方不能胜任工作，经过培训或者调整工作岗位，仍不能胜任工作的；

11. 乙方泄露甲方商业秘密或其他秘密，甲方认为需要处理的；

12. 乙方利用职务上的便利，谋取私利，或将甲方财物、甲方员工的财物、甲方客户的财物据为己有，或越权处分的；

13. 本合同订立时所依据的客观情况发生重大变化，致使本合同无法履行，双方不能就变更本合同达成协议的；

14. 本合同约定的解除条件成就的。

（三）乙方有下列情形之一的，属严重违反公司规章制度，甲方有权解除劳动合同，且不支付经济补偿金。乙方造成甲方或与甲方有关的第三方的经济损失的，乙方的赔偿在结清乙方劳动报酬时抵销。不足部分，由乙方补足：

1. 越权或违规使用公司印章，情节较重的；伪造、盗用公司印章的；伪造法定代表人签名的。

2. 三十天内，出现迟到、早退、脱岗等行为，累计八次（含）以上的；或连续旷工三天；或一年内累计旷工十天（含）以上的。

3. 拒不参加培训，经教育仍不改正的。

4. 不服从主管人员指挥，给公司造成重大损失的。

5. 有检查或监督职责的人员未认真履行职责，造成经济损失超过人民币二万元的；或造成经济损失拒不承担相应责任的。

6. 工作失误或违规操作，造成经济损失在人民币二万元以上或伤及他人的；或造成损失拒不承担相应责任的。

7. 未经许可，携带危险物品、违禁物品进入公司，发生险情或纠纷的；携带火种进入禁止烟火的场所（如易燃易爆品存放区和工作区、商品车辆内或商品车仓库、维修车辆内或维修车间、零件仓库、油品仓库、调漆房、喷漆房、燃气房、档案室等），或在禁止烟火的场所吸烟、使用明火、违规用电的。

8. 损坏公司财物，造成人民币二千元以上经济损失的。

9. 盗窃、挪用、侵占公私款项、公司财物、同事财物、客户财物的；侵占或隐藏维修零配件、辅料、油料、工具、精品等物品的。

10. 因个人责任被客户有效投诉，造成公司商誉贬损，或经济损失人民币三千元以上的；向客户索取礼物或现金的。

11. 在公司辖区吸烟或不当使用明火，引起消防事故的。

12. 违反安全、消防规定在公司辖区使用生产、生活电器设备，引起消防事故的。

13. 员工违章操作、违章冒险作业、无充分可靠防护下从事可能危及人身安全的操作、无充分可靠防护下从事可能危及公司财产安全的操作，或实施其他违反安全规定的行为，造成人身伤害或财产损失的。

14. 遗失经手管理的重要文件、合同的，遗失经手管理的公司物件或工具，给公司造成损失的；毁损公文或重要档案的；毁损业务单据或删除电脑系统中业务记录的。

15. 违章指挥、强令冒险作业危及员工人身安全、对公司财产有重大损害风险的。

16. 以暴力、威胁或者非法限制员工人身自由的手段强迫员工劳动的。

17. 使用身份证姓名之外的非正式姓名签署合同、合同附件、劳动合同、培训协议、培训记录、考核记录、财务凭证、委托书等重要文件的；或代签以上重要文件的涉事双方；或冒用、代签他人姓名的；因故意或重大过失未签劳动合同的。

18. 非为客户车辆提供服务的需要动用客户车辆的。

19. 违反内部驾驶证管理规定，驾驶相关车辆（含公务车、商品车、客户车辆等）的。

20. 违反公司制度或流程，拒不接受处罚或拒不改正，影响恶劣的。

21. 伪造考勤记录，造成恶劣影响或导致公司损失的。

22. 未经董事会授权或批准，以公司名义考察、谈判、签约、对外发言或接受采访、提供担保、处分公司财产、出具证明性文件的。

23. 泄露或不当使用公司商业秘密（如客户资料、财务秘密、公司经营政策等）、知识产权，造成损失或引起纠纷的；涉密岗位员工违反保密制度，造成公司损失的；非涉密岗位员工打听、盗取、泄露公司秘密的。

24. 侮辱、诽谤、恐吓、威胁、暴力攻击同事，或散播谣言中伤同事，造成严重后果或人身伤害的。

25. 被检举或受到处分后实施打击报复行动，造成人身伤害或精神损害的。

26. 借故闹事，破坏工作秩序的。

27. 在工作时间或在公司辖区内打架、斗殴、聚众闹事的。

28. 组织拉帮结派的。

29. 组织罢工或积极参与罢工的。

30. 受到国家刑事处罚或因触犯法律受到刑事拘留、行政拘留、劳动教养、行政罚款人民币二千元（含）以上等行政处罚的；或有贪污、盗窃等行为，但未受到刑事处罚、行政处罚的。

31. 与第三方建立劳动合同关系的，或在公司外部兼任获取报酬的工作的，或在公司外部兼任没有报酬的工作但影响本职工作的。

32. 提供虚假个人信息、不真实的应聘材料（如文件、证件、资历、体检资料等）骗取公司信任与之订立劳动合同的。

33. 收受（或变相收受）往来企业或个人提供的好处的；在公司内部行贿、受贿、索贿的。

34. 向与公司业务关联的企业、与公司业务竞争的企业投资的；或为这些企业或个人提供商业信息、专业帮助等额外利益的。

35. 未经公司批准，销售非本公司的商品（含商品车、二手车、汽车附件、汽车保险、零配件、汽车维修业务、其他商品等）的；或将本公司的商业机会出让给其他第三人的；或利用公司资源谋取私利、损害公司利益的。

36. 盗窃、涂改、伪造或损毁档案、资料、各种原始凭证、原始记录及重要文件的；篡改或有意错误执行上级部门、负责部门或上司的指令、文件审批结果、合同审批结果的；拒不执行上述指令或审批结果的。

37. 违反国家计划生育政策的。

38. 在调解、仲裁、诉讼中提供或使用伪证的。

39. 未经公司审查同意而擅自将职务发明申请专利，或许可他人申请专利的。

40. 隐瞒传染病或恶意传播疾病的；违反劳动安全卫生管理制度及流程，严重危及财产安全、本人或他人身体健康或人身安全的。

41. 违反合同管理流程，超出权限签订合同，对公司利益造成损害的。

42. 不尽职或滥用职权，对公司造成较大损失的。

43. 利用公司名义，在外招摇撞骗的。

44. 严重违反公司规章制度或管理流程的其他行为。

（四）乙方有下列情形之一的，属不能胜任工作，甲方有权调整乙方工作岗位和劳动报酬：

1. 不参加公司安排的培训的；

2. 不学习公司规章制度及有关流程的，或拒绝在学习公司规章制度及有关流程后签名确认的；

3. 未按要求完成工作任务或重要岗位职责未履行的，或重要工作未完成的；

4. 连续一年内，绩效考核连续两次得分在80分以下或连续两次得到C级以下评价的；

5. 未按公司要求提供工作计划或工作总结的；

6. 工作中出现重大失误的；

7. 出现适用甲方奖惩制度中规定了应予降级降薪处分的行为的；

8. 因事、因病、因伤、因孕、因生产须离岗三个月以上的；

9. 其他明显不能胜任工作的情况。

（五）乙方单方解除本合同，应当提前三十日（在试用期内提前三日）以书面形式通知甲方，且须按甲方规章制度妥善移交工作，办理相关离职手续。

乙方提起劳动争议仲裁的，无须提前通知甲方，其仲裁申请日即为其提出解除本合同之日。

乙方劳动争议申诉书未涉及劳动合同效力的，亦以其仲裁申请日为本合同解除之日。因乙方提起劳动争议仲裁申请的行为本身，即表明乙方已无意为甲方提供合格劳动，乙方以行为解除本合同。

乙方未在本合同解除或终止前完成工作交接和离职手续的，本合同仍按期解除或终止，但乙方须承担因此给甲方带来的损失。

若乙方自行离职（未办理或不办理离职手续）的，视为乙方严重违反甲方规章制度，自乙方旷工第四日起本合同解除，甲方无须支付乙方任何经济补偿、赔偿，乙方须承担因其旷工给甲方造成的经济损失。自行离职人员的未发放的劳动报酬，可以直接抵销甲方的经济损失、扣除其处分款；不足部分，乙方有义务补足，甲方也可向乙方追索；有余额的，由甲方在合理期限内向乙方支付。

（六）甲方关于解除或终止本合同的意思表示，须由甲方人事部门以书面方式作出、加盖甲方公章、按本合同约定的送达方式送达方为有效。

（七）解除本合同后，甲乙双方在七日内办理解除劳动合同及离职交接有关手续。乙方不配合的，甲方可单方办理。因乙方不配合致甲方无法单方办理前述手续的，所有不利后果均由乙方承担。

十、有下列情形之一的，本合同终止

1. 本劳动合同期满的；
2. 乙方开始依法享受基本养老保险待遇的；
3. 乙方达到法定退休年龄的；
4. 乙方死亡，或者被人民法院宣告死亡或者宣告失踪的；
5. 甲方被依法宣告破产的；
6. 甲方被吊销营业执照、责令关闭、撤销或者甲方决定提前解散的；
7. 法律、行政法规规定的其他情形。

本合同期满前一个月内，甲方向乙方提出终止或续订劳动合同的书面意见，并在合理时间内办理有关手续。乙方对甲方提出之终止或续订劳动合同的书面意见，不在规定的时间内以书面表达意思的，一律视为乙方不愿与甲方保持劳动关系，甲方、乙方的劳动关系在甲方书面意见送达乙方之日起终止。

十一、违约情形及责任

（一）乙方违反本合同约定的条件解除劳动合同，或违反本合同及附件约定的服务期、保守商业秘密或其他秘密事项，应依法承担责任：

1. 因乙方过错、按甲方规章制度和劳动纪律应受的经济处分；

2. 甲方招收录用乙方所支付的费用；

3. 甲方为其支付的培训费用；

4. 对生产、经营和工作造成的经济损失。

（二）乙方若在与甲方签订的培训协议所规定的服务期限内，未经甲方同意离职，或未按规定办理工作交接的，应赔偿未履行服务期限的违约金。

十二、争议处理

双方履行本合同如发生争议，应协商解决；不愿协商或协商不成的，可以向本企业劳动争议调解委员会申请调解，双方应当履行调解协议；调解无效，可依法向当地劳动争议仲裁委员会申请仲裁；也可以直接向劳动争议仲裁委员会申请仲裁。对仲裁裁决无异议的，双方必须履行。对仲裁裁决不服的，可依法向人民法院提起诉讼。

十三、其他

（一）本合同未尽事宜可书面补充约定。

（二）本合同若与双方以前签订的任何合同、协议有冲突，以本合同约定为准。变更本合同应当由双方签章确认。

（三）乙方未以书面形式对甲方意思表示提出异议的，即为默认，法律法规或本合同另有规定的除外。

（四）公示、通知与送达。

1. 甲方有需向乙方公示的事项的，可以用如下方式之一进行公示：

（1）在公司网站内部网页载文。

（2）向员工的本公司邮箱发送邮件。

（3）在公司公告栏等例行的公示载体上公示的。

（4）在班组会、例会、晨会、夕会等会议上宣读、公布等。

2. 甲方关于变更、解除或终止本合同的意思表示，用如下方式之一通知或送达均为合法有效：

（1）由乙方签收。

（2）由本合同载明的乙方主要关系人签收。

(3) 用特快专递形式寄往本合同载明的乙方居民身份证地址或乙方在本市居住地址或乙方家庭住址或本合同载明的乙方主要关系人联系地址。发出之日即为送达之日。

(4) 用法律规定的或与乙方另行约定的其他方式送达。

(五) 下列文件部分或全部的成为本合同组成部分，与本合同具有同等效力。甲乙双方签订的下列文件的约定与劳动合同不一致的，以下列文件为准：

1.《劳动合同补充协议》；

2.《劳动合同变更协议》；

3.《保密协议》；

4.《竞业限制协议》；

5.《培训协议》。

(六) 双方约定：

1. 保密及竞业限制：见《保密协议》或《竞业限制协议》。但是，无论甲乙双方是否签订《保密协议》或《竞业限制协议》、甲方是否向乙方支付保密费，乙方均须履行法定保密义务。

2. 培训及服务期：见《培训协议》。本合同与《培训协议》约定的服务年限不一致的，以约定时间最长的服务年限为准。

3. 本合同一式两份，甲方、乙方各执一份。双方甲方签字盖章乙方签字后生效。

甲方：(盖章)　　　　乙方：(签名或盖章)

法定代表人：

(或者主要负责人)

年　月　日　　　　年　月　日

(2) 乘用车买卖合同

乘用车买卖合同也是经销商重要的格式合同，经销商不重视乘用车买卖合同是极少见的。经销商必须依靠法律顾问，根据国家法律规定、汽车行业习惯、本企业的经营理念和经营特色、品牌要求等要素来精心编制乘用车买卖合同。

这里，作者提供三份乘用车买卖合同的模板供参考（零星客户诉讼版本，零星客户仲裁版本，大客户诉讼版本）：

参考文本之二：《乘用车买卖合同》（零星客户诉讼版）

乘用车买卖合同

合同编号：（ 2018 ） 000001

买方：________________________卖方：________________________

地址：________________________地址：________________________

电话：________________________电话：________________________

邮编：________电子邮箱：________邮编：________电子邮箱：________

签约地点：____________________签约日期：______年____月____日

经买卖双方平等友好协商一致，同意订立本合同，条款如下：

一、标的车辆及价款（人民币元）

1. 标的车辆名称：

规格型号：______车身/内饰：________________________

数量：__壹__辆；付款方式：________________________

本合同一式四联 第三联 提车联

	百	十	万	千	百	十	元
标的车价款							
其他（　　　　　　）							
小计							
大写：__佰__拾__万__仟__佰__拾__元整							

	百	十	万	千	百	十	元
应付订金							
大写：__佰__拾__万__仟__佰__拾__元整							

2. 代收代付款项	百	十	万	千	百	十	元
车辆购置税							
机动车辆保险费							
其他（　　　　　　）							
小计							
大写：__佰__拾__万__仟__佰__拾__元整							

3. 如遇国家税费调整，则对标的价格作相应调整；代收代付项买方另委托，不属卖方合同义务，不属于本合同价款。

二、标的车辆补充说明及双方权利义务

1. 标的车辆是________（现货/期货），交车地点：________________。

2. 先付款，后提车。买方须在接到卖方交车电话通知后的叁日内付清合同价款；贷款买车的，买方自行办理相关手续并按前述时限向卖方支付合同价款；车辆需抵押的，手续办妥后方可提车；贷款迟支付的，买方须用现金付清全部价款；买方依法选择退、换车产生的贷款或还款的相关费用由买方自行承担。

3. 卖方开具发票即为交付；买方在发票开具前提车的，提车即为交付。在合同价款付清之前标的车辆的所有权属于卖方，即使已经开发票或提车或办理车辆登记手续；标的车辆毁损、灭失的风险自交付时转移给买方。

4. 买方须按相关法律、法规或地方规章的规定取得购车指标并办理相关手续，因购车指标导致标的车辆办理车辆登记手续的问题及相关损失由买方自行承担，与卖方无关。

5. 标的车辆是现货的，卖方应在买方付清合同价款后按约定交付车辆；标的车辆是期货的，买方同意卖方在取得标的车辆后按约定交付。

6. 买方凭本合同提车联及卖方已收齐全款的凭证办理提车手续，提车时买方须当面查验标的车辆外观、内饰、配置、随车工具及备件、行驶里程、质量状况，任何异议须在提车前向卖方书面提出。

7. 卖方声明标的车辆在生产、运输、仓储、检验等环节已行驶，已接受了诸如交车前检查（PDI、PDS及其他形式）、零件或附件安装、保修、测试、修理等形式的处理；买方已知悉并接受前述情形。

8. 产品使用说明书、维修保养手册等随车文件是车辆生产者制作的同品牌系列车辆的通用资料，列示的配置或设备与标的车辆必然存在差别，买方须结合标的车辆审慎阅读其中的安全注意事项、按产品使用说明书的要求进行使用和维护保养。非卖方交付的资料或网络信息均与本合同无关。

9. 标的车辆依法享受生产者规定的保修或三包，详见产品使用说明书、维修手册、保修服务手册、三包凭证等随车文件，买方可在生产者约定的修理网点中自主选择修理者。

10. 双方充分认同，以下情形中标的车辆出现的异常不是产品质量问题：受过改装的，改装及受其影响的部分；封口被拆的，受其影响的部分；未按生产者规定的时间、里程和技术要求保养的；未按生产者技术标准使用

润滑油、润滑脂、变速器油、助力转向油、制动液、冷却液及机油滤芯、燃油滤芯时主要总成、主要系统发生故障的；车辆发生故障前在生产者约定的修理网点以外的任何单位或个人处保养或修理过，但买方不能证明该保养或修理符合生产者技术标准的；生产者或卖方已声明的情形，商业惯例或行业规范的其他情形。

三、其他约定

1. 本合同乘用车买卖仅为光车买卖，缴退车辆购置税、办理车辆登记(含变更登记)、买退保险均属买方在本合同之外的法定义务；买方可以按《中华人民共和国民法总则》第一百六十一条的规定委托代理人按车辆购置办、车管所、保监会及保险公司等机关或单位的相关规定代办这些事务。

2. 买方须将款项支付到卖方财务部门或公司账户，且取得卖方出具的收款凭证，方为有效支付；买方向个人或个人账户给付钱款不属于向卖方的支付；卖方开具机动车销售发票后相应的收款凭证即时作废；代收代付款项的发票或财政收据由对应项目的机关或单位出具。

3. 未经双方协商一致，任何一方不得单方解除合同，任何一方明示或以行动表示不履行合同的，或卖方不按合同约定交付车辆的，属违约行为，违约方应承担违约责任；买方不按合同约定支付价款的，卖方可解除合同；经买卖双方协商一致或按本合同约定解除合同的，定金及已支付款项可在清偿相关费用后无息退还。

4. 本合同载明的买卖双方的地址是由各自提供且互为对方认可的送达地址，任何文件寄、送该地址即为有效送达。

5. 若因本合同产生争议，买卖双方应积极协商，协商不成的，可向合同签订地人民法院起诉。

6. 本合同自买卖双方签署、卖方盖章，且卖方收妥定金后生效。

7. 经买方当面查验后确认符合本合同约定的标的车辆的车辆识别代号(VIN.)：

买方：　　　　　　　　　　卖方：

买方提车人：　　　　　　　卖方主管：

　　　　　　　　　　　　　卖方财务：

【敬告：卖方销售人员及任何非当班财务人员收受买方价款，均为职务侵占行为，须负相应法律责任。】

《乘用车买卖合同》印刷备注：

1. 一式四联，无碳复写
2. 第一联：业务联　　纸张颜色：白
3. 第二联：财务联　　纸张颜色：红
4. 第三联：提车联　　纸张颜色：黄
5. 第四联：售后联　　纸张颜色：绿

参考文本之三：《乘用车买卖合同》（零星客户仲裁版）

乘用车买卖合同

合同编号：（2018）0060001

买方：______________________卖方：____________________

地址：______________________地址：____________________

电话：______________________电话：____________________

邮编：______________________邮编：____________________

传真：______________________传真：____________________

发票（入户）名称：__________ 签约地点：__________________

签约日期：______年____月____日

上述地址为买、卖双方各自提供的、互为对方认可的送达地址，任何文件寄、送上述地址即为有效送达。

经买卖双方平等友好协商一致，同意订立本合同，条款如下：

本合同一式四联

一、标的车辆及价款

经买方全面咨询与了解、卖方充分解释与告知，买卖双方确定标的车辆及价款（人民币元）如下：

1. 标的车辆名称：______________
规格型号：______车身/内饰：___
数量：__壹__辆；付款方式：___

	百	十	万	千	百	十	元
标的车价款							
其他（　　　　　）							
小计							
大写：__佰__拾__万__仟__佰__拾__元整							

	百	十	万	千	百	十	元
应付订金							
大写：__佰__拾__万__仟__佰__拾__元整							

2. 代收代付款项	百	十	万	千	百	十	元
车辆购置税							
机动车辆保险费							
其他（　　　　　）							
小计							
大写：__佰__拾__万__仟__佰__拾__元整							

3. 如遇国家税费调整，则对标的价格作相应调整。

二、双方权利义务

1. 标的车辆是________（现货/期货），交车地点：_________________。

2. 先付款，后提车。买方须在接到卖方交车通知后____日内付清合同价款；贷款买车的，买方自行办理相关手续并确保及时向卖方支付贷款额，卖方可以协助；贷款不能及时支付的，买方须用现金付清全部价款。

3. 卖方开具发票即为交付。标的车辆在合同价款付清之前已经入户上牌的，在付清价款之前标的车辆的所有权仍属于卖方；买方委托卖方代理上牌的，标的车辆毁损、灭失的风险自委托关系成立时起由买方承担；买方未委托卖方代理上牌的，标的车辆毁损、灭失的风险自卖方交付时转移。

4. 买方应按相关法律、法规或地方规章的规定取得购车上牌资格并办理相关手续，因此导致标的车辆入户上牌的问题及相关损失由买方自行承担，与卖方无关。

5. 标的车辆是现货的，卖方应在买方付清全部合同价款后及时交付车辆；标的车辆是期货的，买方同意卖方在取得标的车辆后安排交付。

6. 买方凭本合同提车联及卖方已收齐全款的凭证办理提车手续，提车时须检验标的车辆质量及配置，任何异议须在提车前向卖方书面提出。

7. 标的车辆在生产、仓储、检验等环节受过诸如交车前检查、PDI或PDS、零件或附件安装、保修、测试、修理等形式的处理，双方均确认并接受不论这些处理在何处以何种方式记录均表明卖方是诚实的。

8. 随车交付的或以其他形式记载的各手册、指南、指导及其他资料是同品牌系列车辆的通用资料，描述的配置或设备与标的车辆必然存在差别，买方须审慎使用该等资料，并遵守国家交通法律、法规的规定使用标的车辆。

9. 标的车辆享受汽车生产厂家规定的质量保修，时间或里程数以先达到者为准；经厂家指定的客户服务中心鉴定，认定为车辆零部件质量原因所致的故障，在保修期限内享受汽车生产厂家规定的保修修复；质量保修有效期按汽车生产厂家保修规定计算。

10. 自以下情形发生时起，标的车辆或其相应部分失去质量保修权利：受过改装的，改装及受其影响的部分；封口被拆的，受其影响的部分；未按厂家规定的时间、里程和技术要求保养的车辆整体；在未获得厂家技术授权的任何单位或个人处保养或修理过的车辆整体。

三、其他约定

1. 本合同乘用车买卖仅为光车买卖，缴纳车辆购置税、上牌、买保险均属买方在本合同之外的法定义务，费用由买方承担。卖方可以接受买方委托，向卖方提供购置税缴纳、上牌、投保的代理服务，该代理适用《中华人民共和国民法总则》第一百六十一条的规定；代理事项按车辆购置办、车管所、保监会及保险公司等机关或单位的相关规定办理。

2. 买方须将款项支付到卖方财务部门的卖方账户，且取得卖方财务部门的收款凭证，方为有效支付；卖方开具机动车销售发票后相应的收款凭证即时作废；代收代付款项的发票或财政收据由对应项目的机关或单位出具。

3. 未经双方协商一致，任何一方不得单方解除合同，任何一方明示或以行动表示不履行合同的，或买方不按合同约定支付价款的，或卖方不按合同约定交付车辆的，属违约行为，违约方应承担违约责任；经买卖双方协商一致后解除合同的，订金可在清偿相关费用后无息退还。

4. 因本合同发生的任何争议，若无法协商解决，均提交××仲裁委员会，按照《中华人民共和国仲裁法》及该会仲裁规则进行仲裁，仲裁裁决对双方均具有约束力。仲裁期间的仲裁文书送达地址为本合同中注明的双方地址，按此地址送达的，视为有效送达。

5. 本合同自买卖双方签署、卖方盖章，且卖方收妥订金后生效。

6. 经买方确认标的车辆车架号码（VIN.）：________发动机号：______

买方：______________________________卖方：__________________

买方提车人或买方委托：________________卖方主管：______________

车辆确认人及提车人：__________________卖方财务：______________

【敬告：卖方销售人员及任何非当班财务人员收受买方价款，均为职务侵占行为，须负相应法律责任。】

《乘用车买卖合同》印刷备注：

一式四联，无碳复写

第一联：业务联　　纸张颜色：白

第二联：财务联　　纸张颜色：红

第三联：提车联　　纸张颜色：黄

第四联：售后联　　纸张颜色：绿

参考文本之四：乘用车买卖合同（大客户版）

车 辆 采 购 合 同

合同编号：

本合同由以下双方签署，下列信息为双方唯一联系方式，如有变动须及时书面通知对方：

甲方（销售方）：____________________ 地址：____________________ 电话：____________________ 传真：____________________ 联系人：____________________	乙方（买受方）：____________________ 法定代表人：____________________ 地址：____________________ 电话：__________传真：__________ 联系人：________

鉴于，甲方是____________公司生产和销售汽车的经销商，经甲乙双方充分协商，就乙方向甲方购买车辆之有关事宜签订本合同。

一、采购车辆车型及价格

序号	车型	颜色	厂家指导价	优惠率	促销政策	采购单价（元/台）	数量	总价（人民币元）	备注
1									无
2									无
合计金额	¥ 元（大写人民币 元整）								

1.1 甲方保证其所交付的车辆是正厂原产的全新产品，保证其所交付的车辆不是返修车、库存车（出厂达到一年以上为库存车），且应为零公里车（因办理运输、手续、提车而进行的必要移动除外）。

1.2 如若甲方不能满足乙方所需的车辆的数量和款型的，甲方负责与生产厂家协商调配，如甲、乙双方未能就此内容达成一致的，乙方享有6.2条约定的全部权利。

二、交货及代办服务

交货地点：详见附件一

交付期限：　　　年　　月　　日前。

2.1 本合同车辆的保险由乙方自行办理，甲方在约定的交付期限前将车辆及必需的随车文件送至约定交货地点，乙方在交接车辆后签署接收文件。

2.2 车辆所有权自乙方付清全款时转移至乙方；车辆损毁、灭失风险责任自车辆交付乙方指定城市的乙方分/子公司时转移至乙方。

2.3 甲方应将相应的发票、合格证等票据凭证原件完好无损地交给乙方。

三、付款方式及结算方式

3.1 付款方式：

双方确认结算方式：汇款。甲方确认汇款信息如下，如有变动甲方须及时书面通知乙方。

收款人名称：　　　　　　　　　　收款人账号：

收款人开户行名称：

3.2 支付时间：

3.3 货款总额（人民币：　　　元）

3.4 甲方依据成交价格开具《机动车销售统一发票》，发票中购货单位（人）必须与乙方提供的单位名称一致。详见附件一。

四、质量要求：

4.1 甲方向乙方出售的汽车，其质量必须符合国家颁布的汽车质量标准和汽车行业标准。如果汽车制造商的企业标准高于国家标准或行业标准的，则必须达到企业标准。

4.2 甲方向乙方出售的汽车，必须是在《全国汽车、民用改装车和摩托车生产企业及产品目录》上备案的汽车或合法的进口汽车。

4.3 甲方向乙方出售汽车时要真实、准确、完整地介绍所销售车辆的甲方已知的基本情况，并提醒乙方注意有关车辆甲方已知的非缺陷性的瑕疵状况，不得做虚假陈述或隐瞒车辆的真实状况。

4.4 甲方向乙方出售的车辆必须具备以下书面文件：（1）汽车销售发票；（2）车辆合格证、海关进口证明和商品检验单（进口车）；（3）保修卡或保修手册；（4）中文说明书；（5）随车工具及附件清单。

4.5 甲方及车辆生产商应保证车辆在正常行驶状况下的安全性，且无甲方已知但未排除的安全隐患，并对安全装置的时效、安全性的检测等作必要的说明，并作为随车文件向乙方交付。销售方及生产商应保证车辆在有效期内，所有交付给乙方的随车文件所载明的安全装置都处在有效的使用状态，即出现故障时甲方须及时按汽车生产商提供的技术规范排除故障。

五、售后服务

5.1 甲方承诺向乙方提供所销售汽车售后服务项目规定的一切售后服务项目。如甲方违反此售后服务承诺，应赔偿乙方因此遭受的全部损失。

5.2 标的车辆享受汽车生产商规定的质量保修，时间或里程数以先达到者为准；质量保修有效期按汽车生产商保修规定计算。

5.3 售后服务电话：________________________________。

六、违约责任：

6.1 违反本合同约定，违反保证、承诺条款或不履行协作配合义务，致使对方不能实现合同目的的，均须承担违约责任。

6.2 甲方不按本合同的约定交付车辆，或交付车辆质量不符合本合同条件的，乙方有要求降低价款、无偿修理（七日内修理完成）、支付违约金（每迟延一日，以迟交付的车辆总价款的1%计算）、换车、继续履行本合同、解除本合同并返还全部款项的各项权利，上述权利可由乙方根据不同情况自行选择。

6.3 甲方未向乙方明示在汽车交车以前出现的甲方已知质量问题（包括外观）的，乙方有权按照本条前款规定追究甲方违约责任。

6.4 车辆的主要部件和系统如发动机、电路系统、油路系统、制动系统、方向系统出现同一故障而1年内经2次修理后仍不能修复的，且甲方隐瞒车辆真实状况的，甲方应承担相应的法律责任。前述情形严重的，乙方可以解除本合同并要求返还全部车款及相关费用。

6.5 甲方提供的汽车由于各种部件发生质量问题，造成车辆频繁维修或甲方拒不及时维修，而影响到乙方正常使用的，乙方可以要求甲方赔偿损失；问题严重导致车辆无法正常行驶的，乙方可以要求换车或退车。

6.6 因甲方所交车违反第四条所述质量要求，乙方要求退货的，甲方必须无条件退货并承担所退车辆车款总额20%的违约金。

七、其他：

7.1 若发生纠纷，双方应协商解决；协商不成的，任何一方均有权向原告所在地人民法院起诉。

7.2 本合同附件及补充协议为本合同不可分割的组成部分，与本合同具有同等法律效力。

7.3 本合同自甲乙双方签章之日起生效。本合同一式肆份，甲乙双方各持贰份。

甲方：	乙方：××汽车租赁有限公司
授权代表（签字）：	授权代表（签字）：
日期：　　年　　月　　日	日期：　　年　　月　　日

（3）维修合同

维修是经销商的一块重要业务，是经销商的重要利润来源，也是经销商展现形象、维护客户关系的重要平台。所以，要用心把维修合同编制好。

但是，一直以来，经销商几乎都没有专门的维修合同、承揽合同，而是用维修检查单、维修施工单、维修结算单等单据来代替。这些文书虽然具备了合同的组成要素，但在结构上、条款上、文字上不同于合同。

2. 范本合同

范本合同是经销商使用频率很高、话语权较强、但使用频率又没有格式合同那么高的、因事前印制成本较高而大多临时打印的合同，如保洁合同、保安合同、租花合同、小型工程（维修）合同等。

经销商可以制作范本并在内部公布，业务部门或子公司需要使用时，直接从合同文本库调用文本即可，提交合同审查时加以说明，流程就比较快。

3. 常用合同

这是使用较多，但频率低于范本合同、话语权弱于范本合同的一类合同，如广告宣传合同（报纸、电视、电台、网络、电梯、电影映前、停车场抬杆等）、车展场租合同、车展搭建合同、物料合同、各种租房租地合同等。

此类合同，要逐份审查，工作量比较大，其中的租赁合同（土地租赁、房屋租赁）、建设工程合同因内容复杂、合同标的大、合同期限长，必须谨慎审查。

4. 对方合同文本

这是在经销商的话语权较弱的时候出现的合同，主要是厂商合同、厂商指定交易方的合同，如授权合同、车书印刷合同、工服订制合同、车用油购买使用合同、银行借款合同等。

（二）纸质合同类文件的管理

除了名为“合同”的文本需要规范管理，经销商往往还有很多合同类文件，如合同附件、图纸、补充协议、纪要、承诺书等，都要用与合同一样的标准进行管理。

（三）作业指导书等业务操作规范文件的管理

一些经销商集团为统一操作方法和管理尺度，还会制作作业指导书，对销售、售后的主要业务流程进行规范。此类作业指导书也很重要，基本都是法律顾问制作，或是法律顾问会同业务部门一起制作的，既体现了法律规定，也体现了经营要旨。

这里提供样式，仅供参考。

参考文本之五：《乘用车买卖合同》作业指导书

一、编制目的及应用场景

1. 本指导书与《乘用车买卖合同》配套使用。

2. 所有使用及管理《乘用车买卖合同》的人，包括销售顾问、销售经理、销售总监、财务人员、仓库管理人员等，要能够正确理解、填写、核对、管理、履行《乘用车买卖合同》。

3. 适用于新车销售的全过程、全流程。

二、具体操作方法

（一）买方填写规范

1. 买方为机关、事业单位、企业、公司的，必须填写“组织机构代码证”中的组织机构规范全称，禁止使用简称。

2. 买方为自然人时，须复印其居民身份证，填写其身份证姓名及身份证号码，防止重名及误写。

（二）签字、盖章规范

1. 买方、代付款人、提车人、发票购货单位（人）的签字及盖章，必须与经本公司销售人员验证过原件的买方、代付款人、提车人、发票购货单位（人）身份证件或机构代码证中记录的姓名或名称完全一致。

2. 买方、代付款人、提车人、持发票购货单位委托书的人、本公司工作人员等所有相关工作人员在《乘用车买卖合同》及其附件上的签字，必须是执笔者当着合同相对方或其工作人员的面，写下自己的身份证件上的规范姓名。

禁止执笔者写下他人姓名，禁止代签名，禁止冒用他人姓名。签字同时须写明日期（年月日）。

须用单位印章时，必须是法定公章（印文名称与组织机构代码证完全一致）。

3. 销售顾问须确保合同及相关单据中的买方及相关方的签字，是签字人在自己面前当面签字，禁止代签名、假签名。

4. 销售经理须复核所有的客户及相关方的签字，保证客户及相关方的签字及日期是真实的、符合要求的。

5. 所有签字及日期，均须工整、清晰可辨，不得潦草，不得写汉字以外的文字。

6. 所有用印必须清晰、完整、无涂污、无缺损。

三、相关问答

1 问：什么情况下须使用《乘用车买卖合同》?

答：凡是汽车厂家没有对“乘用车买卖合同”的文本或格式作强制要求的，在销售新车时均须使用本公司印制的《乘用车买卖合同》。

2 问：汽车厂家对《乘用车买卖合同》有文本或格式要求时怎么办？

答：(1) 厂家仅对格式作要求时，合同的内容须与本公司的合同内容完全一致；合同共四联，各联功能与本公司的合同完全一致；

(2) 厂家对格式和文本都有限制时，以补充协议满足本公司文本要求。补充协议由本公司提供。

3 问：《乘用车买卖合同》的印制、管理要注意些什么？

答：合同必须印制合同编号，合同编号由法务部统一安排。

印刷、保管、分发、盘点、登记的负责人由法务部负责人指定。

4 问：《乘用车买卖合同》涉及哪些主体、承办人、代理人？对买方及办事人主体有什么要求？

答：《乘用车买卖合同》涉及的买方及办事人主体，包括买方、买方的代理人（买方为非自然人，或买方为自然人但不亲自到场）、代付款人、入户名称人、车辆确认人、提车人、承诺人、声明人等。

其中，买方与其他主体是同一人时，手续最简单，主体同一；否则，需要一一核实身份、确认签名。

主体是单位的，须经注册登记并获得批准或核准或备案，如工商登记、社会团体登记。

主体或承办人或代理人是自然人的，须年满十八周岁，为完全民事行为能力人，为中国公民。

不论主体是单位，还是个人，其经办人主体须年满十八周岁，为完全民事行为能力人。

如果遇到买方或经办人是未成年人的情形，或发现其精神异常（民事行为能力有瑕疵）的情形，须立即咨询公司法律顾问；原则上，不满十八周岁的自然人或精神有异常的人士签署的所有文件，均须同时由其法定监护人签名。

如果遇到买方是外国人的，买方须持有效护照、中国居住证明（上载中国住址及其中文姓名）。有疑问时，请立即咨询本公司法律顾问。

5 问：《乘用车买卖合同》的签写过程是什么？

答：《乘用车买卖合同》的签写相关要求如下：

(1) 当事双方签写顺序为："买方"填写自己信息后签名→销售顾问在"卖方"栏签名→展厅经理（或销售部经理）在"卖方主管"栏签名→财

务收取订金，在“卖方财务”栏签署→合同生效。

（2）财务签署时务必做到：

①确保收到定金，并开具定金收据。实收定金可能会比“应付定金”少（如展会参观者临时决定买车而定金不足、约定分次交付定金等），须记录实收定金数额。

②确认合同各联齐全，且各联是同时套写、内容一致的。

③财务签署的格式为：“收到的定金数额＋签名＋日期”。

④确保签署后收存合同第二联。

（3）《乘用车买卖合同》中约定的“应付定金”金额是指合同签订时应交定金的最低数额。为了促成交易，在展会等特殊场合，允许第一次实收定金低于应付定金，即应付定金分次交纳。

6问：合同填写注意事项？

答：《乘用车买卖合同》填写规范如下：

（1）买方：

自然人购车，填写：姓名、身份证号码，姓名须与买方身份证件记载一致。

单位（企业、公司、机关、团体等）购车，填写：机关团体注册名称，与机构代码证一致。

（2）地址：

自然人购车，填写：买方身份证地址，或买方现用通信地址（居住证地址），或常住地址（告知其必须是可送达地址）。

单位（企业、公司、机关、团体等）购车，填写：机关团体注册地址。

（3）电话、邮箱、微信：

填写买方的手机号码、固定电话号码；若买方愿意，可由买方自行填写邮箱地址、微信号。

（4）邮编、传真：

把买方真实有效的“邮编”和“传真”完整填写进合同中。

（5）签约地点：

填写“卖方展厅：××市××区××路××号”。

（6）数量：“壹”辆，禁止改动。

(7) 付款方式:

不需要银行贷款或其他类型汽车贷款的，填写:“全款购车”。需要银行贷款的，或需要使用信贷产品的，填写:“贷款”。置换购车的，如果无须贷款，仍填写为“全款购车”，旧车置换款可作为购买新车的部分价款结算；如果有部分贷款，仍填写为“贷款”。

(8) 标的车价款

本栏表格中的价款项目，是指卖方应收的价款项目。

“标的车价款”：是指开具“机动车销售统一发票”的价款（价税合计）金额，是“裸车价”，不是“包牌价”，禁止标注“全包”“包牌”等文字。

“其他（　）”：将项目名称补充填写在“（　）”内，并填写该项金额。除有专项通知外，该项一般情况下不使用，请用“/”划除。

“小计”：是上述两项相加的总金额。

附件、精品不在本合同中填写，另行使用《乘用车买卖合同补充协议》《附件精品购买及安装确认书》。

严禁在合同中出现“赠送附件”“赠送精品”“赠送保险”“赠送购置税”“赠送消费代金券”“赠送延保服务”“赠送免费保养”等字样。

(9) 应付定金

金额为公司要求的相应车型的定金数额。

(10) 代收代付款项

一般情况下不使用本项，这些费用通过其他单据确认，如顾客服务委托确认单、机动车辆保险投保确认单等。

因“包牌价”等原因，需要使用本项，且签订合同时能够确定的代收代付款项的，才填写本项。

“车辆购置税、机动车辆保险费、其他（　）”：这些款项由实际收款人开具票据，不由我公司开票。例如，机动车辆保险费的发票由承保保险公司开具；车辆购置税由税务局开具；上牌费由上牌时车管所收据、检测费收据等构成。

(11) 合同中“双方权利义务”中的“标的车辆”，如果销售的是现车，合同填写为“现货”；如果销售不是现车，合同一律填写为“期货”。

(12) “双方权利义务”中的“交车地点”：

标准填写方式：本合同签订地点。(说明：一定要在合同里将“签订地点”明确为卖方所在地的具体地址，不能笼统地写“卖方展厅”)

特殊情况下，填写其他地点的，须经总经理书面批准。

(13) “双方权利义务”中：买方须在接到卖方电话通知后的____日内付清合同价款；标准填写方式：<u>的三日</u>内。

(14) 合同“其他约定”中，“经买方当面查验后确认符合本合同约定的标的车辆的车辆识别代号（VIN.）：________________________________。”

合同一式四联，全部套写，不允许单联填制；按“合格证”或“货物进口证明书”所载信息完整填写“车辆识别代号（VIN.）”的17位（数字+字母），不允许部分摘录或写几位尾数；如果是“现货”，且本合同签署时能够确认车辆的，在买方确认车辆后、合同签订的同时填写；如果是“期货”或虽然是“现货”但暂未选定车辆的情形，在合同签订时暂不能确认车辆，则按“车辆识别代号（VIN.）：<u>待定</u>”填写。这种情况，使用《标的车辆确认书》，由买方确认车辆后签名。

请特别注意：

买方是自然人的，《标的车辆确认书》由买方本人亲笔签名确认；买方是单位的，《标的车辆确认书》须单位盖章的同时，由签订合同的经办人亲笔签名确认。《标的车辆确认书》原件交由销售部随合同“业务联”保管。

(15) 买方提车人或买方委托的车辆确认人及提车人：

买方是自然人，且由买方亲自提车的，此栏由“买方”本人签字；

买方是自然人，但买方委托他人代提车的，此栏填写被委托人“姓名+身份证号码”；须由买方签署《提车委托书》，将提车人的身份证件复印件粘贴在委托书的粘贴处；

买方是单位（企业、公司、机关、团体等）的，此栏须填写被委托人“姓名+身份证号码”；须由买方填制并盖章《提车委托书》，将提车人的身份证件复印件粘贴在委托书的粘贴处；

委托代提车辆的，交车时须核对提车人证件及提车人，保证实际的提车人与被委托的提车人一致。

7问：如果是在车展现场，客户能交付的定金不够，怎么办？

答：应付定金仍按公司要求的定金数额填写，先在现场收取客户能支付的定金数额，在收据里记明实收定金数额，跟客户谈妥后续补齐定金的时间、方式并注意落实。

8 问：如果“发票购货单位（人）”不是合同中的“买方”，如何操作？

答：发票名称与合同“买方”不一致的，按以下规定操作：

（1）据实填写《入户名称确认书》。

（2）自然人买方在“买方（个人签名）”栏签字；单位买方在“买方（单位盖章）栏盖公章”。

（3）发票购货人在“发票购货人（个人签名）”栏签字；购货单位在“发票购货人（单位盖章）”栏盖公章。

（4）正确填写签署日期。

9 问：可不可以在本合同中增加条款，或删除条款？

答：不可以。

严禁在《乘用车买卖合同》中另行增加条款，严禁将《乘用车买卖合同》现有条款划除。

10 问：哪些情况下需要书面告知？

答：关于标的车辆的以下状况，均须与客户签订《〈乘用车买卖合同〉告知书》。

标的车辆是试驾车的，须注明：“试驾车，已行驶×××公里”。

标的车辆是受损车（未修复）的，须列明受损的部位及受损的程度，最好能把受损部位拍照，照片打印后由客户签字确认，将客户签字的照片作为告知书附件。

标的车辆是受损后已修复的车辆，列明所有受损的部位及修复的方法。

标的车辆是客户退（或换）回车辆的，须注明：“该车是客户某某某退回的车辆，卖方已向买方详细告知退车详情。”

标的车辆存在已知的质量瑕疵的，应列明这些瑕疵。

标的车辆 PDI 信息，按中国汽车流通协会《乘用车新车售前检查服务指引（试行）》8.2 向买方书面告知，须由买方签字确认。

11 问：哪些情况下需要由客户另行委托？

答：任何在本合同约定以外需要代办的事项，均须客户另行书面委托。如乘用车上牌入户委托书、附件精品购买及安装确认书等。

12 问：哪些情况下需要签订补充协议？

答：任何需要双方签署的“补充协议”，都须按流程审查审批后，方可签订。

13 问：客户购买附件、精品，应该用什么单据来确认？

答：(1) 确认的单据：

组合销售的，使用《乘用车买卖合同补充协议》确认，以《附件精品购买及安装确认书》作为安装凭证；

单独零售附件、精品的，使用《附件精品购买及安装确认书》确认；

买方是个人则签名确认，买方是单位则同时由经办人签名、单位盖章确认。

(2) 单据填制及签订

填制时，须有买方及本公司全称，各项附件及精品的品名、数量、单价，总价，并将《附件精品购买及安装确认书》交买方确认。

买方是个人的，由其本人在“买方（签名）:”处签名。

买方是单位的，由其单位在“买方单位（盖章）:”处盖章，同时，经办人在“买方单位（盖章）:”后“____”内签名。

填写“确认日期”。

(3) 交付签收

安装在车辆上的精品附件，由客户在售后服务结算单上签收。不安装在车辆上的精品附件，由客户在《附件精品购买及安装确认书》上签收。

14 问：《乘用车入户上牌委托书》的填写规范？

答：《乘用车入户上牌委托书》的委托人，应填写《乘用车买卖合同》中的“买方”，即使“入户名称”不是“买方”的时候，也应该填写合同中的“买方”。

(1) 个人购车的，须由《乘用车买卖合同》中的“买方”亲笔签字。

(2) 单位购车的，须由《乘用车买卖合同》中的“买方”单位盖章、经办人亲笔签字。

15 问：如果谈定的是“包牌价”，各项目的价款怎样拆分？

答：“包牌价”的拆分、发票参考：

(1) 分拆顺序：保险费→购置税→选装附件精品价款→上牌费（如有）→标的车价款。

具体销售业务中的分拆方案，请各公司财务部门指导确定。

(2) 按照分拆的项目及金额分别开具发票，车身价开具“机动车辆销售统一发票”，附件及精品开具配件发票，保险及购置税分别由保险公司及税务局开具，上牌费的发票请按财务部相关规定办理。

(3) 如果厂家对销售价格有最低限价管理要求的，则在分拆价款时应考虑符合厂家的管理要求，具体方案具体研究。

16 问：《乘用车买卖合同》中，“标的车辆受过的相应处理”如何正确解释？

答：商品车从生产厂到达经销商处经历了长距离的运输路途和仓储停放，要启用运输模式运行，在这种模式下，很多系统没有被激活，汽车只能进行简单的行驶。

交车前的检查和检修特别重要，是商品车从运输模式、仓储状态转为正常行驶使用状态的重要环节，而且汽车越高档，这个环节就越重要。

为了向顾客保证商品车的安全性和原厂性能，经销商建设了完善的服务体系，配备了高水准的技术人员和齐备的专业设备，实施诸如交车前检查PDI或PDS、零件或附件安装、保修、测试、修理等处理方式，这些措施是客户获得最佳状态的商品车的有力保障。

必要时，在客户确认车辆时针对实车向客户讲解PDI等交车前操作内容，并取得客户书面确认。

17 问：《乘用车买卖合同》签订后，什么时候生效？

答：本合同自买卖双方签署、卖方盖章，且卖方收妥定金（卖方财务签字确认）后生效。

18 问：销售顾问可以收取买方支付的现金再转交给财务部门吗？

答：不可以。销售顾问及其他非财务收款人员不可以收取客户支付的现金，合同中约定为：“买方须将本合同项下全部款项（价款及代收款等）支付卖方财务部门的卖方账户，且取得卖方财务部门的收款凭证，方为有效支付。”

合同最下端会注明：“敬告：卖方销售人员及任何非当班财务人员收受买方价款或费用，均为职务侵占行为，须负相应法律责任。”

价款包括买方或其代付人以交付货币现金、银行转账、开具支票、支付宝转账、发送微信红包等方式的一切支付；法律责任包括民事赔偿责任、刑事责任。

在《乘用车买卖合同》签订后，销售顾问须向客户提供付款“温馨提示”，书面告知客户收款账户等相关信息。

仅限于特殊情况下收定金的时候，财务收款人员可能不在现场（如户外展销、大客户上门收款），确实需要由非财务收款人员代收转交现金的，经请示总经理同意，可以由财务部门指定的人员从财务部门领用收款收据并代收定金，返回公司后将所收现金及收款依据交回给财务部门，做好交接手续。

合同价款必须转入公司账户或由财务人员收款。

19 问：客户要带什么单据来提车？

答：买方在付清本合同约定的所有款项后，凭《乘用车买卖合同》第三联“提车联”及卖方收款凭证办理提车手续。

20 问：客户万一遗失了合同的“提车联”，怎么办？

答：须由买方出具《声明及承诺函》。

买方是自然人的，将其身份证复印件粘贴在《声明及承诺函》粘贴处，买方在销售顾问和主管面前签名。

买方是公司、机关、团体的，《声明及承诺函》须加盖公章，并且由签订合同的经办人在销售顾问和主管面前签名。

21 问：关于合同价款的代付，有什么规定？

答：凡是缴款账户不是买方本人账户的，均须由缴款账户人出具《代付证明》。

代付款人是自然人时，代付款人须持身份证件，在销售顾问、展厅经理面前当面签署《代付证明》，并且在签名处加盖指模。

由单位代付款时，代付款单位在《代付证明》的“付款单位”处盖公章。严禁公司员工、员工家属代客户支付合同价款。

22 问：客户要求在银行贷款发放到账之前提车，能不能交车？

答：客户在支付提车保证金（该保证金与车辆价款等额或略多），且与我公司签订《〈乘用车买卖合同〉补充协议（银行贷款发放前提车）》后，可以提车。

提车保证金须使用现金支付（包括：转账支付、借记卡支付、现金支付，建议避免使用信用卡支付，以免退款到信用卡时影响客户资金的使用）的方式付清。

银行贷款按约定日期到账后，把提车保证金按客户付款时的账户原路退还。即贷款银行及时足额支付该贷款额，则我方在收到客户通知后的五个工作日内把提车保证金在扣除必要的手续费用后全额无息退还给买方；如果贷款银行未及时或未足额支付该货款额，则该提车保证金作为合同价款结算。

23 问：应如何指导客户提车时签署《车辆验收确认单》?

答：《车辆验收确认单》见本书参考文本六。如果品牌厂家提供的《商品车交车检查确认单》《新车交接单》《新车交付检查单》《客户验收确认单》等同类单据，与《车辆验收确认单》相比存在内容缺失的，应及时告知厂家修订补充，同时还须客户签署《车辆验收确认单》。

(1) 第一栏，基本信息

按《乘用车买卖合同》列示的对应内容填写，合同编号必须填写，且不能写错。

(2) 第二栏，车辆文件及随车工具

在对应项目方框内打“√”;

注意：国产车与进口车的随车文件有不同，防止错误勾选；

注意：随车工具及备件栏中，项目要正确填写，数字应填写中文大写(壹、贰、叁、肆、伍、陆、柒、捌、玖、拾、佰、仟、万、零)；

表格中未列示的项目，填写在“其他”项中。

(3) 第三栏，车辆状况确认

须经客户当面查验后，在全部项目方框内打“√”;

在“里程数无异议”项的空格内填写交车时里程表的总里程读数。

(4) 第四栏，注意事项

须经客户当面查验后，在全部项目方框内打“√”;

在“服务热线”项的空格内填写本公司的服务热线电话。

签字：由“买方验收人”当着销售顾问的面签字；

销售顾问在“卖方代表”处签字，并填写交付车辆的日期。

注意：“买方验收人”必须是“买方”，或《提车委托书》中授权的提车人。

客户签署后的《车辆验收确认单》原件列入财务凭证保管。

24 问：4S 店领取、管理《乘用车买卖合同》的规范?

答：各 4S 店总经理指定的合同保管人从公司法务部签收、领取空白的

"乘用车买卖合同"，并按规定登记，签名确认。

25 问：《乘用车买卖合同》一式四联，各联的用途有什么不同？

答：合同一式四联，第一联是"业务联"，第二联是"财务联"，第三联是"提车联"，第四联是"售后联"。

（1）第一联"业务联"

生效合同的第一联交给销售部门资源管理负责人保存：①登记合同使用情况；②用作配车等业务操作。

（2）第二联"财务联"

用于记账、核算成本和利润。

（3）第三联"提车联"

由销售顾问交付给买方作为提车凭证，客户交齐全款后提车时，须将第三联"提车联"交给财务。

第二联与第三联在车辆交付后，由会计汇入财务凭证。

（4）第四联"售后联"

由展厅主管留存办理业务，交车后连同收回的"提车联"一起交给销售部门资源负责人，资源负责人审核无误后交财务存档。

26 问：合同填错了怎么办？

答：合同严禁涂改，填错了的按"作废"处理。

作废的合同所有各联（共四联）全部交回给合同保管人核销，由合同保管人保管。

作废的合同未核销前，不得领取新合同。

27 问：4S 店内保管的合同，多长时间核对一次？

答：（1）展厅与合同保管人之间的核对：核销上一次领取的合同后，再领取新的合同；（2）展厅、资源管理、财务部门之间的核对：每月至少核对一次；（3）公司审计、法务部门分别不定期按规定盘点。

①每月 15 日至 20 日之间，各 4S 店组织"乘用车买卖合同"盘点。

②盘点小组成员至少应包含财务部经理、人事行政部负责人、销售部经理，以及其他需要参加的人员。

③盘点核对：表单号记录、财务凭证（第二联、第三联）、财务单据（出纳员第二联、会计第三联）、行政部合同管理人保管的未分发的空白合同及作废的合同（共四联）、销售资源管理人员保管的合同第一联及第

四联。

④记录合同各联的保存地点或状态，由盘点小组成员签名确认盘点结果。

⑤每月20日前，由财务部经理报送盘点结果给公司总部法务部合同保管人。

参考文本之六：《车辆验收确认单》

《乘用车买卖合同》编号：（　　）		
买方姓名或名称： 联系电话：	发票购货人：	发票号码：
联系地址：	邮政编码：	
标的车辆名称：	规格型号：	
车身/内饰：		
车辆识别代号（VIN.）：	发动机号码：	
付款方式：	□全款购车	□贷款购车

一、基本信息。

二、下表是卖方明示并交付的随车文件、随车工具及备件等物品，经买方认真查看并确认，方框内打“√”项目均无异议，买方确认已收妥。这些文件、备件、工具均为原件，请认真保管。

车辆文件及随车工具	1. 随车文件（中文） □使用说明书　□维修保养手册　□保养凭证 □产品合格证（适用于国产车） □货物进口证明（适用于进口车，由海关出具，代替产品合格证） □进口机动车辆随车检验单（适用于进口车，由出入境检验检疫机构出具） □购车发票（发票联、注册登记联、报税联）　□PDI检查单 □其他______
	2. 随车工具及备件 □钥匙（____条）　□脚垫（____块）　□备胎及轮毂（____个） □轮毂罩拆卸钩　□点烟器　□千斤顶 □拖车钩　□防盗螺栓　□导航光盘 □警示牌　□两用螺丝刀　□轮胎扳手 □其他______

三、经买卖双方当面查验汽车产品的外观、内饰、现场可查验的质量状况，买方郑重确认已验收合同标的车辆，所验收车辆的规格型号、车身/内饰、配置、性能及质量等均符合买卖合同的约定且与卖方告知买方的状况相符，同时，买方对下表中方框内打"√"的状况描述无异议。

<table>
<tr><td rowspan="2">车辆状况确认</td><td colspan="3">1. 车辆内外检查无异议
□车辆外观清洁，车身表面完好无损　□车内干净整洁，无脏物
□车辆配置以及颜色无误
□发动机舱内无渗漏，无可见损伤及异常　□里程数无异议：________公里</td></tr>
<tr><td>2. 车辆各项功能确认无异议
□钥匙使用
□后视镜调整
□空调
□倒车雷达
□转向系统功能正常</td><td>
□座椅及方向盘调整
□车辆发动程序
□影音系统
□定速巡航系统
□防盗功能</td><td>
□车窗与天窗
□灯光及仪表
□刹车系统功能正常
□雨刮洗涤装置
□多功能交互界面</td></tr>
</table>

四、卖方已向买方及车辆验收人告知以下注意事项，买方及验收人已充分理解、接受，且无异议。

<table>
<tr><td rowspan="2">注意事项</td><td>1. 服务介绍
□介绍服务人员　□首保提醒　□服务热线________________</td></tr>
<tr><td>2. 重要提醒
□用车注意事项　□预约服务　□燃油种类告知　□变速箱使用注意事项
□阅读安全注意事项、按产品使用说明书的要求进行使用和维护保养车辆</td></tr>
</table>

经现场当面查验，买方验收人郑重确认以上各项记录是真实的、准确的、无异议的。

买方验收人（签字）： 买方见证人（签字）： 日期：　　年　　月　　日	卖方代表（签字）： 日期：　　年　　月　　日

（四）电子合同的管理

电子合同是近几年兴起的，但早在1999年公布施行的《合同法》第十一条里就规定了能够“有形地表现所载内容的”数据电文为合同的“书面形式”，2004 年通过的《电子签名法》第四条进一步明确了“能够有形地表现所载内容，并可以随时调取查用的数据电文，视为符合法律、法规要求的书面形式”，数据电文作为合同形式的法律地位进一步确立。在 2017 年 3 月 15 日通过的《民法总则》再一次确认了上述内容。今后，电子合同以其便捷、易复制、易传递、易验证等特性，结合汽车电子商务尤其是平行进口汽车试点的增多，可能将有快速发展并可能得到普及。

所以，经销商要未雨绸缪，提前做好电子合同的使用、管理准备。电子合同因其表现形式、传递及认证方法不同于传统纸质合同，需要根据业务模式设计全新的使用规则、管理规则。

二、合同行为管理

（一）合同行为

1. 合同行为是以建立、变更、终止、解除合同法律关系为目的的一系列的、互相关联的、承前启后的行为。

2. 广义的合同行为，包括邀约、磋商、谈判、意思表示、承诺、合同的签订、履行、变更、终止、解除、转让、承受、主合同从合同的协调等。

3. 合同行为是经销商运营所必不可少的、经常性的活动，是非常重要的法律行为，一定要把合同行为纳入法治轨道。

4. 经销商一定要就合同问题认真听取法律顾问的意见和建议。

经销商应当预先向法律顾问介绍商务目的、最高及最低商事交易目标、必须坚持的条件、可以退让或改变的条件等主要合同条件，并尽可能邀请法律顾问参加商务谈判，法律顾问即可把商务目的和目标融合到谈判中，促成交易并保障经销商的商务目的和目标得以在合同中体现。

（二）意思表示

1. 意思表示有明示、默示、公告等多种方式。《民法总则》在法律层面上确认了民事主体的意思表示包括公告、默示等特殊的意思表示方式，并明确了上述意思表示方式的生效时间及行使方式等事项。《民法总则》第六章中设立专节“意思表示”，对意思表示的法律要素作出明确的法律规定，特别是第一百三十九条“以公告方式作出的意思表示，公告发布时生效”及第一百四十条第一款“行为人可以明示或者默示作出意思表示”，更加细化了民事主体意思表示的规范，进一步拓展了意思表示的方式。

需要特别注意的是，根据《民法总则》第一百四十条第二款的规定，“沉默只有在有法律规定、当事人约定或者符合当事人之间的交易习惯时，才可以视为意思表示。”

2. 对经销商而言，尤其需要关注的是“默示”意思表示形式的使用条件。

法律规定的默示意思表示方式的典型即《民法总则》第一百四十五条第二款之规定，“相对人可以催告法定代理人自收到通知之日起一个月内予以追认。法定代理人未作表示的，视为拒绝追认”。

在实践中，比较典型的且常见的默示意思表示是在合同中写道“如公司收到货物后应于×日内进行验收，未在该时间内进行验收的，视为不存在质量缺陷”。经销商如有类似默示意思表示的倾向，建议在合同或者采购单等文件中作出明确约定；如没有约定，发生纠纷时也无须过于惊慌，可以通过收集双方的交易文件或者微信、QQ 等沟通记录的方式，证明默示属于双方的交易习惯，争取有利的诉讼地位。

签订合同只是合同行为的初始部分，其后还有很多合同行为，经销商应当按照法律顾问的意见信守合同承诺、全面履行合同；万一出现争议，也要争取和解，快速解决合同纠纷。

3. 经销商容易忽视的是合同解除时的程序和手续，往往打个电话、双方谈妥条件就完事了，缺少解除协议、没有固化解除的意思表示及保留解除证据，结果就可能被不守信用的合同相对方追索“合同未解除”的权益。

所以，经销商一定要牢记：任何一种合同行为都要有对应的法律文书，切不可缺少书面文件和必要手续。只有手续齐全、文件完整，才能证明“意思表示”的真实性。

（三）签订

签订合同即将与合同相对方协商、谈判成功的交易合意形成法定文书，是交易成功的标志，也是交易成功的保证。所以，签订合同一定要特别积极、慎重。

经销商在签订《乘用车买卖合同》时，特别要把握两个风险点：一个是签名、盖章，另一个是车辆状况的告知。

在本节的“合同文本管理”部分，作者提供参考的《乘用车买卖合同使用指导书》中，已对签名、盖章的要求、注意点阐述很多，这里仅对“车辆状况的告知”加以说明。

已于2017年4月14日公布、2017年7月1日开始实施的《汽车销售管理办法》在至少五个条款中规定经销商的“明示”“告知”“标明”义务；结合《消费者权益保护法》等法律法规的规定可知，经销商的告知义务必须履行，不得缺位，且须留下已告知及告知内容的证据材料。否则，经销商将处于被动地位，可能被投诉、被起诉、被巨额索赔。全国已有很多这方面案件的法院判决，经销商动辄被判令赔偿车主车价的三倍，目前已知的最高赔偿金额达1650万元人民币!

告知的形式和内容都要符合法律的规定，必须是明确的、确定的、书面的、客户已知晓该告知、经销商保留了已告知证据的；在这方面，经销商一定要听从法律顾问的意见，改变行业陋习，认真严肃地告知客户，并切实采取一系列行之有效的策略和措施。

如果经销商的经营规模很大而仍然未聘请专业律师做法律顾问，那您就必须立即行动起来，物色并聘请有经验的专业律师，切不可再拖延!

（四）履行

合同的履行是始于签订、终于解除或终止，与合同生命周期同在、等长的合同行为。经销商应当全面地、适当地按约定和法律规定履行，不要出现履行瑕疵，更不能失信、违约，因此引起合同争议，可能得不偿失，更严重的是，可能会损害商业信誉。

（五）变更

合同的变更并不会发生在所有的合同履行过程中，只有较少部分的合同可能进入变更程序。在需要变更合同时，除了可即时清结的变更之外，都要就变更的内容达成原合同的补充协议，以使双方的变更合意得到明确和固化。

（六）解除

合同发生提前解除的比例比合同变更更低，但一旦发生提前解除情形，多半是合同双方关系已经破裂，或者已经相当恶化。

所以，在解除合同时，务必要达成解除协议，如果无法达成此协议，则要通过仲裁或诉讼来达到解除的目的。

至于是采取仲裁还是诉讼措施，要看原合同对争议解决方式的约定。约定仲裁则采用仲裁，如果约定诉讼或未作任何约定，一般都只能通过诉讼解决。

（七）终止

一般来说，合同终止就是合同目的实现的表现，通常原合同里约定了终止的时间点，时间届至，合同即终止；或在原合同中约定了终止条件，条件成就，则合同终止。

除到期终止情形外，合同终止行为也要达成终止协议，以明确并固化合同双方的终止合意。

（八）继续履行、违约赔偿

这两种合同行为通常不并存，要么继续履行，要么违约赔偿。个别情况下，需要既继续履行又违约赔偿。

经销商要尽量避免出现违约赔偿的情形。

（九）转让

1. 合同的转让，就是合同主体的变更，准确地说是合同权利、义务的转让，即在不改变合同关系内容的前提下，使合同的权利主体或者义务主体发生变动，即合同当事人一方将其合同权利、合同义务的全部或者部分转让给第三人。

2. 经销商集团经常发生合同转让情形，且多数是在合同签订时即设定了转让条款，一般是附条件的转让条款。

通常，经销商集团要开设新店之前需要租地或租房建店，当时新店尚未注册成立，或者刚刚注册尚无充分资金、人手，经销商集团就以集团名义租地或租房建店，并在租赁合同中明确约定未来由新店受让该合同。这是为了既及时完成租地、租房建店的经营目标，又搞好内部核算管理，同时还简化合同转让程序和手续而作的专门安排。由于是在事前安排，出租方一般都能接受、配合。

（十）承受

合同承受又叫作“协议性的概括转让”，是指合同的一方当事人与他人订立合同后，再依照其与第三人的约定，并经过对方当事人的同意，将合同上的权利义务一并移转给第三人，由第三人承受自己在合同上的地位，享受权利并负担义务。

合同承受的效力在于承受人取得原合同当事人享有的一切权利和负担的一切义务，原合同当事人完全脱离合同关系，此后合同的履行或者不履行以及合同的变更或解除，概与原合同当事人无关。

第三节 人力资源管理

一、人力资源引进、培养、管理、淘汰的全过程中处处有风险

1. 经销商为了节约成本、缩短培养时间、抢上新项目或新品牌、抢建新店等，高薪从别的经销商那里引进高级人才、专门人才，并直接利用这些人带来的客户信息等，就可能遭遇不正当竞争、劳动争议、商业秘密等侵权指控。

2. 辛辛苦苦花大代价培养的人才无端流失、业务受严重影响，经销商却不能得到补偿的情况也有可能出现。

3. 对员工的风险教育和行为约束不够，发生职务侵权等。

4. 劳动关系处理不当造成的问题更是复杂、多见。

二、人力资源风险管理是个系统工程

要有理念的、观念的、制度的、人文关怀的、证据的、全方位的设计、构建和维护。

1. 依法编制健全的人力资源管理制度、操作流程、员工手册、相关文本库，管理者和人力资源部门员工要真正理解并能把它们落实到位。

2. 实实在在做好重要岗位入职前背景调查、任期中考察或考核、离职前脱密管理、离职时审计与交接等工作。

3. 科学设计员工激励制度

员工激励制度是需要用心设计的，要有明确的、合法的激励目的，可操作、可持续实施且受员工欢迎、可达到预期激励效果的激励方案，以及经精算的激励数据、组合激励计划等。

（1）对经销商而言，激励必须：

有目的：可以是为了留住人才、为了提升业绩、为了增加市场份额、为

了进军某个市场、为了改进技术、为了鼓励创新、为了加强管理、为了改善公司经营环境、为了树立公司形象等一个方面或多个方面。

有针对性：针对高层、中层、普通员工有不同的激励方案。可以是数额的不同，可以是激励物或激励价值的不同，可以是激励时间的不同，甚至可以是激励理由的不同。

有效果：激发员工的积极性、创造性、主人翁精神，产生经营业绩，改善经营环境，优化公司形象等，绝对不能出现搞错激励对象、激励时间不恰当、激励价格或数额不适当的情形。

可持续：激励方案应当是合理的、经销商可承受的。

既稳定又可合理调整：激励计划既要符合合理预期又要适时适当调整，稳定性与灵活性兼具。

可全面实施：激励是为了让经销商全员积极向上、围绕经销商的利益共同努力奋斗。因而，能否全面实施也是需要注意的。

（2）对员工而言，激励必须：

可期待：知道兑现的时间、数额、方式、条件等。

可以据以安排自己的职业规划：是走还是留？是好好干还是马虎应付？是服从并被动接受指挥还是主动积极地思考和行动等。

可以据以进行自己的人生设计：是以此为短期饭碗还是长期职业？是在这个城市还是那个城市？跟这些人一起还是跟另外的人在一起？是打工、做股东还是做老板？

可以据以安排家庭生活：是否恋爱、结婚、生孩子及与什么人、于什么时间恋爱、结婚、生孩子？是否买房、买车及什么时间、什么地点、花多少钱、买什么价位的房子、什么品牌的车辆？是否投保人寿保险及购买什么保险公司的多大额度的什么险种？是否把父母从老家接来及什么时间接来、如何安置？等等。

公平：与职位、绩效、公司工龄、对公司贡献、员工本人期待、员工本人承受能力等基本匹配，员工自己理解并接受、周围人也没有大的异议或争议。

实在：看得见、摸得着、算得出、用得上、拿得到手。

（3）一定不要只激励高级管理者而对中层、基层完全无视。

（4）也不要只激励技术人员，而不考虑业务人员、管理人员。

（5）激励方式要合理、激励时间要适当，要符合员工期待。

4. 经销商须理解：人是情感动物，不能仅仅靠制度去管人、用人、留人，还要搞好员工关怀，要激起员工的劳动热情，要营造和谐的劳动氛围。

经销商要建设企业文化，鼓励管理者学习并运用管理艺术，掌握基础的管理学、心理学、社会学知识；管理者要有人生的阅历、端正的品质和善良的心地，对员工要心怀善意、多些理解和谅解，切忌生硬、粗暴、猜忌。

5. 根据汽车经销商人力资源管理的特殊性，搞好员工培训，营造善良端正的劳动风气、严明公正的劳动秩序。

6. 设计好劳动合同及保密协议和竞业限制协议、劳动规章制度、考勤考核方法及文件、用人全流程程序及相应文件或表单、工资表等。

7. 经销商不能踩红线，如不签订劳动合同、欠薪、随意调岗降薪。

8. 要求员工不能乱签名、不签名、代签名；不得侵占公司的、客户的、第三方的财产，特别是汽车零配件、饰品、油品等。

9. 业务部门合理安排销售顾问、服务顾问、车间技师等岗位的提成方案，收集并保存好各业务环节的原始业务凭证及流转交接凭证。

三、最重要的环节是管理

（一）劳动争议多与管理有关

1. 劳动争议的发生，是管理出现问题的表现形式之一

管理不到位、管理不精细、管理无力，都会以不同形式表现出来，劳动争议就是管理问题的重要表现形式。

2. 劳动争议不是无缘无故发生的，一定有前因

可能有漏洞可钻；可能有瑕疵可利用；可能有某个员工不满；可能某个人有危机感。

3. 劳动争议多发、频发的病根在管理

可能是太松散，也可能是太苛刻；可能是不公平，也可能是过于平均、没有突出重点；可能是管理者频繁更换所导致的管理不连贯、管理异动；可能是管理者有人格缺陷或品德瑕疵、不懂管理艺术、不知尊重及平等对待员工。以上事由常常成为引起劳动争议的起因。

例如，具有敌对心理的人一般很难与人相处，也难以主动与人示好。他/她会寻找同事能力不行的各种证据，继而冷落同事。同事相继受冷落、被

刁难，受挤兑的人在公司的日子越来越难熬，最终被迫辞职走人。这就导致员工队伍不稳定，工作秩序混乱，工作难以持续。

（二）如何避免人力资源雪崩这样的危机

1. 经销商在选任职业经理人时，要注重对备选者的性格、品质、心胸的考察，严禁有异常的、不健康心理倾向的人走上管理岗位。

2. 一旦发现新任经理人有人格或性格异常的表现，坚决制止其行为或尽快撤换。

3. 建立有效的防范机制，包括：管理岗位用人机制；科学的人力资源规划；明确各岗位的用人标准，绝不允许私自降低或者提高用人标准；严格规定岗位编制，不允许随便增人减人；要有严格的程序规范，不允许私自改变、越俎代庖。

4. 建立经理人上岗培训机制

给出明确的经理人职业要求，对经理人上岗要像新员工一样先培训考核再上岗，用明确的制度约束新上岗经理人的行为。

5. 要把握好授权程序

逐渐地、陆续地对职业经理人授权、放权，不要一下子就授权太多、太大、太乱。由于信息不对称，对新上岗经理人授权太多、太大，很容易出问题。

6. 要进行上岗回访

及时了解新的职业经理人的岗位适配情况，以便合理调整。

（三）如何考察用人是否得当

如果一个经销商的某个组织一向行动力较强、效益较好、工作成效突出，机构或人员变动后氛围变、业绩变、成效变，甚至鸡飞狗跳、人心浮动，则可能是用人出了问题。这就要区别与机构变、人员变相应的正常的情况变动，及时发现并解决问题。

（四）如何发现捣鬼者

如果按合同、按流程应当正常支付的费用、款项、工资、律师费等久久没有按时支付，无论被拖欠、被克扣的人或机构是否有意见，经销商都应当查找原因。因为，这种反常现象极可能是有人在捣鬼。捣鬼的人，就是那个能够控制前述款项审批流程的人。

1. 捣鬼的人之所以捣鬼，是因为其要达到个人的非法目的、非分之想，不敢亦不能光明正大地去做，只能用鸡鸣狗盗、借刀杀人的方式。

2. 因其伪装、假借、走弯道，经销商不容易识破其真相，甚至会被误导。

3. 经销商不用听其口号，只要看其效果及影响，从结果去倒查原因，从迹象去发现伪装下的真相。

4. 因人为因素导致的拖欠、克扣、违约，可能并发的是矛盾、怨恨、纠纷，最终受损害的只能是经销商，而且损害可能极其巨大。

5. 借经销商之名、组织机构之手去整治想整治的对象、去拉山头结党营私的人，是典型的害群之马，经销商应当发现一次、严肃处理一次，发现一人、坚决处分一人。绝对不能姑息、不能放任，无论这个害群之马有什么来路、是什么职位、戴着什么面具、找的什么借口。

6. 经销商更不能被假公济私者口口声声打着公司旗号的假象所迷惑。他们拉公司大旗只是打击、整治他人的借口和手段；他们所打击、所排挤、所整治的，绝大多数情况下正是公司所急需的、所不可缺少的、所倚重的、所长期信赖与合作的人；即使个别人不是公司特别重要的人、所在的不是特别关键的岗位，这种拖欠、克扣行为的违法、违约性质也会伤害经销商。因而，他们的行为应当被经销商严肃处理。

7. 原则上保证高层的稳定。对于高层离职，要非常重视。无论是高层的主动离职还是被动离职，都必须妥善处理好，要善待高层，不要激惹高层。

8. 同理，要保证人力资源队伍的稳定，要善待人力资源管理者，不要让他们过于紧张。如果管理人力资源的队伍分崩离析，对经销商的影响是巨大的、持续的。

9. 不要轻视、忽视基层员工的意见，尤其是当基层员工对某人或某几人“群起而攻之”之时。

（1）要慎重对待众多基层员工的群体性意见。

曾经有一个公司，很多普通员工频繁地向高层、甚至越级向集团管理层、向一切他们认为有必要的人发送电子邮件反映其公司某一个或某几个人的问题。但是，因为反映问题的人很普通、全部在基层、不为收件人所了解和重视；因为被反映问题的人是主管、是经理、是总经理，相对重要，所以经销商采取了搁置的办法，对那么多的邮件统统没有任何回应，更没有派人去调查、处理。基层员工一而再、再而三地发邮件而不得回应，终于明白发邮件虽简便易行但石沉大海、无法解决自己想解决的问题。基层员工还因此意识到：自己的问题不仅没有得到解决，还因为被冷处理而既耽误了时间又明显被轻视。基层员工于是恼怒了、不再相信并寄希望于经销商的管理者了，采取了自己认为能够采取且有效的办法：

①只打上班、下班卡，不提供任何劳动，既留下利于自己的考勤记录，又让经销商的运营在基层员工所在的环节停顿或卡壳、而一时没有恰当办法解决怠工问题及相应的服务停顿问题。

须知，经销商的主体工作虽是提供服务而不是生产产品、不依赖于生产流水线，但是汽车服务也是链条式的、各环节是相互关联和影响的，基层员工人物虽小，但人多势众，集合起来也显示威力，大家统一行动即刻导致经销商业绩断崖式下跌。

②发邮件的人都去提起劳动争议仲裁申请且每人都不止提一起，一时间十几人、几十起劳动争议让经销商应接不暇，让经销商在劳动人事争议仲裁委员会和相应法院一下子出了名。

这时候，经销商派出了强大的律师团队去应诉，但是，众所周知，用人单位在劳动争议中是相当被动的，这么多的员工集中申请，让劳动人事争议仲裁委员会和法院不约而同地认为：这么多人提起劳动争议，一定是管理出了问题。因而，律师团队再强大，也敌不过确实存在的管理问题和仲裁员、法官先入为主的看法！律师团队“浴血奋战”也顶多打个平手！

（2）要妥善处理高层与低层之间的尖锐矛盾。当高层与低层之间出现不可调和的矛盾时，绝大多数经销商普遍采取的办法是：保高层舍低层。这个做法不无道理，因为：高层的招聘、管理、使用的成本远远高于低层；找到合适的高层并使之乐意为经销商服务的难度十倍、百倍于低层；吸引、选择、录用合适高层的机会大大少于低层；低层一抓一大把、大多数情况下可以随时补充、替换且对经营影响较小；高层却是凤毛麟角、沙里淘金，且变更高层还涉及厂家报备、岗位培训等很多环节，所需时间和费用不少，变换高层对经销商的经营影响很大；如果高层不高兴、不满意，会给经销商造成极大的被动，甚至威胁到经销商的生存。但是，保高层舍低层不等于对低层的意见置之不理、使本来就尖锐的矛盾到了无法化解的地步。在众多低层都对某特定高层有意见之时，经销商就必须做到：

①重视基层员工的意见，不要对他们有任何轻视的表现，对他们的要求要真诚地及时予以回应。因为，基层员工尽管职位低下、收入微薄，但他们与高层一样有着平等的人格，获得尊重和理解是基层员工的正当要求。并且，基层员工一般是比较胆小、保守和拘谨的，如果不是被逼急了，通常是不会向上级发邮件反映问题的。既然他们鼓起勇气发了邮件，就说明问题不小、问题不少、意见不是空穴来风，经销商就应当重视、正视、认真调查处理。

②要讲究对基层员工回应的策略，既不能不回应、激化矛盾，也不能乱回应、埋下隐患。

③要核查基层员工声音的真实性。要查明情况，如果高层真的违法乱纪，经销商对他们就不能一味迁就、隐忍，更不能盲目保护，要在清楚状况、掌握证据的情况下，及时采取合适的对策。因为，在高层违法乱纪的情况下，经销商如果仍然不采取有力措施的话，就是放虎归山或者养虎为患了。

四、要正确选择劳动争议处理策略

（一）劳动争议牵一发而动全身

一个案件没处理好会引出一串案件；相反地，初起的案件处理好了，后面就少见效仿者。所以，要特别注意案件的示范效应，对于第一个案件，要高度重视，正确对待。

（二）处理策略要灵活

不能刻板、一成不变。譬如，通常情况下，劳动争议要把仲裁、一审、二审全部程序都走完，但也不是绝对的。

1. 终局裁决

在有的案件中，劳动者申请的标的小、总额低于当地政府公布的一年的最低工资标准，裁决对用人单位就是终局的，用人单位即使不服该裁决，也不能起诉到法院，只能根据法律规定的理由和条件在收到裁决书之日起30日内到作出裁决的劳动争议仲裁委员会所在地的中级法院去申请撤销裁决。

在涉及终局裁决的劳动争议案件中，经销商最好在收到劳动人事争议仲裁委员会送达的劳动者的仲裁申请书后，立即收集证据材料并撰写反申请书、到劳动人事争议仲裁委员会去向劳动者提起反申请，要求劳动者承担相应法律责任。这样，尽管劳动者的请求是终局裁决，也因为有了用人单位的反申请而成为可起诉的案件了。

是否能够成功地提起反申请，取决于这样几个重要因素：

（1）经销商要选取适当的反申请理由，必须是与本申请有密切关联的争议、必须是能够纳入劳动争议处理范围的争议；

（2）经销商准备的证据材料足以立案，能够胜诉更好。如果证据材料难以支持反申请理由，那么劳动人事争议仲裁委员会的立案窗口可能根本就不受理或是受理后不同意立案。

2. 有调解价值的案件

并不是一切劳动争议案件都适宜拖、都必须拖，有些案件以调解结案更合适。这就要求法律顾问必须十分清楚情况、富有争议解决经验，能够稳妥地选择、准确地把握。

一般来说，对于劳动者品行较好、能够信守承诺且争议标的在五万元以下、劳动者调解意愿又比较强烈的案件，经销商可以答应劳动者的要求、在劳动人事争议仲裁委员会或人民法院的主持下进行调解，但一定要签署保密协议或订立保密条款。

（1）上述条件应当基本满足才可调解结案。为什么呢？因为，劳动者品质较好、能够信守承诺，是一个基本要求。而且，调解结案的一般都要求保密、打包处理等，对于那些品质不好、说话不兑现的，这里调解结案了，那里就消息满天飞；或者这边结案那边又提起新的仲裁申请等。可想而知，与这样的劳动者不能调解结案，以免惹来新的麻烦。

（2）为什么必须标的在五万元以下？这是因为，标的大的，可能双方争议大、意见差距大，难以达成一致；即使能够达成一致的，也不宜调解结案。因为以调解方式结案的案件，大多时间很短就结案了，如果劳动者在提起劳动争议仲裁申请后很快就能拿到大把的钱，可能引起劳动者本人及身边其他一些人的非分之想，认为提起劳动争议仲裁申请是一个“快速致富”的好路径，一个个都来效仿，这样不但没有减轻经销商的劳动争议压力，反而增加讼累。

（3）调解不当引起讼累。

作者就遇到过这样一个经销商公司，图省钱省事，由经验较少的年轻律师代理了一个劳动争议案件，并由该律师提议并落实，在仲裁阶段就调解结案，公司与劳动者签署了调解协议和保密协议，公司在拿到调解书后即按调解协议在约定的时间内一次性支付了几十万元人民币到该劳动者指定账户上。

结果，这名劳动者拿到钱后，根本不遵守保密协议，更没有因为拿到大把的钱而满足。相反地，她到处炫耀她一提起仲裁就得到大把现金的“战果”，惹得昔日同事一个个羡慕极了，非常想效仿她、都希望像她一样突发横财；她也很“仗义”地鼓动“大家一起干”，教别人怎么写申请、怎么办手续、怎么收集证据、怎么在仲裁庭上发言，给别人打气，给别人撑腰，给别人当证人，陪别人出庭。在她的示范及怂恿下，在短时间内，她原来所在的经销商公司，员工总数不到 100 人，竟然有近 20 人先后向经销商提起数十起劳动争议，最多者竟然一口气提起五六起。与此同时，这个最先提起劳动争议并得到大笔补偿的劳动者，一不做、二不休、三想再拿大钱，于是左一个申请右一个申请，她一个人就找遍了理由、先后又提起了好几起劳动争议，搞得经销商为此焦头烂额、4S 店人心涣散、业绩一落千丈！

这个经销商无可奈何，聘请富有经验、熟悉经销商情况的笔者去代理，笔者深入车间了解情况、收集证据，一连在仲裁阶段胜诉两起，才使这个经销商面对的劳动争议狂潮渐渐消退。

第四节　印章管理

一、印章的概念、意义

印章指公章和具有法律效力的个人名章。印章是公司法人意思表示的专有标识、专用工具。

二、印章的种类

（一）公章

1. 法定名称章

指经销商的法定名称章，印文与工商登记的经销商规范全称一致。

2. 各类业务专用章

指冠以经销商法定名称的合同、财务、税务、发票等业务专用章。

很多人都以为公章是专指法定名称章，而不知道这些业务专用印章也是法律意义上的公章。

（二）具有法律效力的个人名章

1. 法定代表人名章

指经销商的法定代表人的个人名章。

制印及用印时，法定代表人须与工商登记完全一致。若法定代表人变更，须立即进行工商登记变更及法定代表人个人名章的旧印封存及新印刻制、备案、使用。

2. 经销商财务部门负责人个人名章

这也必须与任职者完全一致，不任职、已免职者不得使用。

三、印章的数量

一般情况下，经销商的印章最少有七枚；有些经销商还刻制多枚合同业务专用章、发票专用章，枚数就更多了。

四、印章管理基本规则

（一）印章刻制、使用规则

1. 要严格管理印章，禁止买卖印章；
2. 不得非法制作或使用印章；
3. 不得出租或出借印章；
4. 不得在空白表格、空白纸张、未经审查批准的文件或合同上用印；
5. 不得把已用印的合同、文件等悉数交给对方而不保留公司存档文本；
6. 不得随意刻制、使用各类业务专用章；
7. 用印必须申请、审批、登记，每一次用印都必须走申请、审批、登记的流程，并保留相应的书面记录。用印审批表必须编号。

（二）印章保管、移动规则

1. 专人保管、专箱保管

印章由经审批的印章管理人保管。印章应保管在专用保险箱并即用即取，不得把印章不加封、不加锁地随便放置。

2. 严格控制印章移动

要尽量避免把印章带离专用保险柜或带离所在公司、带离所在公司所在城市以及由非印章管理人携带、使用。

如果移动为必须，则要做好全程详细登记，要做好封包、拆封、再封包的实施工作。须由印章管理人、经批准的携带人当面封包，到达使用地后，由携带人与临时使用人、使用单位的总经理或同等级别的管理人共同拆封并使用，使用完毕，即刻当面再封包。

印章的移交、收回均须严格执行程序，应当做到专人、专职、专柜管理印章，必须委派守法、正派、可靠、忠诚的骨干员工专司印章管理。

3. 对全部印章严格管理

一般来说，经销商对法定名称章都很重视，容易忽视的是对各类业务专用章的管理。人们往往误以为公章就是一枚法定名称章，不把各类冠以法定名称的业务专用章当作公章来对待和保管。这类业务专用章的刻制、使用、保管都比较随意，有的甚至到了滥用和乱用的地步。

在这里，作者提请经销商注意：业务专用章也是公章，也是经销商的意思表示，切记不可误用、滥用、不严格保管。

（三）电子印章的保管移动规则

电子印章的保管移动除应遵守印章保管移动的基本规则外，还须符合《电子签名法》等特别法的规定，对电子印章及对应密钥的保管使用须符合相关特别规定。

参考文本之七：《印章管理规定》

（作者说明：此为集团公司参考文本，单店、小微企业的内部组织架构如果较为简单，可以根据自己的需求删除不适用的部分。）

一、目的

1. 为维护公司印章的合法性和安全性，妥善保管及正确使用各类印章，降低公司风险，特制定本规定。

2. 本规定规范公司印章的刻制、发放、保管、使用、废止、销毁等事项。

本规定所指的印章包括公司公章、财务专用章、法定代表人名章、发票专用章、乘用车销售专用章、车辆维护保养专用章等。

前述列示之外的印章，可参照本规定进行管理。

二、印章管理职责和用印范围

1. 印章由专人保管并进行动态登记。

2. 用印单据、用印文件格式、内容及所对应印章，应符合法律法规和公司规定，且事项应已按公司权限获得事先批准。

3. 公司授权以下部门的负责人管理指定的印章，并用于指定的范围；授权期限为一年，一年期满后重新授权，授权应签订《印章授权管理责任书》。

当被授权人在管理期限内岗位发生变化，则授权立即失效，由公司另行授权管理人。

序号	印章名称	保管部门	用印范围
1	公章、法人数字证书	行政部	公司对外签署的合同、协议，出具的证明，以及其他法定需要公章的情形。商品销售类合同、服务维修类合同除外
2	财务专用章	子公司财务部	需要财务专用章的法定情形
3	法定代表人名章	子公司财务部	需要法人章的法定情形
4	发票专用章	子公司财务部	需要发票专用章的法定情形
5	现金收讫章	子公司财务部	证明该单据所列款项，出纳已全部收齐
6	出门证专用章	子公司财务部	商品车、维修车辆出门证
7	乘用车销售专用章	子公司财务部	《乘用车买卖合同》《三包凭证》；禁止在任何其他文件上加盖
8	车辆维护保养专用章	子公司售后部	4S店售后部门按业务标准，在《维修保养手册》中保养记录栏用印；禁止在任何其他文件上加盖

4. 印章保管人因外出、休假等原因无法履行印章保管义务的，可再授权给符合本规定的本部门员工保管、使用，授权人与被授权人需签署《印章授权管理责任书》。再授权时，授权人与被授权人对印章管理承担连带责任。

5.《印章授权管理责任书》原件交法务部存档，子公司保存复印件。

6. 必须由法定代表人亲笔签署的文件，经审批后，提交法定代表人的亲笔签署，经公司授权的，可使用法定代表人个人名章。

三、公章用印文件审批流程

1. 用印文件所载事项，需按权限报批。

2. 用印文件为涉及以下事务的法律文书，还需经法律顾问审核：

（1）合同、协议；

（2）出具证明、提交申请、出具承诺书等涉及公司可能承担责任的文件或事务；

（3）发送公函、商函、出具介绍信等函件；

（4）对外担保、诉讼（仲裁）、调解、办理公证（见证）、发表声明、报案、签收法律文书等法律性事务；

（5）发布公告、通报、海报、重要通知等让公众知晓的信息；

（6）解除劳动合同等对员工进行奖惩的重大决定；

（7）对外投资、股东会决议、转让（受让）股份、公司章程等公司事务；

（8）需要集团法定代表人亲笔签字的文件；

（9）其他法律相关事项。

四、公章用印流程

1. 用印文件所载事项已按权限获得批准，可申请用印。

用印申请必须包含以下三份文件：

（1）《印章使用及与法人相关事项申请表》，记载事由、印章名称、用印文件清单、数量及用印要求。若需法人签字、外借公章，一并在该表合适位置勾选。

（2）用印文件。

（3）用印文件所载事项的审批件。

2. 公司公章用印批准人：某某某。

3. 用印批准人优先在《印章使用及与法人相关事项申请表》签署意见，异地办公的，可以通过协同、邮件提交用印申请。提交时，应将 PDF 格式的《印章使用及与法人相关事项申请表》、用印文件所载事项的审批件作为附件。附件可以有多个文件。但一个文件有多页的，应做成一个 PDF 文件。

4. 紧急用印申请亦可通过邮件或微信报批，原则上，邮件审批流程与协同审批流程相同。特殊情况下，至少应获得本单位负责人、用印批准人、主管法务的副总裁同意。通过邮件或微信审批时，应逐级主送审批人，抄送其他审批人及区域行政负责人。为提高速度，可建立专项微信群。

5. 若用印批准人已在用印文件所载事项的审批件中同意，默认其同意用印。主管法务的副总裁已在用印文件所载事项的合同审批件中同意的，默认其同意用印。

6. 用印申请审批完成后，用印申请人将以下四项用印资料一并提交给公章管理人：

（1）《印章使用及与法人相关事项申请表》；

（2）用印文件；

（3）用印文件所载事项的审批件；

（4）用印申请的审批件。用印申请的所有审批人均签署意见或在用印文件所在事项的审批件上同意的，或通过微信群审批的，可以不用提交本项资料。

7. 提交给公章管理人的用印资料，应当邮寄实物。全部文件均为可打印出来用印的电子文件，请通过邮件提交。一部分实物、一部分可打印的电子文件，请全部邮寄。为避免出错，尽量一次性提交完整。

8. 公章管理人收到用印文件后，核对是否获得有效批准，所载用印文件名称、数量与收到的文件是否一致，用印文件是否经法务部复核。

（1）用印文件为本规定三、2 项下的法律文书的，用印申请人需校对用印文件，确保与商务审批、合同审批意见一致，盖校对章签名后，提交给法务部复核人复核。法务部复核人应严格复核用印文件的描述与商务审批、合同审批意见是否一致。描述有误或不一致的，要求修改。经复核无误后，在复核文件上骑缝盖复核章，并签名；

（2）所有项目符合后，在用印文件对应位置用印；《印章使用及与法人相关事项申请表》由公章管理人收回，按用印单位编制流水号，并妥善保管；

（3）用印完成后，公章管理人请将用印文件按用印申请人的要求和公司规定分发合同、协议，公司所执份数须与合同约定一致，原件留一份在总部档案室。

9. 与外单位签订的合同、协议，原则上应由对方先完善签订合同的所有要素（签名、盖章、签字日期）后，再由我方签名、填写日期、盖章。

10. 在办理需使用公章的事项时，请尽量预留时间，尤其是涉及多个印章的情形。

11. 法人电子数字证书属于公章的一种电子形式，与公章使用流程一致。

五、法定代表人相关事项

需法定代表人签字的文件，按公章使用流程报批和传递文件。

六、印章外借

1. 特殊情况下，用印申请人需将印章带出公司使用，应提交以下资料：

（1）印章使用申请表、用印文件名称，注明归还日期，确定携章人，提议监章人；

（2）用印文件所载事项的审批件。

2. 公章外借审批流程：申请人→部门经理→单位负责人→主管用印事由事项的副总裁→主管法务的副总裁。

3. 印章保管人接到印章外借申请后，判断用印申请人提议的监章人是否合适，若不合适，可以更换监章人，随后履行公章交接手续，并在《印章外借交接表》上做记录。

七、用印要求

1. 公章管理人为每枚公章建立《印章使用登记簿》，记录用印日期、用印单位、用印申请人、用印次数、《印章使用及与法人相关事项申请表》的编号。

2. 用印力求端正、清晰，印章要骑年盖日，不压正文。

3. 同一份文件涉及多个页面时，应加盖骑缝章。

4. 严禁在空白合同、空白协议、空白介绍信等文件或空白纸张上用印。

八、印章刻制

1. 新成立的公司，由总部行政部安排刻制公章、财务专用章、法定代表人个人名章、发票专用章各 1 枚。

2. 各 4S 店可申请刻制乘用车销售专用章、车辆维护保养专用章、出门证专用章各 1 枚。

3. 因业务需要，新增、更改样式、原样式增加数量，或毁损更新等原因，需刻制印章，应获得总部相关领导批准。

(1) 财务类相关印章，由财务经理→单位负责人→总部财务部总经理→主管法务的副总裁→CFO 批准；

(2) 业务类相关印章，由业务部门经理→单位人事行政部负责人→单位负责人→品牌部总经理→主管法务的副总裁→主管业务的副总裁批准；

(3) 公章、合同专用章，由业务部门经理→单位人事行政部负责人→单位负责人→ 品牌部总经理→行政部总经理→主管法务的副总裁→主管行政的副总裁批准。

4. 印章刻制须填报《印章刻制申请表》，详细说明申请原因、保管单位、保管人、使用范围、印章刻制的要求等内容。

5. 其他经批准刻制的印章，由人事行政部在公司所在地政府部门核准的印章刻制单位刻制。

6. 严禁任何人、任何单位未经批准刻制与公司相关的印章。

九、印章发放

1. 行政部取回新刻制的印章后，应立即为每枚印章建立档案，将印章名称、保管单位、发放日期、印章拓印、使用目的、使用范围等信息进行登记。

2. 厂家等合作方基于其工作需要，向公司提供刻制好的某类印章的，应参照本规定管理，由人事行政部保管，使用范围报行政部、法务部批准后执行。

十、印章保管

1. 各单位必须为印章的保管提供足够的安全条件，购置存放印章的保险柜或带锁的金属印章盒。

2. 印章管理人应妥善保管印章，防止丢失、被盗，或损坏。印章不用时，应放在保险柜中。

常用印章，工作时间可以放在工作台的印章盒内。使用时取出，用完立即放回印章盒。非工作时间印章随印章盒一并放回保险柜。印章及印章盒不能失去控制。

3. 印章管理人发现印章遗失，应立即组织查找，并向部门经理、总经理、总部行政部汇报。公章、财务专用章、发票专用章、法人名章等法定印章遗失，查找未果的，应依法刊登遗失声明，办理补刻手续。

十一、印章废止及销毁

1. 若印章损毁无法使用，应申请重新刻制新印章替换。

新印章启用时，旧印章即时停用。由行政部收回。

2. 报废或废止的印章，由总部行政部统一回收后，以年为单位，统一进行销毁。

3. 销毁过程应至少有三人在场，销毁方式应采用彻底破坏性销毁，使印章无法使用，销毁过程应拍照或录像存档备查。

十二、其他

1. 行政部妥善保管《印章使用登记薄》《印章使用及法人相关事项申请表》《印章外借交接表》，随时备查。

2. 行政部随时对印章使用记录、保管情况进行检查，发现问题及时整改。

3. 违反本规定，或保管、使用过程中失职，导致公司经济损失的，承担赔偿责任，并按公司奖惩规则处罚。伪造印章、使用伪造印章，涉嫌违法的，依法移送司法机关。

4. 本规定由法务部负责解释。

附件目录：

附件1：《印章刻制申请表》

附件2：《印章档案表》

附件3：《印章授权管理责任书》

附件4：《印章使用及与法人相关事项申请表》

附件5：《印章使用登记薄》

附件6：《印章外借交接表》

第五节 法人治理

一、工商登记

（一）及时性、正确性与企业信用关联

有些经销商对法定地址、联系方式、经营范围的登记不重视，随意变更而不重新登记，这就可能留下经营异常记录并被行政机关公示，进而影响企业征信记录。

（二）《民法总则》对工商登记的影响

1. 对变化事项须及时变更登记

公司登记事项发生变更，应当依法办理变更登记，并换发营业执照，《公司法》已作出明确规定，但是对于未及时办理变更登记导致的法律后果，公司法并未涉及。

《民法总则》第六十五条规定："法人的实际情况与登记的事项不一致的，不得对抗善意相对人。"这就使公司不能懒政，否则将承担不利后果。常见的情形主要有：公司实际经营地址发生变更、法定代表人发生变更未及时进行变更登记。例如，某人经内部决议不再担任法定代表人，其后所签署的文件或者作出的行为就应当是对公司没有约束力的，但如果没有进行变更登记，则原法定代表人的此种行为可能会被法院或仲裁委员会认定为有效，从而使公司意志得不到体现、客观上损害到公司的利益。

2. 清算义务人须及时进行清算

《民法总则》第七十条规定："法人解散的，除合并或者分立的情形外，清算义务人应当及时组成清算组进行清算。法人的董事、理事等执行机构或者决策机构的成员为清算义务人。法律、行政法规另有规定的，依照其规定。清算义务人未及时履行清算义务，造成损害的，应当承担民事责任；主管机关或者利害关系人可以申请人民法院指定有关人员组成清算组进行清算。"这强调的是经营管理人员的责任。

一方面，在经营管理人员日益职业化的今天，在公司经营过程中，真正了解和掌握公司情况的人员是担任决策或者执行职务的董事、经营管理人员，由上述人员担任清算义务人有利于快速地处理清算事务，尽快结束公司

的非经营状态，提高清算的效率；另一方面，由执行机构或者决策机构的成员作为清算义务人有利于保护中小股东的合法权益和投资热情。小股东不参与经营，不了解公司的情况，不掌握公司的资料，实际无法承担起清算的责任，又因为小股东经济实力有限，也不能达到保护债权人利益的目的。故要求不参与经营的小股东承担清算的连带责任不能达到保护债权人的目的，反而会影响中小经济主体的投资热情。

在目前的公司法体系下，有限责任公司的清算义务人仍由股东担任，股份有限公司的清算义务人由董事或者股东大会确定的人员组成，但是《民法总则》第七十条第二款的规定在本质上是对我国清算义务人体系变更的重要探索，体现了一种强化职业经理人责任体系的立法导向，对公司的经营管理及清算具有导向性的影响，这一点需要经销商予以特别注意。

二、法定代表人

法定代表人是经销商法人意志的表达者、法人行为的实施者、法人责任的承担者，因而其地位非常重要，其担当的责任很重、其承担的风险也很大。经销商要根据人事控制能力、风险承受度、业务偏好等来安排法定代表人人选。

（一）法定代表人人选

1. 依法、依章程

《民法总则》第六十一条第一款规定："依照法律或者法人章程的规定，代表法人从事民事活动的负责人，为法人的法定代表人。"依法确定法定代表人的情形，通常见之于机关法人，它的正职负责人是法定代表人。依章程确定法定代表人的是企业。企业依章程确定法定代表人，法定代表人的确定、变更都需要经企业登记机关核准登记。

然而，经销商往往不能正确认识和安排法定代表人。经销商往往只注意到法定代表人的重要性，却忽视了法定代表人所要承担的重要责任以及面临的巨大风险。也有的经销商只看到了风险，因而让自己亲友中的七八十岁老人充当法定代表人，以为如此就可以在风险来临时以他们年龄大而逃脱责任。其实不然，这种做法是很不理性、很不靠谱的。

2. 负面清单

《企业法人法定代表人登记管理规定》第四条规定了不得担任法定代表人、企业登记机关不予核准登记的情形：

（1）无民事行为能力或者限制民事行为能力的；

（2）正在被执行刑罚或者正在被执行刑事强制措施的；

（3）正在被公安机关或者国家安全机关通缉的；

（4）因犯有贪污贿赂罪、侵犯财产罪或者破坏社会主义市场经济秩序罪，被判处刑罚，执行期满未逾五年的；因犯有其他罪，被判处刑罚，执行期满未逾三年的；或者因犯罪被判处剥夺政治权利，执行期满未逾五年的；

（5）担任因经营不善破产清算的企业的法定代表人或者董事、经理，并对该企业的破产负有个人责任，自该企业破产清算完结之日起未逾三年的；

（6）担任因违法被吊销营业执照的企业的法定代表人，并对该企业违法行为负有个人责任，自该企业被吊销营业执照之日起未逾三年的；

（7）个人负债额较大，到期未清偿的；

（8）有法律和国务院规定不得担任法定代表人的其他情形的。

（二）法定代表人法律责任

最高人民法院于2010年发布了《关于限制被执行人高消费的若干规定》，明确人民法院可以对被执行人发出限制高消费令，禁止其乘坐飞机、列车软卧出行，不得在星级以上宾馆、酒店住宿，不得购买房屋，不得旅游、度假等多达九种类型的高消费行为。同时规定，被执行人是单位的，被限制高消费后，禁止被执行人及其法定代表人、主要负责人、影响债务履行的直接责任人员以单位财产实施规定的高消费行为。

作为被执行人的有限公司是独立的民事主体，有限公司以其财产范围为限，独立对外承担民事责任，有限公司的债务不能由其法定代表人个人承担，在法定代表人不是被执行人的情况下，人民法院无权查封其个人账户。

但是，在符合下列条件的情况下，可以冻结法定代表人的个人账户：

1. 如果作为被执行人的有限公司没有财产履行债务；

2. 有充分证据证明其法定代表人转移公司资金到个人账户构成抽逃注

册资金，或者有充分证据证明法定代表人个人账户的钱就是有限公司的钱，人民法院可以裁定变更或追加其法定代表人为被执行人，从而对其个人账户采取冻结措施。

由于单位失信被执行人及其负责人缺乏有效限制手段，以及单位财产与负责人个人财产混同消费现象大量存在，最高人民法院为促使被执行人自觉履行生效法律文书确定的义务，推进社会信用体系建设，于 2013 年 7 月出台了《关于公布失信被执行人名单信息的若干规定》，人民法院可以根据各地实际情况，将失信被执行人名单通过报纸、广播、电视、网络、法院公告栏等其他方式予以公布，并可以采取新闻发布会或者其他方式对本院及辖区法院实施失信被执行人名单制度的情况定期向社会公布。为确保公布信息的准确性，人民法院对失信被执行人法人公布其组织机构代码和法定代表人或负责人姓名。

各级人民法院根据社区居民和农村村民接受信息渠道的特点，除通过网络、电视、广播、报纸等媒体公布失信被执行人信息外，还利用广场、步行街 LED 屏幕滚动播出失信被执行人资料，并在各个社区、村庄发放资料，让群众在第一时间识别身边熟人中的失信被执行人，利用熟人社会的道德评价压力，对失信被执行人形成“天罗地网”式的信用惩戒威慑。

不止于此，法定代表人可能因其职务而承担民事责任、行政责任甚至是刑事责任（单位犯罪的情况下）。

（三）法定代表人行为

1. 法定代表人的签字应当向企业登记机关备案

2. 法定代表人职务行为的后果由法人承担

《公司法》在多个条款当中对法定代表人的职权事项规定，对法定代表人的行为后果未作出明确的规定，如第十三条、第一百二十八条、第一百四十六条、第一百五十五条。

《民法总则》第六十一条第二款、第三款规定：“法定代表人以法人名义从事的民事活动，其法律后果由法人承受。法人章程或者法人权力机构对法定代表人代表权的限制，不得对抗善意相对人。”《民法总则》第六十二条第一款规定：“法定代表人因执行职务造成他人损害，由法人承担民事责任。”这使得加强对法定代表人行为的规范和管理成为公司法律风险防范的重要内容之一。

三、股权结构

股权结构的重要性显而易见，通常，在法律顾问受聘之前，经销商的股权结构就已经确定，但这无妨法律顾问再根据经销商的长远规划重新设计股权结构、进行股权融资及股权激励等。

四、公司章程

同样，在法律顾问受聘前，经销商的章程早已进行工商登记。但是，章程是可以变更的，经销商在经营期内变更章程并不少见。法律顾问可以根据经销商的规划对股权和章程进行变更设计。例如，出现《公司法》第一百四十九条“董事、监事、高级管理人员执行公司职务时违反法律、行政法规或者公司章程的规定，给公司造成损失的，应当承担赔偿责任”的情形的，公司可以按规定进行救济。对于法定代表人责任的追究问题，除了可以依据公司法的法律规定进行处理之外，《民法总则》第六十二条还赋予了公司章程个性化设计的空间，对于法定代表人“过错”的认定可以通过公司章程作出约定，为加强对公司法定代表人的管理，公司章程中单独约定法定代表人的单独过错责任情形将是一种趋势，公司章程对法定代表人过错行为的约定在经理人日益职业化的今天尤其有存在的必要。

根据《公司法》第一百八十六条第二款的规定，公司清算后的剩余财产只能按照股东的出资（股份）比例进行分配，并未赋予公司章程个性化设计的权利，或者股东进行意思自治处置的空间；在规范性文件层面上，除证监会公布的《优先股试点管理办法》第三十七条规定的上市公司可以针对优先股股东与普通股股东在剩余财产分配上设置相关条款外，其他情形下的清算优先权均缺乏法律法规或者规范依据；即使是有规定的上市公司优先股试点管理办法，也不允许设置剩余财产分配上具有不同优先顺序的优先股。

但是在实务中，战略投资者（尤其是专业的投资机构）进行投资时，为保障自身的收益，约定享有优先清算权的案例不在少数，因公司法的上述硬性规定，该种优先清算权条款事实上属于违法的条款。

《民法总则》第七十二条第二款中“法人清算后的剩余财产，根据法人章程的规定或者法人权力机构的决议处理”的规定为优先清算权的设定提供了法律依据，同时也拓宽了公司章程的个性化设计范围，给公司提供了更大的自治空间。该条款的设计同样也为上市公司优先股类型的拓展提供了法律依据，相信存在清算优先顺序的优先股的出现也指日可待。

参考文本之八：《4S店信息公示管理办法》

一、总则

1. 为落实《汽车销售管理办法》等法律、法规，管理经营风险，规范对外信息公示，制定本办法。

2. 信息公示应客观真实，符合汽车品牌形象，符合公司形象，符合运营管理标准。

3. 本办法适用于4S店及城市展厅信息公示。

二、对外信息公示办法

1. 4S店行政部门负责本店现场检查、引导，监督4S店各部门正确落实对外信息公示事务，发现标识错误、信息缺失时，应立即协调各部门改正；在店内展厅、售后前台的合适位置安装用于信息发布的液晶广告机，并注意维护、排除问题。

2. 对外信息公示的方式有：纸质标签、胶质标签、墙面标识牌、手册展示、电子屏公告、展板展示、专用展柜展示等。

3. 展厅的新车由销售部负责配备新车标签，可以是车身侧落地参数牌，也可以是前挡风玻璃静电贴，内容应包含汽车品牌、车型、技术参数、主要配置、销售价格、保修服务等。销售价格按厂家指导价标注，市场价格高于厂家指导价的按市场价格标注。

4. 二手车由二手车部门负责配备二手车标签，可以是车身侧落地参数牌，也可以是前挡风玻璃静电贴或纸质标签，内容应包含汽车品牌、车型、首次上牌日期、销售价格、保修服务（如果有保修）等。

5. 精品展示柜、展示架、展示墙等精品展示区的各项精品，由精品部配备标签，内容应包含商品名称、商品品牌、销售价格。安装在汽车上使用的汽车附件、装潢件，还须标注适用型。

三、客户投诉渠道

行政部按内容模板制作公示牌，在展厅、售后前台、客户休息区公示公司投诉电话、投诉微信、投诉邮箱，客户服务部负责受理并跟进投诉处理。内容模板如下：

敬告客户

如果您对我们的产品或服务不满意，或有改善建议，您可通过以下方式联系我们：

电话：　　　　　　　　微信：　　　　　　　　邮箱：

四、专项说明

1. 代办上牌、年审、金融按揭、延保、道路救援等，可以制作专项的服务或产品说明、台卡等宣传材料。

2. 汽车厂家在汽车产品质量、保修服务政策、售后服务政策、售后服务技术及质量和服务规范等方面提供了展示功能的，按厂家相应规范展示。

五、信息发布系统管理办法

1. 总部设置4S店信息发布系统，营业时间内在各店循环播放。信息发布系统由总部服务器、店端液晶广告机组成，4S店的展厅、售后前台及城市展厅各放置一台液晶广告机。

2. 信息发布系统由IT部负责系统搭建、设备调试、账号管理。

3. 首批液晶广告机由总部负责集中采购；补充采购由4S店实施。

4. 液晶广告机为公司固定资产，由行政部负责维护保管。

5. 总部发布并管理“销售展厅发布文件模板”中各个窗口文件的模板、“售后前台发布文件模板”中各个窗口文件的模板。

6. 所有液晶广告机应锁好，钥匙由行政部保管，禁止在广告机中安装软件、编辑软件、浏览网页，禁止试图向外传输、复制文件的行为，禁止在广告机中使用U盘、SD卡等移动存储器。

六、政府商务部门、市场监督管理部门等机关到店检查，由4S店总经理负责组织接待工作。

七、本办法自　　年　　月　　日起实施。

附件一：销售展厅发布文件模板

一、文件格式为PPT，按PPT模板制作。

二、液晶屏幕分为七个窗口，主标题持续播放不翻页，其余各窗口同步翻页循环播放对应的文件，翻页间隔时间为5秒钟，各文件、各页均须带标题。

三、发布文件窗口及内容

窗口一，持续播放主标题“汽车产品及服务的价格及质量公示栏”。

窗口二，标题为“一、汽车型号及价格”，用表格呈现内容：序号、品牌、规格型号、销售价格。其中：销售价格按厂家指导价标注，市场价格高于厂家指导价的按市场价格标注。

窗口三，标题为“二、汽车用品及价格”，用表格呈现内容：序号、用品名称及规格、销售价格。其中：厂家精品的销售价格按厂家指导价标注，市场价格高于厂家指导价的按市场价格标注。

窗口四，标题为“三、家用汽车产品三包信息”，列示三包凭证中各项内容：三包条款、主要总成和系统等主要零件的种类范围、需要根据车辆识别代号（VIN）等定制的特殊零件种类范围、易损耗零部件种类范围及质量保证期、退换车的使用补偿系数及计算公式、三包责任免除。

窗口五，标题为“四、汽车产品质量保证、保修服务、售后服务政策”，内容为厂家公布或通知的汽车产品质量保证、保修服务、售后服务政策。

窗口六，标题为“五、汽车上牌及保险等代理服务价格”，用表格呈现内容：序号、代理项目、代理费价格。其中：汽车上牌按定价标注，金融按揭标“详询金融机构”，汽车保险项标“详询保险公司”，延长保修项按“方案”列示新车费率、旧车费率。

窗口七，发布标题为“六、合作的售后服务商名单”，内容：本公司为××品牌汽车授权经销商，共享××汽车授权的售后服务商体系。以及发布标题为“温馨提示”，内容：更多信息，请您咨询本店工作人员，我们非常乐意为您提供服务。

附件二：售后前台发布文件模板

一、文件格式为 PPT，按 PPT 模板制作。

二、液晶屏幕分为五个窗口，主标题持续播放不翻页，其余各窗口同步翻页循环播放对应的文件，翻页间隔时间为 5 秒钟，各文件、各页均须带标题。

窗口一，持续播放主标题“汽车售后服务及产品的价格及质量公示栏”。

窗口二，标题为“一、汽车售后服务工时价格”，用表格呈现内容：序号、汽车品牌、车型、维修服务项目、工时数。每页的最后一行内容为“工时单价为人民币×××元”。其中，工时数按厂家工时清单列示。

窗口三，标题为“二、零配件产品价格”，用表格列示内容：序号、零件号、配件品牌、配件名称、销售价格。

窗口四，标题为“三、专享服务产品价格”，用表格列示售后服务产品套餐，呈现内容：序号、服务项目、服务费价格。

窗口五，标题为“四、售后服务的技术、质量和服务规范”，列示内容：厂家公布或通知的售后服务的技术、质量和服务规范。

第六节　市场风险管理

一、进货及存货风险

汽车产品因价格、配置、颜色、上市时间等形成热销、平销、滞销等多种销售形态，俏货难以进货，易导致相应乘用车买卖合同逾期履行；滞销车则引起库存当量异常、超期库存、占压资金。

经销商亏损的一个严重因素就是库存当量管理。造成经销商超额库存、超期库存的主要原因是厂家压库存及汽车经销商对“市占比”的疯狂追求。汽车经销商常以快速扩张网点的方式来提高市占比，这样就很容易出现压库现象，因为新店竞争力弱、市场开发程度低。这是经营风险，主要靠业务部门精准预估市场行情、市场容量、市场趋势去规避。法律顾问主要是要提示经销商注意合同履行方式及期限，有风险时适时告知、妥当协商。

二、价格风险

因我国的汽车流通长期实行总经销商制度、厂家定价并主导市场价，所以汽车价格相对稳定，这些年来，汽车价格几乎没有出现急跌、暴涨、议价现象，但是，相当长的一段时间内，热销车加价销售成了常态，直到深圳市罗湖区工商行政管理局对某汽车4S店予以巨额处罚才逐渐偃旗息鼓。

经销商往往为了保证合理的库存，以及对抗竞争对手（包括同城同品牌和竞争品牌经销商）而采取价格大战。法律顾问要提示经销商注意价格策略，以不违反价格法和反不正当竞争法为限。

三、销售风险

国家工商总局取消授权经销商备案，使经销商的营业执照由原来的某某品牌销售改变为汽车销售，意味着什么车都可以卖。允许平行进口、原厂件自由流通等政策都对现有的经销商经营模式提出了挑战。还有二手车买卖、二级经销商合作、大客户团购、发票退换、购车款他人代付、上牌代理、资源确认差错等，都是销售环节易发生的问题。像资源确认差错，可能惹出退一赔三之诉；发票退换，可能导致“三流不一致”甚至引起刑事责任。这都需要法律顾问、业务部门通力合作，设计好业务模式及相应合同、作业指导书、表单，并在实际应用中如实填写后由各方签名或用印。

经销商要强化发票管理，设计好发票退换的条件、程序、手续、所需证件和文件，不允许违规操作；加强资源复核、交车检查，避免差错；强调业务过程必须严格遵守规章制度和流程，并不定期检查。

四、客户道德风险

在车主以违法的手段“维权”的情况下，法律顾问须指导经销商通过报警等方式固定车闹者的身份和违法行为、收集证据材料、给车闹者造成精神压力，以此扭转经销商的被动局面。同时，寻求对基础问题的合理解决方案，或和解、或诉讼、或行政处理。

五、汽车经销商信用管理

（一）失信的代价太大

过去，我国民众一般不关注信用的价值，更不会想到不珍惜信用也会有风险。然而，信用风险真真切切地存在，经销商稍不留意就可能出现信用问题、给自己企业的信用留下污点。

1. 国家监管制度改革是建立以信息公示为基础、以信用监管为核心的市场监管体系，建立“国家企业信用信息公示系统”。每个经销商方方面面的信息都将归结到这张网里，称作“全国一张网”。特别是企业的违法记录将终身保持、永远公开。

这一点，是与《征信业管理条例》不一致的。根据该条例第十六条第一款的规定，不良记录五年后消除，而不是永远。

2. 被列入经营异常的原因，有三种情况：一是年报弄虚作假；二是没有及时公示重大信息；三是登记住所联系不上。稍微规范一点的经销商，都是可以避免的。

3.《企业信息公示暂行条例》第十八条对被列入经营异常或严重违法企业名录的不利后果作了规定，从此，企业要是有了信用污点，负面影响是广泛的。2015 年 10 月底，国家 38 个部委联合出台《失信企业协同监管和联合惩戒合作备忘录》，企业一旦失信，将受到这 38 个部委的数十项惩戒措施的惩戒，影响将是极其广泛、极其严重的。

首先是对公司的惩戒。经销商不能参加政府采购，不能参加招投标，不能参加土地出让，授予荣誉更加没有可能。银行会拒绝贷款、拒绝承兑汇票。交易对象看到您的不良记录后，就不跟您做生意了。

其次是对法定代表人的惩戒。被惩戒公司的法定代表人会受到一连串的影响，负面的效应跟经销商是一样的。公司必须要变更法定代表人。原有的法定代表人没有资格再当这一家经销商的法定代表人，也没有资格担任其他任何公司的法定代表，等于是彻底被剥夺了当法定代表人的资格。这对于那些有经营能力、善于经营的企业家来说，是非常严重的惩戒。

再次是对股东的惩戒，股东也不能再投资其他公司。甚至牵连到普通员工。被惩戒的经销商的员工，贷款买房买车、出国旅行，都会不顺利。由于经销商公司的主体信息异常，银行就会怀疑员工的收入水平、怀疑员工的还贷能力，因而就拒绝贷款。也就是说，银行不会给失信企业的员工贷款。

最后还会牵连到客户。如果您这个 4S 店已经被列入经营异常名单，银行也不会给您的消费者放贷，不过，银行只是就与您的车辆有关的贷款进行限制。

4. 据不完全统计，全国有 11000 多家汽车经销商被列入经营异常名录。从统计数据看，江苏最多，江西次之，河南第三。三个省都有千家以上被列入名单，江苏省的汽车 4S 店数量和销量基本上占全国的 1/10，它有 1800 多家经销商被列入经营异常，约有 30% 的汽车 4S 店是异常经营状态，这个比例与汽车流通行业 4S 店 1/3 盈利、1/3 平衡、1/3 亏损的说法惊人的一致。

所有汽车经销商都要尽量避免和任何被列入经营异常的公司有来往，交易前要先看对方的信用记录，无论是对生意伙伴，还是对消费者。

（二）信用资本化是必然趋势

我国现在的情况是，只对失信者进行惩戒，没有对守信者的激励，没有增信措施。笔者相信在未来，对信守承诺、诚实守信的企业和个人，一定会出台嘉奖、支持、提供各种各样的优惠和倾斜政策。

其实，现在就已经出现了信用资本化的苗头。比如说，芝麻信用分可以用来免抵押、免担保贷款，可以用来无押金租房。这实际上就是个人信用变成了有用的东西、产生了价值。也就是说，您的信用可以转化成您的财产。未来，信用资本化是必然的。

所以，我们的经销商要未雨绸缪，现在就要维护好您的信用，要增进您的信用，要防止失信，要把信用当作第二生命予以维护和珍惜。

第七节　产品风险管理

一、质量风险

汽车产品如果有质量问题，应当由汽车生产厂家承担。但是，在目前的法律框架下，消费者既可以向生产者、又可以向销售者主张权利，于是，消费者通常都选择向经销商主张权利，即使进入诉讼，原告也通常只诉销售者而不诉生产者。这就导致经销商面临的质量风险加大。

其实，在总经销商制度下，厂家大都自己设立独资公司充当总经销商、进口豪华品牌总经销商，国产或合资车的机构更是遍布各大城市，起诉厂家并不困难。但是，一直以来，原告基本都是只诉销售者，只有近年来的“路虎发现 4”案件是既诉厂家又诉经销商的。

经销商一般无法确定质量问题的原因，更难以拿出质量问题证明，所以在质量争议里，要引导消费者切实把握法律责任承担者，为真正解决问题而设计争议解决方案。

以作者多年经验来看，汽车质量争议中的汽车往往并不真的存在质量问题，或者是存在小问题但被误认为大问题。所以，法律顾问要慎重对待每一个质量争议，全面了解事情来龙去脉，才能妥当解决问题。

二、欺诈风险

因消费者权益保护法规定了退一赔三条款，往往有车主动不动就诉经销商欺诈、要求退一赔三；现实中，真正获得人民法院退一赔三支持的并不少，造成这种现象的原因主要是：车主是消费者，退一赔三的索赔权是法定权利且车主举证责任较轻，容易得到人民法院的支持。

法律顾问要指导经销商销售部门避免“欺诈”风险，该告知的，一定要书面告知并保留好告知的证据。

三、车书、召回

车书是汽车宣传品的统称，由厂家制作文本、指定印刷者，由经销商花钱订购，然后向消费者免费发放。

召回则是根据国家法律规定，对符合条件的汽车的共性问题进行免费处理。

经销商按厂家要求订购车书、按厂家指令实施召回，只要把相关合同签订好、保存好即可。

第八节　知识产权管理

一、经销商知识产权的种类

汽车是技术密集型产品，但其知识产权主要集中在生产环节，经销商所有的知识产权无论是种类还是数量都比较少。经销商主要持有商标权、著作权，要注意权利的申请、延展、续期、交费、异议。

二、经销商知识产权管理的内容

（一）保护自己的知识产权不受侵害

由于经销商持有知识产权并不多，所以经销商对知识产权的保护压力不大。但也因为知识产权种类少、数量少，经销商一般没有安排专人管理，权利意识也不强，因而容易发生失权现象，如未按期交费、未按期延展、未依法提出异议等。

（二）防止知识产权侵权指控

经销商在业务中需要各种宣传，有时候可能就因为用了某张网络上下载的图片或某种软件被指控侵权，此种情况下，应及时停止使用被控侵权图片或软件。

（三）应对知识产权调查及诉讼

要正确对待并谨慎处理知识产权侵权调查，积极应对侵权诉讼，争取和解，不能回避，更不能置之不理。

第九节　业务发展管理

网络发展的密度、频度可能影响资金量和库存量，同时可能引起工程基建风险及跨界业务风险。法律顾问要协助经销商规划好、安排好业务发展计划。

一、汽车金融管理

有些大的经销商集团设立了汽车金融公司，法律顾问需要指导经销商关注汽车贷款的金额控制、期限控制、抵押物的管理、信息管理等，降低汽车金融风险。

二、汽车租赁管理

汽车融资租赁是汽车经销商集团近几年创立和发展的新兴业务，因为国家在这方面法律规定较少，有的甚至处于空白状态，所以，法律顾问要指导经销商设计好业务模式及相应合同、文件、表单，同时，应用先予仲裁、公证等方式固化经销商的出租物权利，一旦出现风险，立即凭借仲裁裁决书或公证书申请执行，将损失降到最低。

在汽车融资租赁合同中，最大的风险来自《最高人民法院关于审理融资租赁合同纠纷案件适用法律问题的解释》第九条的规定："承租人或者租赁物的实际使用人，未经出租人同意转让租赁物或者在租赁物上设立其他物权，第三人依据物权法第一百零六条的规定取得租赁物的所有权或者其他物权，出租人主张第三人物权权利不成立的，人民法院不予支持……"此种情况下，汽车经销商的出租物可能不能物归原主且追讨无望。所以，法律顾问要在设计汽车融资租赁合同时保留如下可获得特殊保护的、除外情形的条款：一是在租赁物汽车的显著位置作出标识并保留该标识的证据材料，使第三人在与承租人交易时知道或者应当知道该物为租赁物；二是汽车经销商作为出租人授权承租人将租赁物抵押给出租人并在登记机关依法办理抵押权登记。

三、汽车保险管理

1. 传统保险和延保

汽车保险是经销商的传统业务，汽车延保则是近几年发展起来的新兴业务，并且，该业务比传统的保险更灵活、更自由，因而，法律顾问要指导经销商建立完整的管理制度、编制相应合同、文件、表单，保证业务合规开展。

要关注以下这些数据、状态：

（1）新保、续保、延保达成、送修率、赔付率、手续费比率情况；

（2）月度区域内各保险公司所占份额及合同签订情况；

（3）月度手续费结算情况；

（4）月度新保、续保活动方案、业务培训情况；

（5）区域内保险代理分支机构注册、报备及业务切换完成情况。

2. 专为平行进口汽车设计的“汽车三包保险”

中国人民财产保险股份有限公司于2014年针对平行进口车在售后服务和汽车三包服务上的缺失，设计并推出新的险种“汽车三包保险”，通过与各经销商签订“推进汽车三包保险战略合作协议”的方式，为平行进口车的销售提供了售后保障。

具体操作方法是，与人保公司合作的进口车经销商，将先与人保签署保险协议，人保将为该进口商发放三包凭证；而车主购车后，将获取三包凭证，在网上激活后，生成保单号，并在质检总局进行信息备案。

中国人保财险总公司责任保险部部长介绍：“我们将模仿4S店与主机厂的合作方式，先与全国汽车维修厂签订合作协议，如果投保的经销商产品出现质量问题，消费者只要拨打理赔电话，我们就会指定修理厂维修车辆，处理售后的维修和经济赔偿问题。”

参考文本之九：《机动车延长保修服务合同》

合同编号：

甲方（服务接受方）：　　　　　　乙方（服务提供方）：

甲、乙双方就乙方向甲方的机动车辆（车架号：）提供延长保修服务签订如下协议：

第一条　延长保修服务内容

在延长保修服务期间内，甲方延保车辆发生延保故障时，由乙方按照本合同的约定为甲方提供免费维修服务，即由乙方用修理的方式排除延保故障，必要时可更换故障零部件，由乙方按本合同的约定承担为排除故障而发生的修理费用。

延保故障，是指非因自然灾害或事故，延保车辆的“被延长保修的部件”除本合同第七条所列举的不属于延长保修服务范围的情况或事项外，因零部件自身瑕疵或延保车辆生产商（以下简称生产商）制造及装配不当原因而发生机械故障或电气故障，造成延保车辆无法正常运行。因正常磨损产生的故障以及生产商原厂保修期内或召回范围内的故障，或生产商免费更换淘汰零件，不属于延保故障。

被延长保修的部件，是指由延保车辆生产商制造并于车辆出厂前装配于延保车辆中，并于本合同附件《延长保修服务凭证》的“延长保修方案”及“对延长保修方案的说明”中载明的部件。

第二条 延长保修服务期间

延长保修服务期间从原厂保修期限届满或里程数届满（二者以先到者为准）时开始，至延长保修期届满时终止，延长保修期早于“理论延保日期或里程”而实际届满的，在实际届满时终止。

延长保修期，是指延长保修的期限或里程数，二者以先到者为准。

原厂保修期，是指延保车辆的生产商为延保车辆提供的整车保修服务的期限或里程数。

“理论延保日期或里程”记载于《延长保修服务凭证》的“延保信息”栏中，其中：日期是指自甲方购车日期之日起，原厂保修期的期限与延长保修期的期限之和届满之日；里程是指原厂保修期的里程数与延长保修期的里程数之和到达之日。

为避免歧义，举例说明如下：

某客户于D日购买的某延保车辆新车，其原厂保修期为3年或10万公里，约定的延长保修期为2年或6万公里。假设该车于“D+800日”时行驶里程数为10万公里，则该车延长保修服务期间从“D+800日”时开始，至“D+800日+2年”或“10万公里+6万公里”（二者以先到者为准）时终止。再假设该车于“D+3年”时行驶里程数为8万公里，则该车延长保修服务期间从“D+3年”时开始，至“D+3年+2年”或“8万公里+6万公里”（二者以先到者为准）时终止。

第三条 延长保修服务费用及支付

甲乙双方约定的延长保修服务费用于本合同附件《延长保修服务凭证》的“服务费用”栏中载明，甲方须于本合同签订时向乙方支付该服务费用。

第四条 合同生效

本合同自甲乙双方签字或盖章，且乙方已收妥甲方交纳的全额延长保修服务费用后生效。乙方自延长保修服务期开始后，向甲方提供本合同项下的延长保修服务。

第五条 关于修理费用的约定

乙方为排除延保故障而发生的车辆修理费用，包括工时费和零部件费用；工时费及零部件价格按乙方公示的营业基准价为准，即以乙方营业收费标准为准。

乙方承担的延保车辆单次修理费用，不超过延保车辆在当次修理开始时的实际价值，超过部分由甲方承担。

乙方承担的延保车辆累计修理费用不超过本合同附件《延长保修服务凭证》的“厂家指导价”栏中载明金额的80%，超过部分由甲方承担。

实际价值，是以本合同附件《延长保修服务凭证》的“厂家指导价”栏中载明金额从“购车日期”栏载明的日期开始按月平均折旧后的价值，月折旧率为0.6%，最高总折旧率为80%。

第六条 延长保修方案

乙方向市场提供的延长保修方案有三种，分别为“重要部件保修方案（保修方案A)”“综合保修方案（保修方案B)”“全面保修方案（保修方案C)”，三种方案分别列明了被延长保修的部件、不被延长保修的部件。

甲方已清楚了解且无异议，自愿选择三种延长保修方案中的一种，已在本合同附件《延长保修服务凭证》的“延长保修方案”中载明。

第七条 为避免歧义，甲乙双方共同声明以下情况和事项不属于延长保修服务的范围：

（一）下列情况之一，不论任何原因造成延保车辆的故障或损失均不属于延长保修服务范围：

1. 延保车辆的发动机号码、车辆识别代号VIN.等车辆相关信息与《延长保修服务凭证》中所记载的资料不符，或者已经被涂改的；

2. 延保车辆发生故障的时间或甲方提出延长保修服务要求的时间不在

本合同约定的延保保修服务期间内的；

3. 无证据证明延保车辆已按本合同的约定进行定期保养，或已按生产商的技术标准进行定期保养、升级、维护的；

4. 延保车辆被局部或全部改装，或与生产商原厂规格不一致的，包括但不限于：改装或加装进排气系统零部件，改装或加装燃油系统零部件、软件变更，改装电路或加装车载用电器等；

5. 延保车辆被用于竞赛、竞驶、赛车前导等用途的，除非有生产商出具的书面材料证明该车可以用于该等用途且甲方于本合同签订前已书面告知乙方；

6. 延保车辆被用于租赁、作为出租车/计程车、教练车、配送或快递车辆、有偿服务专车等任何以营利为目的的商业用途的；

7. 延保车辆被用于公共服务（包括但不限于警车、消防车、救护车、救助车或者军用车等）用途的；

8. 未经乙方事先备案，延保车辆的所有权被转让给第三人的；

9. 延保车辆被政府有关当局没收、征用，或者发生其他事件令延保车辆脱离甲方实际控制的；

10. 延保车辆在中国大陆（不包括中国香港、澳门、台湾地区）以外的任何地区的；

11. 延保车辆的里程表失效而未被及时（48 小时内）恢复，里程表连接被拆除或未连接，或者里程表读数被调整过的；

12. 延保车辆在发生故障后继续使用导致故障扩大的；或车辆故障状况被人为改动令乙方作出不予延保服务决定，或致使乙方不能检测、诊断或评估车辆故障的；

13. 甲方虚报车辆故障，或夸大损失，或提供不真实的证明材料，企图使用欺诈手段获取乙方延保服务的；

14. 延保车辆行驶证被吊销、注销或超出登记有效期限的，或延保车辆未按照法规检验或被检验为不合格的；

15. 因地震及次生灾害、战争、敌对行为、军事行为、恐怖主义行为、武装冲突、罢工、民众骚乱、暴动等原因发生的故障；

16. 在制造时未经认证可在中国销售的车辆。汽车生产商提供过新车有限担保的汽车，但该担保已经无效的（仅适用于在以上担保期内购买延保服务的情况)。

(二) 因下列原因之一造成被延保车辆的损失均不属于延长保修服务范围:

1. 未遵守车辆制造商原厂保修(保养)手册(以下简称保修手册)中的有关操作规定,不当使用延保车辆,或者超出操作或使用限制范围,过度使用延保车辆的,包括但不限于:

(1) 在车辆缺乏必要数量和合格质量的冷却液或润滑油,或者仪表显示冷却液或润滑油已经过热或不足等情况下,继续驾驶车辆的;

(2) 使用与车辆生产商规定不符、不合格或者与保修手册中的规定不匹配的燃料、润滑油等油、液的;

(3) 拖拽重量超过车辆自身重量60%的其他车辆等。

2. 延保车辆驾驶人员在离开车辆时,未关闭或未监督自动关闭系统关闭天窗、车窗、车门或活动式车顶的。

3. 延保车辆在生产商授权的售后服务商以外的第三方处维修过或者保养过,但甲方不能证明这些维修或保养完全符合生产商的技术要求(包括操作规范、使用的工具设备、合格零部件、合格的辅副材料等)的。

4. 因不被延长保修的部件发生故障导致被延长保修的部件发生损坏的。

5. 延保车辆浸水、涉水行驶、发生交通事故、被外界物体撞击或碰撞、自燃,或发生故障时发动机积碳、机油量不足或变质、冷却液不足或变质的。

6. 火灾、爆炸、空中运行物体坠落。

7. 盗窃、抢劫、抢夺、诈骗行为。

8. 核爆炸、核反应、核辐射、放射性污染。

9. 海啸、台风、暴雨、洪水、雷击、火山爆发、地震、龙卷风、冰雹等自然灾害。

10. 大气、土地、水污染及其他污染。

11. 动物、昆虫侵入或啃咬。

(三) 以下费用、责任或损失,均不属于延长保修服务范围:

1. 按照本合同第八条中的约定,对于延保车辆进行定期保养所引起的费用。

2. 维修或更换不被延长保修的部件(即使不被延长保修的部件的维修

或更换是与延长保修服务同时进行的）所引起的费用。

3. 与被延长保修的部件无关的任何维护、保养、检测、调试、调整或校正，包括但不限于：轮胎平衡、车门窗密闭性校正等。

4. 被延长保修的部件仅需清洗即可恢复正常工作时的拆装和清洗等费用。

5. 车轮定位。

6. 生锈、侵蚀、霉变。

7. 延保车辆没有发生故障，单纯以提高车辆的工作性能或舒适性为目的的维修所引起的费用。这种维修包括但不限于：

（1）单纯为了提高发动机的压缩比或减少油耗，而对发动机缸体或活塞环进行的修理或更换；

（2）单纯为了降低车内噪音，而在车辆上添加隔音材料或对车身件、内饰件进行修理等；

8. 本合同签署时，延保车辆已经存在的故障所引起的维修费用。

9. 在延保车辆发生故障后继续行驶，导致故障或损失扩大的部分；或延保车辆发生故障后因处理不当而扩大的损失。

10. 在车辆已经发生故障的情况下，不及时（24 小时内）将延保车辆送往乙方修理，导致故障或损失扩大的部分。

11. 车辆被生产商召回维修所引起的费用。

12. 延保车辆报修后，在车内遗留的任何财物的损失。

13. 延保车辆发生故障期间，或在维修期间，因不能使用所引起的任何直接、间接或衍生性费用或损失（除甲乙双方之间签订了针对这部分费用或损失的专项保障服务合同外），包括但不限于：

（1）驾乘人员或第三者的人身伤亡、财产损失、收入损失、商业利益损失、时间损失、不方便、不舒适、心理压力或精神损失；

（2）因延误、滞留或车辆不能使用引起的通信费、电话费、食宿费、租车费、燃料费、交通费、差旅费；

（3）因违反性能、时间、效率或质量的保证所遭受的罚款，或与第三方约定的违约金等。

14. 在延保车辆须经拆解才可以进行故障检测、鉴定或评估的情况下，若拆解后发现故障不符合本合同约定的乙方为甲方提供延长保修服务的条件时，拆解及重装车辆的费用。

15. 乙方以外的任何人在任何时候对延保车辆进行维修所引起的任何费用或损失。

16. 任何原因导致的延保车辆价值降低的损失。

17. 在本合同项下的维修，已经由生产商的质保期或者其他服务合同、质量担保、机械故障保险或维修机构担保涵盖的索赔。

18. 甲方未完全履行本合同第八条所列义务时的相关费用或损失。

第八条　关于延保车辆保养及维修事项的约定

（一）在甲方购买车辆后，有义务严格按照保修手册规定的或乙方建议的时间间隔或里程间隔，准时定期妥善保养车辆。当乙方的建议与保修手册中的规定有差异时，以乙方的建议为准。

（二）在每次对延保车辆进行定期保养、故障维修、意外损坏修复等工作后（包括乙方为甲方提供延长保修服务的情况），甲方有义务索要并保存好清晰记录每一次工作的具体内容以及维修和更换了哪些零部件的《维修业务结算清单》或其他类似文件，并在甲方要求乙方提供延长保修服务时出示、如实说明。

（三）本合同生效之日起至延长保修服务期届满时止，延保车辆一旦发生故障或受到损伤，甲方均有义务在 24 小时内通知乙方并报修车辆，以避免故障扩大或损失扩大。

（四）甲方同意在未履行上述义务时，乙方有权不提供部分或全部延长保修服务，或乙方有权以甲方违约为由解除本合同。

第九条　延长保修服务流程

在本延长保修服务期限内，延保车辆发生延保故障的，甲方应按照如下步骤操作：

1. 立即拨打乙方服务电话。

2. 在向乙方请求延长保修服务时，甲方须向乙方提供如下材料：

（1）甲方的身份证原件及复印件、本合同、延保车辆行驶证正本和副本；

（2）延保车辆的定期保养、故障维修、意外损坏修复记录（详见本合同第八条第二款）。

3. 若延保车辆的故障属于延保故障，则乙方按照本合同的约定为甲方提供延长保修服务。若延保车辆的故障全部或部分不属于延保故障，且甲方愿意由乙方提供维修服务的，甲方须于提车前向乙方支付维修费。

4. 乙方将尽快完成维修工作，但对超过乙方控制范围的因素所导致的工作延迟，甲方予以理解且无异议。前述因素包括但不限于：乙方与延长保修服务保险人的协调、零部件缺货、运输环节延迟或不可抗力等。

5. 乙方有权根据维修技术标准选择通过维修还是更换的方式对于故障零部件进行修复。若乙方选择更换，则被更换下来的故障零部件归乙方所有。

第十条 本合同的转让、解除和终止

（一）转让

乙方不接受任何非甲方的第三人就本合同提出延长保修服务的请求。甲方转让延保车辆的须事先在乙方备案。

（二）解除

1. 本合同生效后，在甲方从未要求乙方提供过本合同项下的延长保修服务的前提下，若甲方通知乙方解除本合同，乙方将按照如下约定为甲方办理本合同解除手续：

（1）若本合同延长保修服务期尚未开始，则乙方扣取延长保修服务费用（全额）的30%用于补偿乙方费用后，将剩余部分退还给甲方。

（2）若本合同延长保修服务期已经开始，则乙方按以下两种计算方法中的较低者，向甲方退还服务费：

①延长保修服务费用（全额）×（1－延长保修服务期已经经过的天数/延长保修期的期限总天数）×70%；

②延长保修服务费用（全额）×（1－延长保修服务期开始后的行驶公里数/延长保修期的总公里数）×70%。

2. 若甲方已经要求乙方提供过本合同项下的延长保修服务，则乙方无须向甲方退还延长保修服务费用。

3. 若甲方未就本合同向乙方支付过全额延长保修服务费，则甲方可以随时解除本合同，乙方无须向甲方退还任何费用。

（三）发生下列情况之一，本合同终止，无须退还延长保修服务费用：

1. 延长保修期届满；

2. 甲方因任何违法或违约行为丧失延保车辆的所有权或使用权；

3. 乙方承担的延保车辆累计修理费用达到了本合同附件《延长保修服务凭证》的“厂家指导价”栏中载明金额的80%。

第十一条　通知

甲、乙双方关于本合同履行及相关事宜的通知或法律文书，应当按照本合同附件《延长保修服务凭证》中客户信息“通信地址及邮编”一栏和4S店信息“4S 店地址”一栏载明的地址发出。甲、乙双方向前述对方联系地址以特快专递或者挂号信方式邮寄通知或法律文书的，特快专递或挂号信发出之日即视为送达对方。在合同有效期内，任何一方的联系方式发生变更的，应当及时通知对方，否则因此产生的一切不利后果自行承担。

第十二条　争议解决和适用法律

因本合同发生争议的，由甲乙双方友好协商解决，协商不成的，提交本合同签订地人民法院诉讼解决。本合同争议处理适用中华人民共和国法律。

合同附件：《延长保修服务凭证》

服务接受方（甲方、客户）：服务提供方（乙方、4S 店）：

盖章（签字）：

代表（签字）：本合同在乙方所在地订立于　　年　　月　　日

第十节　争议解决风险管理

一、适时筹划

当风险以争议形式出现，就可能演化成纠纷；但是，进行争议解决方式筹划的最佳时机不是在争议出现之后，而是在交易达成之时，将筹划的方案落实到交易文件中，以合同形式固化。也只有在那个时候，才可能对争议解决方式进行筹划。等到争议出现了、双方对抗了，一般是不大可能坐在一起商量并达成一致意见的。

二、恰当安排

法律顾问在争议解决方式、突发事件风险管理上，应特别注意设计并筹划涉外法律纠纷的争议解决方式，尽量选用调解、仲裁这些不受法域限制的争议解决方式，还要对送达方式进行筹划，可选用短信、微信、邮件这些简单易行但可靠的方式，以削减成本、提高效率、减少时间、保证执行。

在车主以违法的手段“维权”的情况下，法律顾问须指导经销商通过报警等方式固定车闹者的身份和违法行为、收集证据材料、给车闹者造成精神压力，以此扭转经销商的被动局面。同时，寻求对基础问题的合理解决方案，或和解、或诉讼、或行政处理。

三、知己知彼

法律顾问应当十分重视全面地收集运用证据材料，特别是要重视己方证据材料。作者对证据材料的观念是：“注重证据，把握细节，高度负责，无往不胜!”

作者多次发现，有代理律师在诉讼（仲裁）等对抗性争议解决程序中只重视分析研究对方当事人提交的证据材料，却不研究委托人自己的合同、制度，对委托人提供的证据材料或证据线索不重视、不研究、不分析，更不会根据现有材料去挖掘、去全面寻找己方证据材料，因而对己方证据材料不了解、不利用，甚至持反对意见、自相矛盾。律师必须注重己方证据材料，注重研究和筛选己方证据材料。

四、争议解决方式多样化

要改变过去争议解决一律诉讼的状况，使争议解决方案充分利用调解、仲裁、诉讼多种形式。

调解、仲裁有以下优点：一是保密，二是对抗性比诉讼弱，解决争议过程对商事合作关系的损伤较小。但是，任何事情都不是一味地好或者一味地不好，如仲裁，总体对经销商有利，但假若车主正好与独任仲裁员认识而又不为外人所知，对公司不利也是正常的。不要想天下好处全占，能在绝大多数情况下有利已经非常不错了。

五、搞好诉讼、仲裁策划

法律顾问应当进行诉讼（仲裁）策划，要研究并制定诉讼与仲裁的策略。

1. 目标策划

具体而言，要善于确定目标，在起诉前、申请前或被告、被申请后认真倾听委托人的诉求、全面了解委托人的理由，通过全面收集并分析研究证据材料来认识和分析案情，结合专业经验帮助委托人客观地确定诉讼目标。

目标可以是单一的，也可以是组合的、分梯次的。简单案件、标的小的案件、影响不大的案件，可以只有单一的目标；复杂案件、标的大的案件、影响全局的案件，则要通盘考虑目标，使之既有切实可行的阶段性目标、又有适当的终极目标。一旦确定目标，一切活动都要围绕目标展开。

2. 方案策划

目标确定了，就应进行方案策划，对诉讼或仲裁的策略进行周密安排。拟订方案时一定要有前瞻性、预见性、全局性。拟订方案要有政治头脑和社会敏感度，不能只考虑合同约定、法律规定、证据证明，还要考虑社会影响，要换位思考，站在裁判者的角度考虑不同裁判结果的可能性、可行性、社会后果。其中，目标是方案的导向，请求是方案的核心。

选择争议解决方式：诉讼、仲裁或调解？

确定管辖权：要不要提出管辖权异议？要不要提出无仲裁协议或仲裁协议无效？

确定主体：是列单一主体，还是将关联的都列为被诉对象？要不要考虑追加被告或第三人？

确定请求及事实与理由：是就事论事、被动应诉，还是主动出击？要不要反诉或反申请？

请求是否精准、适当、具执行力，直接关系到案件的胜败；确定请求时一定要尽量做到合理、适当、可理解、可操作，才有可能让法官敢判、愿判、能判，让仲裁员敢裁、愿裁、能裁，让对方服判、服裁，真正达到案结事了的目的。否则，要么败诉，要么胜诉却无法执行。

在诉讼中，二审案件的上诉请求应充分考虑一审判决的情况，不可一味要求二审改判，可以考虑请求发回重审、请求部分改判等。因为，一旦二审再败诉将难以弥补，即使可申请再审，其难度之大和改判的可能性之小，都是法律顾问必须慎重考量的问题。

拟定证据目录：证据并不是越多越好，也不是当事人认为好的就好，要看透证据的证明对象、证明力，尽量避免使用瑕疵证据，适当运用反证，充分利用法院调取证据。在自身证据不足时要善于利用对方证据。

尽量预见不利因素，并预设应对方案，灵活应对庭审突袭。

确定抗辩方向及理由：抗辩理由亦不是越多越好，尤其要注意抗辩理由的一致性、协调性、内在逻辑性。

重大案件中，组合性的目标可以统筹安排、分步实施，不能急于求成。

有时候，适时的、理智的撤退也是一种聪明的进攻，休息、调整好，合理利用规则可以达到意想不到的效果。客观评估对方获利情况及诉讼或仲裁动机，准确把握和解时机、提出和解条件，见好就收。

一个观点有多个理由时，假若对每个理由都没有绝对把握，就不能孤注一掷地将宝押在某一个理由上。多个理由必须按照逻辑顺序层层设防、步步为营，切不能顾此失彼、前后矛盾。

六、特别注意时效的变化

时效相关的法律规定发生重大变化，行使权利应及时。

（一）诉讼时效延长

公司法上并无诉讼时效的专门规定，故公司类的事务，除决议撤销规定了 60 天的除斥期间外，一般的公司法律事务应适用民法上诉讼时效的规定。

《民法通则》第一百三十五条规定："向人民法院请求保护民事权利的诉讼时效期间为二年，法律另有规定的除外。"即普通事项的诉讼时效原为两年；而《民法总则》第一百八十八条第一款规定，"向人民法院请求保护民事权利的诉讼时效期间为三年"。实际上将一般公司法律事务的保护期限延长了一年，更有利于保护公司的合法权益。

但需要注意的是，《民法总则》的实施日期为 2017 年 10 月 1 日，新法实施前，如已经超过旧法规定的时效，该事项的保护期限不能适用新法的规定。如经销商存在 2017 年 10 月 1 日前时效届满的情形，应及时提起诉讼或仲裁的方式保护自身权益，以免错失法律保护的机会。

（二）撤销权的行使期间进一步细化

《民法总则》第一百五十二条规定了撤销权消灭的 3 种情形：

1. 当事人自知道或者应当知道撤销事由之日起一年内、重大误解的当事人自知道或者应当知道撤销事由之日起三个月内没有行使撤销权；

2. 当事人受胁迫，自胁迫行为终止之日起一年内没有行使撤销权；

3. 当事人知道撤销事由后明确表示或者以自己的行为表明放弃撤销权。

当事人自民事法律行为发生之日起五年内没有行使撤销权的，撤销权消灭。

《合同法》第五十五条规定了撤销权消灭的2种情形：

1. 具有撤销权的当事人自知道或者应当知道撤销事由之日起一年内没有行使撤销权；

2. 具有撤销权的当事人知道撤销事由后明确表示或者以自己的行为放弃撤销权。

对比《合同法》的上述规定，《民法总则》的撤销期间的新增规定主要体现在以下方面：

1. 在普通撤销期间（一年）的基础上，对重大误解的撤销期间作出了缩短性规定，即约定重大误解的撤销期间为“当事人自知道或者应当知道撤销事由之日起三个月”，公司如存在重大误解的撤销情形时，应及时行使权利，避免因期间经过，产生不利的法律后果；

2. 对因胁迫产生的可撤销情形，单项规定起算时间，即胁迫行为终止之日起计算，毕竟胁迫的情形存在的情况下，即使知道胁迫存在，也无法行使撤销权，使可撤销的时间起算更具有可操作性和现实性；

3. 明确了撤销权行使的最长期间，即自民事法律行为发生之日起五年。《民法总则》的规定兼顾交易安全，有利于维护交易关系的稳定。

第十一节　财务及税务风险管理

一、投资法律风险管理

由于经销商普遍亏损，不少经销商选择投资以增加利润增长点。但是，投资风险须控制，如把握好投资类型、时间节点、投资对象等。

二、海外经营风险管理

1. 经销商集团发展海外业务时，要注意汇率、产品损耗、目的国法律制度、文化传统、民族风俗等，避免争议。

2. 在交易之初就要设计争议解决方式、送达方式。

3. 尽量考虑跨境调解、仲裁等争议解决方式。因为，境外、海外交易一旦产生争议，诉讼的话会有法律适用、法律解释、证据规则、送达、执行等一系列难以解决或需要很长时间才能解决的问题。而跨境调解、仲裁等方式，是国际通行的、民间的、准司法性质的争议解决方式，不受法域限制，程序灵活，当事人意思自治程度高，可以在较短的时间、以较便利的程序解决争议。由此，争议解决的费用也相对低廉，对商务关系及商机的影响也大为降低。例如，涉港澳台的争议，可以在港澳台的调解机构快速解决，作者就是香港和解中心调解员。香港实行类似于调解前置的制度，当事人讼争须先申请调解，否则可能承担高额讼费。

跨境调解不像国内的人民调解，它针对的是民商事争议而非人民调解所面对的家长里短、鸡毛蒜皮，跨境调解有成熟的理论体系、完善的制度规范、可靠的履行保证、普遍接受的思想观念。

如果交易与广交会有关，则选择广交会调解是最经济、最便捷、最有效的争议解决方式，作者在广交会担任调解专家，调解成功率在90%以上，未成功的10%基本是因为一方当事人拒绝到场。广交会调解成功即当场履行，效果非常好，效率非常高。

三、税务风险

税务风险主要表现在以下五个方面：

1. 纳税义务的风险，强势地位的交易一方违法要求弱势一方承担应由强势一方承担的税费；有时也可能是出于交易习惯作出这样的安排，如房屋买卖中的“卖家实收”就是出于交易习惯将应由卖家承担的税费转移给了买家。

2. 纳税时间的风险，未按时在当期纳税，未处理好纳税时间。

3. 税收发票的风险，不开发票，乱开发票、乱换发票、乱退发票。

4. 税收成本的风险，纳税主体安排不妥，造成减免税等不合法或退税不能。

5. 三流不一致的风险。“三流一致”，是指资金流（银行的收付款凭证）、票流（发票的开票人和收票人）和物流（或劳务流）相互统一，即收款方、开票方和货物销售方或劳务提供方必须是同一个法律主体，而且付款方、货物买方或劳务接收方必须是同一个法律主体，如果三流不一致，将不能对税款进行抵扣，甚至可能涉及刑事责任。所以，法律顾问要提示经销商严格控制发票、管理好发票，杜绝发票违法行为。

四、资金管理

1. 经销商经营中出现资金不足、临时性资金短缺是非常普遍的现象。

2. 经销商常见融资方式有银行借贷、民间借贷、股东追加投资、吸收新股东增资扩股、引进战略投资者、发行公司债券、上市融资（IPO 或上新三板、新四板）等。

资金借贷可能存在资金安排不当、不能按期还款、资金链断裂、导致信用危机等风险。不同的融资方式还存在不同的法律风险，一次融资在不同环节有不同的法律风险。

3. 大部分经销商的建店资金、流动资金都来自金融信贷，造成了经销商金融成本过高。

4. 随着市场的发展，4S 店的回报周期也在延迟，从 2011 年开始，新建 4S 店在前三年时间内都很难盈利，更谈不上回收投资成本。

所以，法律顾问要指导经销商合理安排资金及融资方式和融资额度。

第十二节　刑事风险管理

一、刑事风险是最为严重的风险

经销商经营中的法律风险，可以按照法律责任性质分为刑事法律风险、行政法律风险和民事法律风险。其中最严重的就是刑事法律风险。

刑事责任对企业和企业家的影响最大、后果最严重，可能导致企业家“倾家荡产”、“家破人亡”、“身不由己”、失去自由、遭受牢狱之灾。广为人知的有国美创始人黄光裕、真功夫创始人蔡达标、王宝强的经纪人宋喆。

2017 年热播的电视剧《人民的名义》中有一句台词：“企业家不是在监狱里，就在去往监狱的路上。”这句台词并不夸张，恰恰反映出在我国目前市场经济发展过程中企业家的刑事法律风险之大。

二、对刑事风险保持高度的警惕

1. 刑事风险无处不在

长期以来，经销商都只重视体现在民事法、行政法方面的风险，而不注意刑事风险的防范和控制。但其实，即使是商事活动中最平常的吃喝、礼尚往来、公关交往，如果吃得不对、喝得不当，都有可能涉及犯罪，更何况经销商的运营十分复杂，如果操作不当，将可能跌进万劫不复的深渊。

2. 刑事风险的防范、管理与风险敏感度、承受度密不可分

从目前的刑法体系上看，尽管对商事犯罪的规定已经很详尽了，但大多数企业家都在忙于经营，重点放在了企业的生存和效益上，根本无暇去了解法律、法规，尤其是刑事方面的法律、法规，即便去了解，有些法律也并非看了就能懂的。当然，法律的刻板和滞后等特点，也是造成企业对刑事风险不重视的一个重要原因，但不管法律制度合不合理，企业都应当建立刑事风险防范机制。法律顾问要指导经销商做好风险识别及风险评估，把刑事风险降到最低。

3. 经销商要聘请法律顾问在企业建立初期就为企业建立起一套商事犯罪的风险防控体系，变被动辩护为主动防范，充分发挥律师在“刑防”上的作用。

法律顾问在企业建立、运营直至终结的整个过程中，全程为企业及企业家提供专业的法律服务，从源头上杜绝商事犯罪，指导经销商在商事行为的各个环节、阶段扮演好自己的角色。

法律顾问就好像一名全科医生：在企业起步阶段要做企业的保健医生；在企业运营过程中要做企业的诊疗医生；在企业或企业家涉嫌犯罪时做救命医生。

三、经销商的主要刑事风险

（一）刑事责任人

经销商的刑事风险主要体现在经销商这个法人及经销商的主要投资人、实际控制人、财务负责人这些自然人身上。

（二）刑事责任范围

1. 罪名有 137 个

根据最高人民法院、最高人民检察院发布的关于执行《刑法》确定罪名的多个补充规定，我国现行《刑法》有 137 个罪名涉及商事犯罪，占刑法中罪名总数的四分之一。经销商在融资、经营、结算、分配、纳税等多个核心环节都可能涉及刑事风险。

2. 商事犯罪大体可分为 6 类

（1）金融类 34 个，以破坏金融管理秩序罪和金融诈骗罪为主；

（2）公司类 18 个，以妨害公司企业管理秩序罪为主；

（3）公司类违反社会责任的犯罪 25 个，以危害公司安全、侵犯公民人身权利、民主权利、破坏环境资源罪为主；

（4）公司类的不当营业犯罪 23 个，以生产销售伪劣产品罪和扰乱市场秩序罪为主；

（5）涉税类犯罪 14 个，以危害税收征管罪为主；

（6）妨害监管类，以走私罪为主。

3. 商事犯罪发案率高的罪名，几乎都与公司有关

如在融资环节可能涉及的罪名有贷款诈骗罪和骗取贷款、票据承兑、金融票证罪、非法吸收公众存款罪和集资诈骗罪等；在企业结算的过程中又会涉及虚开增值税专用发票罪等罪名；在企业实际运行过程中又会涉及合同诈骗和串通投标犯罪、侵犯商业秘密罪等罪名。对于这些，企业家们往往并不了解，或者即使了解也不清楚该怎么做。

（三）刑事责任起因

造成企业商事犯罪的原因，总结起来无非经销商外部环境导致的刑事法律风险和经销商内部因素导致的刑事法律风险。

主要表现为：

1. 无视法律，主动实施超越底线的行为或者消极放任非法行为以致犯罪。有些经销商从企业开始运营到涉嫌“犯罪”被立案侦查，整个过程都很明确地知道自己的行为违法，甚至他们对于自己所涉及的法律、法规的掌握要比一般的律师还要深刻。他们在明知违法、可能涉嫌犯罪的情况下还是犯了法，这是为什么？可能因为他们有侥幸心理、有无奈因素也有故意因素。

2. 不懂法或者懂一点，但不知道怎么做，在不知不觉中触犯刑律，构成犯罪。

3. 由于法律规定不明晰、界限不清楚，导致企业或企业家犯罪。

4. 企业内部的防控制度重民事、轻刑事；公司律师及公司法务人员刑事法律意识淡薄、刑事诉讼经验欠缺，都可能成为企业商事犯罪或在商事犯罪处理过程中处于不利地位的原因。

四、经销商如何防范刑事风险

（一）敬畏法律

作为一个企业家，可以没有法律知识，但绝不能没有法律意识。

经销商上至高管、下到员工，要“心中有法、敬畏法律”，具备基本的法律素养，遵守规则，“畏权”、“畏法”、视刑事责任为雷池，绝不越过半步。也就是说，懂不懂法不是关键，关键还是要心存对法律的敬畏。所以，心中有法、敬畏法律才是防范刑事风险的关键，要严守“不能犯罪、不敢犯罪”的底线。

（二）图财有道

马克思有一段名言：“一旦有适当的利润，资本家就会大胆起来，有百分之五十的利润，他就铤而走险；为了百分之一百的利润，他就敢践踏一切人间法律；有百分之三百的利润，他就敢犯任何罪行，甚至冒绞死的危险。”中国也有俗话说：“人为财死，鸟为食亡。”现实中，走私者、贩毒者、贩枪者不是不知道自己在犯罪，可是他们为了获取暴利，已经不管不顾了。

我们不能让商人不去追逐利益，但也不能纵容其只盯着利润，心中无法。君子爱财，取之有道。不能为贪财铤而走险。

（三）专业防控

1. 风险识别

经销商需要法律顾问协助建立并实施刑事法律风险防控机制，对商事犯罪的法律风险进行有效的识别，而恰当的刑事法律风险识别是有效规避刑事法律风险的前提。

2. 风险评估

还要对刑事法律风险进行有效的评估，帮助企业进行规避刑事法律风险的规划，对企业的高管和员工进行必要的培训。

3. 风险防控

法律顾问凭借业务专长和经验优势，协助经销商建立刑事法律风险防控机制，为经销商构筑一条平安的回家路。

（1）在经销商内部架构、管理制度、经营模式等多方面及时提供法律支持。

（2）在经销商建店初期，就对商事犯罪的风险进行有效的规避，在源头上杜绝经销商商事犯罪。

（3）在经销商经营运行的核心环节做好防控工作，提供精准、专业的法律支持。

（4）及时查缺补漏。在企业建立初期由于诸多原因可能很多刑事风险没有预见到，或者因为企业运营的多样化等外部原因，在企业经营中出现了诸多漏洞，法律顾问要从企业运营的几个核心风险点进行检查，发现问题及时解决。

（四）风险排序

1. 财务管理环节仍然处于“十大风险”之首，是最高刑事风险点

在财务管理过程中，面临的刑事风险较大，涉及的罪名也比较多，主要有隐匿、故意销毁会计凭证、会计账簿、财务会计报告罪；伪造增值税专用发票罪；非法购买增值税专用发票、购买伪造的增值税专用发票罪；虚开增值税专用发票罪；等等。

财务管理环节之所以成为企业刑事风险的第一高发点，其主要原因在于：

（1）财务部门管理着、经手着巨额流动资金和其他资产，为分管或者主管或者实施财务管理工作的相关人员实施侵吞、窃取、骗取和挪用经销商财产或资金的行为，提供了客观基础；

（2）经销商的高层管理人员，对经销商运营各方面拥有绝对的控制权，为高管的犯罪行为提供了现实可能；

（3）经销商内部的财务制度不健全，或虽有健全制度却被人为破坏、人为违反，也是诱发犯罪的重要原因。

2. 处于第二位的是融资风险

经销商要生存、要发展，资金是关键，经常要借助借贷、融资租赁、证券发行、证券交易等融资渠道获得更多的资金支持。而这一融资过程中容易触犯的罪名很多，最为突出的也是发案率最高的就是非法吸收公众存款罪。“e 租宝”就是活生生的例子。

3. 处于第三位的是结算中风险

最突出的就是与纳税有关的风险。依法纳税是经销商所要承担的重要社会责任和应尽的社会义务。但是，经销商为追求利益、降低亏损，经常会合法避税，有时也会偷税、漏税，还可能有虚开增值税发票等行为。因为对刑法不了解，经销商可能无法分清何为避税、何为偷税、何为漏税，以及避税、偷税、漏税的法律意义和与之相对应的法律责任，就会简单地认为避税、偷税、漏税都只是行政违法行为，到时候再补缴税款就可以了。殊不知，这些行为一旦越过“红线”就会触犯刑法，经销商可能会因此遭遇“灭顶之灾”。

经销商的刑事法律风险远不止上述的几种情况，在很多环节都存在。这就需要法律顾问为经销商检查、诊断，找到问题所在，开出良方，对症下药。

（1）定期为经销商进行刑事风险检查评估，将经销商刑事风险点尽可能找出来，提供应对之策或解决方案供经销商的高层参考决策。

（2）分散经销商高管的刑事风险。建立层级管理的内部组织架构、管理模式，对极易发生刑事法律风险的部门或业务，可从权力授予、报告呈送、限时审批、责任审计、业务考评等几个程序方面，建立刑事犯罪风险分散机制。这样可以将整个由于权力引发的企业风险进行有效的分散，变成小的风险点，以便解决。

（3）确立公开、透明的决策机制和财务流程。建立监督服务机制，让法律顾问成为经销商的法律服务提供者的同时，赋予其一定监督权力，随时为经销商把脉，确保经销商运行过程不违规、不违法。

（4）经过预防、检查、补漏后，有些经销商仍然会触碰或者已在不知不觉中触碰了法律、法规的“红线”，走上了犯罪道路。此时，法律顾问就要发挥专业技能，为经销商有效辩护，让其起死回生。

4. 大部分商事犯罪是以行政违法为先决条件的，如逃税罪、非法吸收公众存款罪等，法律顾问要做“万金油”，除了掌握这个罪名在刑事法律上的相关规定，还要掌握行政法中的有关规定，更要将经销商的内部架构和运营模式了解透彻。

法律顾问在熟悉企业运营过程中，要了解经销商都采取了哪些方式、做了哪些事情、各个组成部分在整个运营过程中起什么作用、是单位犯罪还是个人犯罪等。只有做好了这些，才能够判断经销商的行为是否构成犯罪，找到辩点，做出有效的辩护、做好经销商的救命医生。

第七章　汽车行业商业惯例

第一节　行业惯例

一、商业惯例

商业惯例是在一定范围内或一定行业中，众多经营者在商务实践中摸索、倡导、完善、反复使用、行业内长期遵循长期有效的行为规则，它受经济、社会、文化等因素的影响，在不同的国家、不同的时期、不同的行业，存在很大差异。

现代的国际通行的商业惯例大多通过有关组织的整理和编纂，成为成文的商业惯例，最典型的如国际贸易术语。

二、商业惯例的常态是行业惯例

商业惯例更多地体现于某个行业中，所以，它常常被称作行业惯例。

行业惯例（Usage of the Particular Trade）是指特定行业的商事主体，也就是从事这一行业的商人集合，在长期的商事活动中形成的交易习惯。它是校正、协调、规范商事行为的规则，是分配权利义务的标准、解决商事争议的尺度。它着眼于行业的根本利益、长远利益、综合效益并服从于社会公众利益，促进市场繁荣、保证交易的有序可持续发展，最终实现企业营利与行业发展的目的。

商事主体自愿形成、自觉遵守并共同施行行业惯例，所以行业惯例富有生命力，行业惯例遍及全世界的各类行业。典型的行业惯例有港口惯例、交易所惯例、拍卖行惯例、银行结算惯例、价格术语、标准合同等。这些惯例为相关行业内人所共知，大多数是成文的。另一些行业惯例，哪怕它是跨国的，却可能并不成文，或不完全成文、没有统一成文，但在行业内却是人所共知的，如后文将要专节表述的汽车行业惯例。

行业惯例并不都具有一样的效力、一样的性质。有些行业惯例具有强制性，人们必须承认它、遵守它；另一些行业惯例是有选择性的、非强制的，人们不一定都遵守它或服从它。至于哪些是必须遵守的、哪些是可选择的，要看具体的情境、具体的商务条件、具体的行业。但在特定的行业内，必须遵守与否，是大家明知的。

三、行业惯例特征

1. 它不是法律的明文规定，却可能成为法律、规则的补充

2016 年 7 月 5 日中国人大网发布的《关于〈中华人民共和国民法总则（草案)〉的说明》中提到："民事关系十分复杂，对法律没有规定的事项，人民法院在一定条件下根据商业惯例或者民间习惯处理民事纠纷，有利于纠纷的解决。"此外，《最高人民法院关于适用〈中华人民共和国合同法〉若干问题的解释（二)》也对行业交易习惯进行了明确。由于社会生活的多样性、法律关系的复杂性、创新创造所带来的变动性，法律、规则不可能穷尽已有的社会生活，也不可能预知未来的社会生活。为了解决那些无明确法律规定的纠纷，保证行业健康发展，社会秩序的正常维系，就需要尊重行业习惯。

2. 它在长期的商业交易中自发形成

偶然一次商业交易的实践不能成为行业惯例；行业惯例形成的过程不受政府机关的控制和制约，可能是某一个行业为了维护产品质量、商业信誉而自发地形成的。

3. 它是通用的，但通用的范围常常限制在特定行业内

行业惯例仅在特定行业适用或某类交易之中（如国际贸易术语在国际贸易中适用）适用，它是被行业内的人们普遍认可、接受、遵循的习惯做法和操作通例，在行业外却可能不被理解、不被接受（如新车 PDI)，或在某类交易外无法适用。

4. 它有一定约束力

它能使人们自然而然地产生遵照此惯例办事的义务感、规则感和责任感。

第二节 行业惯例的法律地位

一、“习惯”长期无确定的法律地位

民事争议解决的法律适用原则是：有法律依法律、无法律依习惯，无习惯依法理。但是，一直以来，这样的排序只是学术原则，不是法律的明文规定，中华人民共和国成立以来的民事单行法没有规定这样的适用原则，后来才慢慢有了改变。

我国最早是在《物权法》的相邻关系部分和法定孳息部分规定了习惯的适用，这是习惯第一次在我国民事单行法里获得了明确的法律地位。2017年，《民法总则》第十条规定：“处理民事纠纷，应当依照法律；法律没有规定的，可以适用习惯，但是不得违背公序良俗。”

二、司法实务中很少运用

我国长期未在法律中明文规定习惯的法律地位，而习惯又往往是不成文的，即使成文，也不是以“法律”“规则”等名义出现，因此，在我国的司法实践中，法官们在裁判时如果遇到没有法律规定的情况，一般依据法理裁判，基本不会依据习惯裁判。这可能是因为对习惯填补法律空白的重要原则不理解、不重视、找不到依据、缺乏使用的动力和“安全感”。而习惯不确定、不明确、不好界定内容和范围，也是使法官们难以适用习惯作裁判依据的技术上的原因。

三、行业惯例的“习惯”特性更强

在商业活动中，行业惯例能够在法无明文规定或有法律规定但不明确、不具体等情况下补充法律的不足，为解决争议提供依据、标准或尺度。一般来说，行业惯例往往具有更大的规范性，比一般的民事惯常做法更具有习惯的特点。

汽车行业是一个技术含量高且技术发展日新月异的行业，汽车法律制度一直是跟随行业的发展而发展。立法者无法预见汽车行业模式、技术、材料等的发展内容和趋势，立法者要看明白、想清楚、理出管理思路，然后才能

制定规范，再通过程序形成法律，这需要相当长的时间。所以，汽车立法具有明显的滞后性；并且，汽车立法滞后是客观的、必然的、长期存在的现象。甚至可以说，汽车行业就是在几乎没有现成法律规定的情况下产生、存在、发展的。特别是现在的平行进口车，表现更加突出。

其实，这种现象并不仅仅发生在汽车行业，它在社会经济生活中并不少见，如互联网行业、电子数据安全与认证行业、征信行业等。这些新兴行业与传统行业有非常大的差别，它们的行业特征非常明显，行业行为、行业规则极易形成行业习惯。在这种情况下，行业惯例起到的作用可能就更加强大、更加无可替代。由于新兴行业、技术含量高的行业法治建设可能比较落后，行业惯例就能起到非常重要的作用。在法律没有明确的、具体的规定的情况下，整个行业的经营者都认可、都遵守这样的行业惯例，那么，当发生了问题、出现了争议需要加以解决的时候，按照有法律依法律、无法律依习惯的法律适用原则，被大家认可的行业惯例就可以作为这类纠纷的裁断依据，符合行业惯例的行为就是正常和正当的，不符合行业惯例的就是不正常或不正当的，从而达到定分止争的目的。

一种行为之所以能够成为一项规则，一项规则之所以能够成为大家普遍遵循的惯例，通常是各方经过持久的博弈，最终达成权益平衡，因此，遵循惯例，人人方便，人人有利。当然，也可能有例外情形，有个别人在个别场合可能会感觉不便或不利，但是，如果各方都遵守经历时间和事件考验的行业惯例，行业内的平衡和效率还是可以有保障的，牺牲个别人的利益也是值得的。

事实上，人类社会各个领域充满着各种惯例，人类的大多数活动是由惯例调节的，在国家和法律产生之前，交易秩序几乎完全靠惯例来维持。法律只不过是把惯例文字化、书面化、规范化而已。对于正常的社会、正当的交易而言，惯例比法律更深入、更灵活、不可或缺，没有法律，人们或许照样可以生存、可以交往、可以交易；而没有惯例，一切秩序都可能不复存在。尊重惯例，其实就是尊重特定时间和空间里的利益共同体的智慧、规则、偏好、价值观、效率观。

第三节 汽车行业惯例的特点

汽车行业技术密集、资金密集、人才密集，高度依赖汽车供应商、与保险公司有高度的利益正相关，使得汽车行业形成与别的行业不同的行业惯例和技术基本点，譬如PDI、保险包干维修、提前销售、二级销售等。

1. 汽车行业惯例一般具有强制性、规则性、保障性、兼顾效率、效益和效果、不容易为外界理解等特点。这是因为，汽车行业惯例往往同时是技术规范，会涉及跨行业、跨部门的规则。出于更大范围、更高目标、更重要利益的综合考量，其强制性突出，很难以当事人意思自治为基础。由于技术性和强制性，其必然具有鲜明的规则性。而其强制特征，其实是为了保障社会公共利益、保障驾驶舒适和交通安全。

2. 汽车行业惯例适用于全行业，具有明确的指导性。汽车行业惯例往往是综合考虑各方需求和利益，均衡效率、效益和效果的结果，有独特的含义、独有的价值，在这方面特别突出的是保险包干维修方面的惯例。

3. 由于其技术性、综合性等，汽车行业惯例不像一般的民事习惯那样容易被大众所理解和接受，相反地，它往往被误解，甚至被曲解。

外界可能难以理解汽车行业惯例，更不容易认为它们是合法的、合理的、客观上必须或不得已而为之的，也难以认为它们是充满正能量的、是应当受到支持和保护的。

可能有人出于自己的利益而故意曲解它们，甚至有的人民法院也在不完全理解的基础上作出被后来的裁判证明是错误的判决。例如，曾经有基层人民法院在民事诉讼中将PDI、提前销售等行为认定为“欺诈”并判决退一赔一或退一赔三（该案发生在《消费者权益保护法》修改前后，因法律规定不同而判决结果不同），尽管终审生效判决不再支持这样的认定，然而，却并不影响更多的人向法院起诉要求认定PDI、提前销售、保险包干维修等为欺诈并进而请求退一赔三。

从可见的判例看，即使没有支持车主的“退一赔三”请求，法院也往往裁判支持原告主张的“知情权损失”，判被告赔少则三五万元、多则十几万元甚至几十万元，总之，只要车主起诉到法院，经销商常常需要付出律师费、诉讼费、知情权赔偿费等。虽然驳回车主诉讼请求的案例也不少，但相对于要经销商赔偿的案例来说，比例还是很低的。可见，社会对PDI、提前销售、保险包干维修等汽车行业习惯的误解有多深！

但是，汽车行业惯例毕竟是合法的和合理的，毕竟存在了很多年，并且还将继续存在。因为，如果不进行PDI、禁止提前销售、废除保险包干维修、停止二级维修，将使新车的安全性、舒适性大为降低，使厂商的销售计划难以完成、经销商拿不到返利，使达到推定全损情况下的事故车辆失去修复的可能性，从而降低部分车主的使用期待，实际上降低了汽车的寿命和使用价值。所以，我们应当让全社会了解并正确认识 PDI、提前销售、保险包干维修、二级维修这些汽车行业的商业惯例，规范它们，正确实施它们，使它们有法律地位并更好地发挥商业价值。

第四节　PDI

PDI 是汽车行业的一种正当的技术行为，消费者应予以充分理解和支持。但正由于它是技术行为，行业外很少有人关注它，甚至很多人并不知道它，能了解它并理解它的人就更少了。

但是，自从浙江温州某基层法院以判决形式认定 PDI 为维修、应当事前告知消费者、否则构成欺诈并须赔偿三倍车价款以后，PDI 的性质一下子被质疑、被关注、被重视了起来。

一、概念

PDI 是英文 Pre-Delivery Inspection 的缩写，一般译成“机动车新车售前检查”，是汽车厂家承担责任与费用的重要的新车售前管理，是新车在交车前必须进行的检查、整备，是全世界机动车行业的行业惯例。经销商按照厂家的 PDI 标准与程序，通过检查发现问题，并在厂家指导或安排下处理一切不符合厂家规定、标准的项目，以保证交付的是合格车辆。

PDI 与经销商有关的主要有四个部分：一是物流到车后的验收检查；二是经销商对新车的检查；三是新车库存管理检查；四是交车前检查。

PDI 是汽车经销商按照汽车供应商要求，以各品牌厂家的操作手册为指导，对新车进行全面检查和校正的一项必经测验程序。对检查出来的问题，通过内部管理系统进行记录、上传，并依据汽车供应商的要求采取校正故障、更换配件、漆面修复等不同措施，从而使交付的新车达到汽车生产厂家的新车出厂标准。也就是说，PDI 是汽车经销商对汽车质量的最后一次把关。

二、意义

因为新车从生产厂家到达经销商处要通过海、陆、空运输，长途跋涉、漂洋过海，可能需要经历上千公里（国产车）甚至上万公里（进口车，特别是欧系车、美系车）的运输路途和长时间的停放，所以在启运前，汽车生产厂家为了方便并安全地运输，要设置成运输模式、使许多系统处于休眠或闭合或初级状态、让新车的很多功能处于闭锁或未激活状态。

为了保证新车的安全性和原厂性能，实现进口车规则与设置的汉化，PDI 检查必不可少：必须解除运输模式、启动行驶模式；必须激活与行驶模式有关的系统；必须把车辆调整到最佳、最适用状态；必须消除车辆在运输中、储存中、整备中发现或形成的瑕疵；为此必须对车辆的硬件、软件都进行相应改变。越是高档汽车，其技术含量越高，其电子化、自动化程度越高，PDI 项目的检查也就越多、越复杂。

未做 PDI 的新车，会始终在运输模式运行，很多系统没有被激活，强行使用会导致功能不全，甚至会严重损害车辆，给汽车及驾驶员和乘员的安全造成极大的危害。由此可见，PDI 是一道必经的技术程序，是一项重要的售前整备，是汽车厂商和汽车经销商行业道德、行业良心、行业责任感的重要体现。PDI 的目的是确保车辆的安全性和驾驶的舒适性，向顾客提供合格的车辆。

PDI 名为“检测”、从英语翻译而来，实际并不仅仅是检测。发现瑕疵或问题并立即处理，是 PDI 的重要内容之一。

三、程序和内容

（一）PDI 由汽车厂家主导

PDI 由经销商操作、费用全部由汽车厂家承担，其项目、范围、实施者资格及实施方式都由厂家严格控制，这是典型的技术规范、全球通行的行业惯例。

（二）PDI 有较多种类、较多次数，程序较复杂

例如，进口车的港口 PDI、商检、到港检查、物流途中的检查、厂家主导的标准化、成批量的技术活动等。概括起来，有如下几点：

1. PDI是一件厂家和经销商一直都在做的工作，目的是把好质量关，PDI检查后进行的调校、修复是普遍存在、不可避免的。

2. PDI的过程和结果是公开的、被如实记录的，没有、无必要、也不可能隐瞒的。在厂家及各经销商公司的相关系统中，PDI都是有记录的，也是可以被查询的。

3. 平行进口车PDI和新能源车PDI各有其特点。

（三）PDI检查项目范围很广

一些细微的检查也许车主根本都不会想到，如电池是否能够正常地充电、放电；钥匙记忆功能是否匹配；舒适系统是否激活；仪表灯光功能是否设置到原厂要求等。

（四）PDI流程

经销商执行PDI一般要有“交车前检查（PDI）工作单”（施工单的名称大同小异，只要是执行PDI施工，叫什么名称并不重要），里面大大小小约有70多个检查项目。不同品牌的汽车，PDI标准会略有不同，PDI项目大致包括：

1. 车辆外部：外观、漆面、轮胎胎压（包括备胎）、车门开闭、儿童锁状态等。

2. 发动机舱内：蓄电池状态、各油液液位等。

3. 车辆内部：内饰、密封条有无缝隙、各设备是否使用正常等。

4. 启动发动机后：发动机有无噪音，车灯、各用电设备功能等。底盘各部位有无松动、锈蚀、渗漏、损坏。排气系统接头是否紧密。接上电脑检查有无故障码。

5. 路试：有无顿挫、异响，各仪表工作情况、导航是否适用等。

（五）PDI规范

1. 目前我国没有关于PDI的法律或国家标准。

2. 中国汽车流通协会发布的《乘用车新车售前检查服务指引（试行）》为汽车厂家、经销商和消费者提供了一个较为清晰、合理且可执行的行业标准。

3. 厂家和经销商非常支持和愿意遵守《乘用车新车售前检查服务指引（试行）》的规定，也在大力地宣传推广。

4. 各人民法院对《乘用车新车售前检查服务指引（试行）》普遍持尊重的态度。

（六）各方的正确态度

1. 消费者要正确认识和理解 PDI，要克制贪欲。

2. 汽车流通行业要向社会广泛宣传，让人们理解 PDI、接受 PDI、支持 PDI，而不要对 PDI 施之以不应有的污名。

3. 目前，各地法官对于 PDI 的认识和理解的广度和深度还有较大差异，各地同案不同判的现象还不少，对于《乘用车新车售前检查服务指引（试行）》的完善和研究有待深入，需要有更多判例的积累、更多各地法官对 PDI 的深入研究和共同探讨，才能促进对于 PDI 问题的处理形成广泛共识，并给各地的经销商更加准确的指引。

4. 人民法院要多听双方律师的意见，站在公平公正的立场上，不要偏袒“消费者”，不要偏信“维修”“欺诈”之说法，不要轻易裁判支持巨额索赔请求，必要时要聘请专家证人到庭，以避免出现“PDI 就是维修”这样的错误见解和错误裁判。

5. 媒体要了解 PDI 的性质和意义，正确地宣传报道，避免以讹传讹。更不应该用夸张的标题吸引大众注意，助长“一次诉讼发大财”的不正风气。

6. 建议经销商要注意规范 PDI 操作程序，冠之以“PDI”之特别标识，公开 PDI 流程的全部项目，保留好 PDI 的维修检查凭证、向消费者告知的记录和消费者签名文件，这样，即使有人误解、误认，也可通过证据材料澄清。

四、误解、苛求 PDI 的后果

PDI 如同生产过程，无论其检测、整备、还是修复，都不是一般意义上的维修，不可能、做不到、也没必要一一“向客户告知”。如果 PDI 被认定是售前维修且须告知，则 PDI 根本无法实施。

如果因 PDI 未告知即构成欺诈、须整车“退一赔三”，对汽车厂家、汽车经销商都是不公平的、无法承受的，对社会是不负责任的，法庭将可能成为职业退车者获取暴利的乐园，法官将可能成为汽车经销商破产、员工失业的推手。如果这样的判决生效且执行，未来 PDI 极可能省略或虚化或简化，对全社会其实是非常危险的，至少会出现以下状况：新车不能正常使用；马路上随时会出现“杀手”；驾驶员、乘客都失去舒适安全的感受；道路交通事故高速增长；汽车质量严重下降；汽车使用寿命明显缩短。

所以，对涉及 PDI 这样的行业惯例的争议，人民法院一定要谨慎处理，切不可偏听一面之词，更忌讳挥舞裁判大棒打击正当的行业惯例及相应的实施行为。

第五节　包干维修

一、什么是包干维修

1. 包干维修并没有专门的法律概念或行业定义，它是保险行业针对需要修复的全损或严重受损车辆进行包干价维修的一般做法。

2. 所谓包干维修，其实是保险行业为确保赢利、降低成本、提高效率、解决保户需求与保险赔偿金额差异过大的矛盾而在特定情况下对保险标的车辆发生交通事故时采用的一种定损、付费方案，因其长期要求经销商合作采用，形成特殊形态：既是保险行业的商业惯例，也是汽车维修行业的商业惯例。

也就是说，保险事故车辆包干维修是由保险公司主导、汽车维修厂商及汽车被保险人配合的汽车维修打包方案，是覆盖保险全行业、汽车维修全行业、汽车全品牌的商业惯例。它不仅利于保险行业、汽车维修行业，同时也利于被保险人及车主。尤其是在车辆推定全损面临报废而被保险人、车主却想修复的情况下，它大大缩短了受损车的定损待修时间、大大提高了受损车的使用寿命。

二、包干维修的操作

简单来说，包干维修，就是保险公司框定维修总费用，汽车维修商若接受总费用，则由保险公司与被保险人或车主协商确定最终总费用，汽车维修商才开始维修。在包干维修方案下，维修标的车的总费用是确定的，维修项目及方法（换件还是修件、换什么件等）则以安全、合格为标准。简言之，就是各方商量一个价格，以包干方式帮保险公司及被保险人和车主解决问题。

此种情况下，原则上是能修的修，不能修的换合格新件、再制造件、回用件等。因为，在事故严重的情况下，车辆可能推定全损，维修费用有最高限额，最有可能的结果是两种：一是车辆报废，二是保险公司和汽车维修商商定包干维修。

三、包干维修的特征

（一）待修车辆特定

待修车辆是发生重大交通事故、受损严重的被保险车，或被保险人应当承担责任的第三者车，不是普通的维修车、保养车。

（二）维修方案包含复合法律关系

采用包干维修方式维修，不是平常由车主或其代理人委托的普通维修，而是保险公司定额赔付维修费的特殊维修，在“营改增”税务改革之后，保险公司普遍地、明确地要求由保险公司作为承揽合同当事人（送修人、定做人、维修费支付人）并获得经销商开具的同名等额发票，此种情况下，保险事故车辆包干维修的情形反而简单了；也就是说，平常的维修是单一法律关系，车主是定做人、经销商是承揽人，建立的是承揽法律关系，当事双方的权利义务明确、确定、一一对应；包干维修是复合法律关系，保险合同与承揽合同叠加且保险合同占支配的地位，在这种关系中，保险公司是强势的、主导的一方，汽车经销商、被保险人（被保险人应当承担责任的受损第三方）都是依从于保险公司，前者想从保险公司拿业务，后者想从保险公司拿钱，他们往往会听命于保险公司，哪怕是受点委屈、做些让步，一般也是能够接受的。

（三）各方追求的目标不同

1. 保险公司希望既满足保户要求，又盈利

为达此目的，保险公司在包干维修中的“定损”是形式上的，只定损失赔偿总额，不定维修项目及换件修件清单。因为，重大事故车辆往往损伤严重，一一查清车辆损坏情况并开具清单过于耗时耗力耗财、效率低下。

此时，保险公司也有维修清单，但只是为做账、内部管理之目的，该单

的维修项目、换件名称等，只是形式上的、象征性的，不可能跟维修商的真实工单一致。

2. 维修商希望拿到大项目

包干维修都是维修费十几万元、数十万元的大单，虽说因为费用包干而盈利大为降低，但也还是有利可图的：它可以使维修商的业务量指标大增；它可以使维修商的配件销量或用量大增；它可以使相关员工的工时稳定、增加，从而提高员工积极性。

3. 车主希望拿到准新车

此时，要么车龄短、要么车况好、要么车价高、要么车辆有某种特色或特点，总之，车主希望不推定全损，而是修复。

（四）法律关系复杂

在涉及被保险人应当承担责任的受损第三方的时候，法律关系和事实关系更加复杂，但仍然是且只能是保险公司主导。

四、包干维修的基本原则

（一）合格原则

1. 经销商一旦接受包干维修总费用，就要在费用框架内设计合理的维修方案，必须保证维修出厂后的汽车是合格的、适用的。

2. 经销商不能因为包干维修而降低质量标准。

3. 一般地，“合格”是以经销商的出厂检验为标准、出厂合格证为标志的，而经销商的出厂检验标准及流程则是根据国家的法律法规、技术规范以及汽车生产厂家的有关要求、经销商自身的维修经验等来制定或确定的。

（二）最低成本原则

在包干维修情况下，既要坚持合格原则，又要让经销商略有盈余，所以，保险公司就与经销商商定最低成本原则并在行业内长期地、反复地这样做从而形成行业共识：允许经销商在保证合格的前提下，为降低成本而在配件来源、换件与修件、维修项目、维修工艺等方面精打细算、自行斟酌并采用最经济、最合理的组合方案。在此原则下，经销商使用再制造件、回用件、长期库存件及简化工艺，都是惯例。

（三）能修不换原则

1. 这也是合格原则、最低成本原则派生出的原则。一般来说，修件的成本低于换件的成本。

2. 保险公司、被保险人（被保险人应当承担责任的受损第三方）通过包干维修方案把是修还是换的选择权赋予了经销商。

（四）三原则的确定性

1. 包干维修的原则类似于国际贸易术语，确定了包干维修就等于确定适用三原则，不能事后主张换件少了、修件多了；原厂件用少了、质量相当配件用多了；或者不该用回用件了之类的问题。

也就是说，被保险人、被保险人应当承担责任的受损第三方除非明示不同意包干维修，否则的话，就必须服从三原则、不能要求经销商以普通维修的配件、方式、流程去实施包干维修。

2. 最突出的一点就是，被保险人、被保险人应当承担责任的受损第三方不能要求经销商多换件、换新件、换原厂件等，更不应当以经销商坚持三原则而主张经销商不道德、欺诈等。

3. 如果人民法院的承办法官不了解这一行业惯例、认定经销商坚持三原则的行为构成欺诈并进而裁判支持车主提出的退一赔三请求，则经销商必须聘请熟悉汽车行业的律师坚定地上诉或申诉以维护自己的合法权益、维护行业的合理生存环境、维护诚信的交易风气。

五、可能采取包干维修的情形

1. 保险标的车辆发生保险事故，受损较严重，估损金额高于或最终理赔金额有可能高于车辆全损赔偿限额，为控制赔付总额而采用包干维修方案；

2. 车辆受损严重、定损复杂且难度极大。此种情况下，为提高定损效率、降低定损成本而采用包干维修方案；

3. 被保险人或受损车辆的车主认为受损标的车仍有修复价值、有修复的意愿、坚持要求修复时，为满足车主愿望而采用包干维修方案。

六、包干维修方案的制订

（一）与普通维修、保养都不同

1. 包干维修方案的确定程序、实施程序、保障程序与普通维修保养不同，所依据的主要是保险法、保险合同，所凭借的是保险赔付关系，不能按普通维修去对待。

2. 由保险公司提出、被保险人和经销商同意后对标的车辆进行包干价修复。

3. 车辆修复后，由经销商负责车辆质量保证。

（二）包干价必定大大低于承揽报价

1. 重大事故车在维修承揽时的报价与包干维修定损价会有较大差异，这是很正常的。

2. 承揽时报价是按普通维修、全车全程采用原厂件并以换件为主的维修方案。

3. 包干维修则是以推定全损最高赔付价为上限的，最主要、最集中地体现保险公司的价值取向。

4. 包干维修方案中，零配件通常不采用原厂件，换件也少。

七、包干维修的风险

（一）保险公司估价太低

此种情况下，经销商即使坚持三原则也难以为继，只好硬着头皮去恳请保险公司提高赔付额度或请求车主补贴差额，而保险公司极可能坚持最初的包干定损价、车主则认为既然投了保险，就不愿意自行补偿，特别是受损车主为被保险人应当承担责任的受损第三方时则更不愿意补偿，这就容易造成经销商窝工、维修时限迟延等问题。

（二）车主出尔反尔

1. 有的车主在明知车辆推定全损的情况下要求修复，为达目的而退而求其次同意包干维修。

2. 保险公司为保证客户满意度而不顾维修实际耗费，决定采用包干维修方案。

3. 等车辆修复并交付后，车主却对经销商的维修质量提出异议，理由是：换件少、采用了非原厂件、与承揽时的承诺不一致、与保险公司的定损不一致等，有的人甚至拿着从保险公司获取的定损单来与经销商的维修清单对比，“找出”大量差异来，以此作为向经销商索取“欺诈”对应的退一赔三高额赔偿。

（三）规避风险

1. 经销商必须高度重视保险包干维修方案的商定、采用、执行，一定要在被保险人、车主都明确表示同意包干维修方案、对维修金额进行书面确认之后才动工维修，避免事后的分歧、争议。

2. 经销商必须重视“三原则”的宣传、说明、告知，并留下相应的证据。

3. 当被保险人与车主不一致、存在被保险人应当承担责任的受损第三方时，必须征询该车主的意见，不能遗漏其意思表示。

4. 在确认包干维修方案之时，须注意细节：被保险人、车主（被保险人应当承担责任的受损第三方）都必须是当场、当面签名，签名须与其身份证件相一致；在规范的维修工单上签字确认，上面明确“本次维修实行包干维修，包干维修费用为人民币××××××元”；保险公司须对被保险人、车主的确认予以书面认可。

5. 须保留好承揽时的报价证据材料，以示与包干维修的区别、证明车主对承揽报价和包干维修报价都是明知的。

6. 在保险公司作为送修人时，维修商必须与保险公司签订承揽合同，由保险公司承担送修人权利义务、负责与实际车主沟通。

第六节 提前销售

一、什么是提前销售

（一）行业内做法

1. 提前销售是汽车行业的惯例、通行的规则，所有的品牌、所有的经销商都在做提前销售，无一例外。不同的品牌对应不同的厂家的经销商，其提前销售的做法会略有不同。

2. 提前销售（也有别的说法，如“虚拟销售”“报销售”等，实质内含相同、目的相同，说法可能有差异）是经销商为完成汽车厂家下达的各项任务、拿到返利和其他商务奖励而采取的提前报销售的做法。

3. 很多经销商在提前报销售时，都是报的员工姓名和资料，以便控制进程、控制风险。

（二）起因

1. 提前销售，其实是起因于汽车生产厂家设定的游戏规则。汽车生产厂家每年给经销商下达高额销售数量指标并规定考核、审计的方法，同时限定销售指导价且在厂家官网公布，按这个指导价销售，经销商往往就是亏损的。经销商必须按照汽车生产厂家的指令以亏损价格完成销售指标才可拿到厂家返利。

2. 经销商不得违背汽车生产厂家的意志，否则就会产生拿不到返利、拿不到热销的新车、巨额建店投资及维持成本无法收回、对上下游客户都违约等严重后果。

3. 经销商在卖车确定亏损又没有别的利润点的情况下，只有拿到汽车厂家的返利，才有可能生存下去。

4. 汽车生产厂家给经销商下达的高额的销售指标其实是很难在规定的时间内达成的。

5. 在规定时间完不成规定指标，其实也是汽车生产厂家明知的，甚至是汽车生产厂家故意造成的，如同饥饿营销的原理一样。

6. 汽车生产厂家知道经销商明明完不成任务，但一定会想办法“完成任务”来获取赖以生存的返利。

（三）厂家默许或期待

1. 在汽车生产厂家的默许下，经销商在规定时间内确定完不成任务时，就会采取提前报销售的方式来“完成任务”，从而满足获取汽车生产厂家返利的条件。

2. 之所以说汽车生产厂家默许，是因为他们对经销商有严格的、系统的审计、考核、检查，而且对经销商的销售情况、维修情况通过软件实时控制，经销商提前报销售，汽车生产厂家是很容易就可以发现的，但它们就硬是“不发现”，可见，汽车生产厂家其实是默许的。

3. 这甚至有可能是汽车生产厂家所期待的，是它控制经销商的一种手段、策略，如同唐僧向孙悟空念紧箍咒一样。之所以这样揣测，是因为如果汽车生产厂家严令禁止提前报销售，它完全可以做到。但是，如果把经销商都逼到绝路，汽车生产厂家就彻底没了摇钱树，这并不是它们愿意看到的。

（四）性质

由此可见，提前报销售并不是真实的销售，只是经销商和汽车生产厂家的一种利益博弈方式。也就是说，提前销售只是经销商向汽车生产厂家预报销售以获得返利，只是经销商与汽车生产厂家的一种游戏，不是真实的销售，没有发生真实的交易，没有真实的权利义务关系的建立、变更与转移、没有确定真实的最终客户。

不同品牌汽车提前销售的共同点是，车辆并没有真正销售，只是走了账面、走了经销商及厂家的流程、开了发票、形式上貌似已销售给终端客户。通常，提前销售与实际销售有较短的时间距离，经销商会尽量缩小这个距离。提前销售一般并不影响终端客户的权益。在提前销售与实际销售距离较大时，经销商一般会予以优惠。

二、为什么会有这种奇怪现象

（一）法律规定使厂家强、经销商弱

提前销售，其实是品牌销售制度的副产品，是品牌销售制度的“畸形儿”。

在《汽车品牌销售管理实施办法》所确立的中国汽车流通体制下，汽车生产厂家被立法赋予类行政机关甚至超行政机关的权力，汽车生产厂家因而根据法律规定创设自己全资公司以承担总经销商的责、权、利，又由总经销商去实施对经销商的管理、控制，大到经销商授权、4S店投资人及管理者的任何变动、4S店的选址、建设方案的确定，小到4S店的地砖、纸巾用什么品牌、什么规格、到哪里购买，都有要求、且不得违反，否则，会有各种商务政策的罚则伺候。

（二）厂家对经销商全面控制、全程控制

在这种体制下，汽车生产厂家通过网点布局规划等事前控制经销商的密度和忠诚度；通过有关软件实时知悉并控制经销商的一切经营活动；通过审计事中或事后监督经销商的经营行为；通过返利、新车上市的宣传广告推广支持等方式来扶持或限制甚至打击经销商；通过建议价格、销量、库存、推销汽车金融产品等方法或指标来调节经销商的生存空间和利润水平。

总之，汽车生产厂家织了一张天罗地网，经销商必须乖乖服从。提前报销售只是汽车生产厂家这张大网中的一个环节。汽车生产厂家通过提前销售扩大了产量和销量、消化了库存、使车款提前回笼。

（三）提前销售是汽车流通全行业的痛

虽然厂家对提前销售是明知的、默许的、甚至是配合的或支持的，但形式上却有点像经销商做假哄厂家，因此，经销商们并不愿意操作提前销售，只是迫于无奈。经销商们一直在试图扭转厂家压库存、转移库存、逼迫经销商提前报销售的不正常局面。将来，当经销商真正自主经营、自由交易，提前销售就不再有必要了。

三、提前销售的风险

在提前销售的场合，经销商的风险是非常大的。

（一）来自报销售的对象的风险

被报销售的人如果失控、向经销商主张对被报销售的车辆的所有权或"已付车款"的退款，经销商就会很难办。因为，发票已开具，而最高人民法院的司法解释已确认"发票是已付款的证明"。

（二）来自真正的终端客户的风险

一般情况下，真正的终端客户可以从厂家系统、别的授权经销商那里查到车辆情况，包括提前销售情况。多数客户理解并接受提前销售的真正含义；少数客户在经销商解释后能够理解和接受提前销售；极个别客户不理解不接受，甚至故意曲解；极端者以此为由诉至法院告经销商"一车二卖欺诈""旧车假冒新车欺诈"，而且还真有法院判决支持车主的诉讼请求，判令经销商整车"退一赔三"！

所以，如果经销商操作提前销售，一定要把握好，万一真的遇到了这样执拗的车主，就聘请熟悉汽车行业且负责的律师，大大方方地在法庭上讲清楚提前销售的真正内含和操作流程，作者相信，只要经销商说得清楚，法官是能够正确理解的。

当然了，经销商在被迫提前报销售时，要把握好流程及文件，不要完全失控。要尽量争取缩小提前报销售与实际销售的时间距离，要在实际销售时注意选择客户，最好是争取客户理解什么是提前销售并签订相关协议，要保证购买被提前报销售的汽车的客户利益不仅不受损、还能略有增盈。

万一遇上较真的客户，最好成诉之前就处理好。实在被诉了，那就一定要聘请熟悉汽车销售业务的律师。作者就承办过提前销售案件，并且胜诉，判决早已生效。

网上爆出某地法院判决认定4S店的提前销售构成欺诈、判决4S店向车主退一赔三巨额赔偿，那家4S店要么没有聘请律师，要么临时抱佛脚聘请了完全不懂4S模式、更不懂汽车行业惯例的律师。

2017年7月1日起，《汽车销售管理办法》施行，汽车厂家不得规定经销商汽车销售数量，提前销售的存在前提可能不存在了，提前销售也许会消失。但是，过去多年的提前销售存量，仍然可能被客户翻出、被起诉到法院。

第七节　行业习惯的培育、固化

汽车行业习惯的技术性、复杂性、复合性等特征，使得它成文化、规范化、体系化的需求更迫切，否则极易被误解或曲解。

在这方面，行业协会应当发挥重要作用，积极开展行业惯例的调研、形成机制的分析、效用分析、宣传、解释、编纂、相关案例收集整理分析等工作，同时，要引领全行业树立诚信风尚，培养良好的、规范的、易操作和被外界理解的行业习惯。

行业习惯的固化、宣传是一项长期的工作，必须坚持，必须推动，必须行动起来。

一、要对全行业的行业惯例做到心中有数

1. 有哪些已成熟的、被全行业公认并广泛适用的、被行业外理解和接受的行业惯例？

2. 有哪些已成熟的、被全行业公认并广泛适用的行业惯例被行业外误解、特别是被人民法院裁判确认这种误解的案例？

3. 有哪些已成熟的、跨行业但已被全行业公认并广泛适用的、被行业外理解和接受的行业惯例？这些行业惯例中不被外界理解和接受的有哪些？外界争议较大、异议较多的是哪些？主要的争议焦点是哪些？比较集中的异议是哪些？

4. 目前有哪些正在形成中的、被全行业适用的准行业惯例？

二、行业惯例的调研是一个浩大的工程

1. 行业惯例的调研应当覆盖全行业、全流程、全生命周期，需要对全行业的全部企业的相关经营状态进行调查；

2. 可采取问卷式、座谈式、网络问答式、案例式、论坛式等多种形式，要尽量收集一手材料；

3. 要及时对材料进行整理、分析、归纳、找出共性的、有价值的东西。

三、行业惯例的形成机制分析须立足于行业

1. 分析行业惯例的形成机制，找出其合法性、合理性、对效率和效益的贡献等重要因素、重要价值，使之作为行业习惯更易被理解、被接受、被配合适用。

2. 对行业惯例形成机制的探究、分析必须立足于全行业，着眼于对行业生存、发展有重大影响的事件和习惯。

四、从多个维度认识行业惯例

1. 行业惯例有强大的生命力和影响力。它之所以形成、适用、被广泛接受，有其内在的道理和外在的需求。

2. 行业惯例是鲜活的、综合的、深刻的，不能简单地看待它，不能单薄地描述它，不能苍白地表现它，要多角度、多维度地了解和理解它，让它真实地、丰满地得到呈现。

第八节　汽车行业道德

1. 汽车行业的职业道德建设、维护、弘扬，是事关汽车行业生死存亡的大事，必须高度重视、做实事、做真事、真做事。

2. 汽车行业职业道德的内容主要有诚信、热情、守时、及时响应、有效处理。

（1）诚信。对客户、对车主、对来访者，都恪守双方约定、单方承诺、行业习惯，不要说了不算数、写了不承认、自毁声誉。

（2）热情。到4S店的都是客人，无论其是否买车，都应当热情接待，

认真回答咨询，努力解决问题，让来者如沐春风、倍感踏实。

（3）守时。现代人都忙碌，有车一族更是恨不得能分身。所以，无论买车还是修车，客人都希望尽量在较少时间内办成较多的事、能预知总的时间耗费，好安排其他的事。所以，我们的销售顾问、我们的服务顾问，一定要专业、敬业、熟悉业务流程、把握好业务各阶段的时间耗费和总的时间耗费，准确地回答客户，调动客户积极性并配合客户展开工作，从而既方便客户又方便自己。

（4）及时响应。对他人的请求及时响应，对他人的疑惑及时解答，都是有修养、素质好、情商高的表现。

（5）有效处理。只做到热情、守时、及时响应还不够，还必须做实事、真正解决问题、有效处理客户的诉求。对于问题复杂、需要其他部门或者厂家配合才能解决的事项，也要及时、坦诚地与客户沟通，恰当地告诉客户情况，让人家对等待时间、可能后果都有一个基本预期。

如果您对汽车行业惯例有新的见解，欢迎关注作者的微信号（见作者简介）与作者进行交流，以便在再版时修订。您的积极参与，是汽车行业兴旺发达的强劲动力！

第八章　行业风险的防范及管理

第一节　限号、限行、限购

限号、限行、限购是近几年各地行政机关“创设”的规定，都是为了限制汽车保有量、汽车上路行驶量、外地车本地使用量，一个根本点是“限”，可由政府控制、调剂汽车总量及上路使用量和使用规律。它的利弊得失我们不在这讨论，只分析其中的经销商风险。

一、限号

1. 汽车限号就是每天规定特定尾号的乘用车不得上路。它是一种调控汽车上路使用量、保证交通畅顺及减轻环境污染的措施，是北京奥运会之前为了交通顺畅和空气质量达标而采取的临时政策。因其调控交通及环境卓有成效，现在变成了长期的政策。

2. 这样做的目的有两个：一是减轻北京市区车辆快速增长而造成的交通负担；二是降低北京的机动车尾气排放量，把北京的空气污染指数控制在一个合理的范围内。

3. 在北京，汽车限号最早的依据是北京市公安局公安交通管理局 2011 年 4 月 2 日发布的《关于工作日高峰时段区域限行机动车车牌尾号轮换办法的通告》，该限号令，其实同时是限外（外地车）令、限黄（黄标车）令。

4. 北京现在基本每天都有上百万辆的机动车没有权利进入北京五环路内行驶，除去郊区的车辆，尾号限行能使北京五环内地区每天少行驶机动车 40 万辆左右，能够明显改善北京市交通拥堵状态，同时也极大改善北京市环境。

5. 在北京，不受限号措施限制的机动车辆有五大类：一是特种车辆：警车、消防车、救护车、工程救险车等；二是公用或营运性质的车辆：公共电汽车、省际长途客运车辆及大型客车、出租汽车（不含租赁车辆）、小公共汽车、邮政专用车、持有市运输管理部门核发的旅游客车营运证件的车辆，经市公安交通管理部门核定的单位班车和学校校车等；三是行政执法车辆和清障专用车辆：须车身喷涂统一标识并执行任务的车辆；四是专项作业车辆：环卫、园林、道路养护，殡仪馆的殡葬车辆；五是悬挂“使”字头号牌车辆及经批准临时入境的车辆。

6. 北京汽车限号每13周轮换一次停驶日。

7. 违反限号规则的法律责任是被处罚：“公安机关交通管理部门应当按照本通告的规定，在机动车禁行区域周边道路设置禁令标志。对于机动车违反本通告规定进入禁行区域道路行驶的，认定为‘违反禁令标志指示行驶’的违法行为，依法处罚。”

限号令可能涉及经销商的公务车、试乘试驾车、代步车的管理，主要是行政部门需要做好车辆的使用调配、登记工作，以避免误触违规红线。

二、限行

汽车限行也是一项汽车调控政策，目的与汽车限号大同小异，只是其针对的对象更加宽泛、执行的地区更加广泛、执行的时间更加长久。具体做法就是通过政令禁止某类车在规定时间行驶到规定区域。目前已知北京、上海、广州、深圳、成都、兰州等地正在施行或曾经施行过这项政策。

法律顾问要督促经销商按汽车限号一样的风险防控方法进行汽车限行的管理。

三、限购

（一）各大城市动态

1. 汽车限购令也是由北京首发，意在缓解交通压力。2010年12月23日，北京正式公布《北京市小客车数量调控暂行规定》，成为国内首个发布汽车限购令城市。

2. 2012年6月30日21时，广州市宣布对中小型客车进行配额管理。

3. 2013年12月15日，天津市宣布从2013年12月16日零时起在全市实行小客车增量配额指标管理。

4. 深圳市自2014年12月29日18时起，在全市实行小汽车增量调控管理。

（二）限购令的发展

限购令其实是限牌令，最初号称限购而已，到真正发布政令的时候，并不是直接限购，因为直接限购没有法律依据，人民群众有权自由处分自己的财产、购买任何公开流通的物品包括汽车。各地多是依据机动车上路必须进行注册登记、持有行驶证这一法律规定，通过限制汽车注册登记上牌数量，控制机动车数量，达到治理交通拥堵的目的。据粗略统计，北京市、广州市、上海市、贵阳市、天津市、杭州市、深圳市已发布限牌令。由于一直以来老百姓都叫限购，所以，本书也用“限购”这一说法。

（三）限购令对经销商的影响

限购令对经销商的影响非常大，缩小了目标客户范围，增加了销售难度，直接减少销售量、增加库存、放缓客流、提高经营成本，等等。

法律顾问要结合当地限购令具体内容，指导经销商作长期规划、应对。

第二节　“车闹”

一、什么是“车闹”

“车闹”是与医闹相提并论的一个民间新提法，大家一般都知道“车闹”“医闹”是怎么回事。当极少数汽车买方或车主因为一些要求没有得到满足，就兴师动众以“闹”的形式去给经销商施加高压，意图迫使经销商屈服、进而满足施压者的要求。这就是“车闹”。

二、“车闹”的起因

显然，经销商不会无事找麻烦，对于确实属于质量问题、服务问题的，一般都会及时地、合理地处理。引起“车闹”的事由，多是车主小题大做，甚至是无中生有；“车闹”者所提出的要求，都是经销商不应承担也承担不起的，甚至是无理的要求。

“车闹”者在闹之前通常都与经销商有沟通，但是，由于“车闹”者提出的要求太过分、太离谱，经销商无法答应，于是，“车闹”者就开始闹了。

三、“车闹”行为的性质

“车闹”者多数是不理性的，“车闹”行为多数是没有合法基础的，“车闹”者其实是在实施违法行为，特别是非车主、非车辆使用人的“车闹”参与者，违法性质非常明显，那些车主花钱请的“专业车闹”，违法性质更加毋庸置疑。

“车闹”行为对经销商的负面影响是巨大的，处理起来也是非常棘手的。但是，《刑法修正案（九）》却使“车闹”有入刑的可能，“车闹”如果闹过了头，就可能涉嫌犯罪。《刑法》是这样规定的：“聚众扰乱社会秩序，情节严重，致使工作、生产、营业和教学、科研、医疗无法进行，造成严重损失的，对首要分子，处三年以上七年以下有期徒刑；对其他积极参加的，处三年以下有期徒刑、拘役、管制或者剥夺政治权利。”

近年来，某些车主及其家属通过雇用“车闹”向经销商施加压力，通过闹事的方式追求自己的经济收益。这类人经常采取堵门、拉横幅、贴海报、毁坏财物、扰乱正常经营秩序、在经营场所滞留等方式向经销商索取高额赔偿。有些人甚至把“车闹”当作一种“商机”，组织社会闲散人员、退休老年人当“车闹”参与者，使“车闹”成为一类特殊的、临时赚钱的“职业”。这样的组织者，入刑的可能性非常大。

将情节严重、造成严重损失或恶劣社会影响的“车闹”行为入刑，有助于严厉打击“车闹”行为，消解“车闹”行为的负面示范效应，防止“以闹得势”“以闹取利”、以闹为手段追求各种不当利益、非法利益的坏风气蔓延滋长，对于保障经销商的合法权益，创造良好的经营秩序有促进作用。

四、处理“车闹”行为的方法

（一）民事诉讼

1. 目前，比较有效的是对“车闹”者提起民事诉讼，已有深圳的经销商通过民事诉讼维护了自己的合法权益。

但是，民事诉讼并不是可普遍推行的对付“车闹”的有效措施，因为它耗时长、耗费多、需要有利的证据，最重要的是，需要经销商下定决心、鼓起勇气。

2. 案例

深圳宝源行宝马4S店状告堵门车主（俗称“车闹”）名誉侵权案，一审以原告（经销商）胜诉终结，二审维持一审判决。

网传，深圳市福田区人民法院一审判决如下：

“一、被告应该立即停止侵权行为并在本判决生效之日起十日内向原告深圳宝源行汽车销售服务有限公司书面赔礼道歉；

二、被告应在本判决生效之日起十日内向原告深圳宝源行汽车销售服务有限公司赔偿3000元；

三、驳回原告深圳宝源行汽车销售服务有限公司其他诉讼请求。”

仔细阅读（2015）深福法民一初字第6653号民事判决及相关消息，作者感到法治在慢慢走近，野蛮将受到应有对待。

据了解，自2015年8月以来，该车主多次采用堵门、拉横幅、散发传单等方式“维权”，客观上扰乱了深圳宝源行宝马4S店的正常营业、损害了该店形象与商誉。因此4S店将该“车闹”告上法庭。

3. 经销商不是被逼急了，不会起诉客户

其实无论案件输赢，和客户打官司都不是4S店希望发生的事情。

多年来，一些车主在与经销商意见不合时，就会采取过激行动，客观上给经销商施压，对此，往往是派出所不管、工商所不管、消费者协会更不会管，经销商扛不住就只能妥协、大幅度让步以换取“车闹”不闹，经销商的正常经营秩序往往因闹而乱、因闹而受损，经销商为止闹、止损不得不“割肉”，从而使“车闹”得到不闹就得不到的利益，客观上助长了“车闹”风气。

（2015）深福法民一初字第6653号案的意义在于以下三点：一是维权须有度，“车闹”不可取；二是法律应遵守，违法有代价；三是被闹、被缠者拿起法律武器，法院能够一视同仁。

“车闹”过度维权，甚至暴力维权，置法律法规于不顾，为什么4S店就不能状告“车闹”呢？并且，“车闹”对4S店产生的名誉侵害和经济损失，理应由法院裁决，赔偿4S店所受的损失。

这是一个非常典型的案例，深圳宝源行的做法合情合理，有理有据，为大多数4S店提供了解决过度维权的实战参考方案。它本来是一起汽车质量问题的维权事件，演变成了4S店状告“车闹”名誉侵权的法律纠纷。如今4S店胜诉，恰恰也说明国内有些“车闹”触碰到法律底线了。

（二）追究刑事责任

2015年11月1日，《刑法修正案（九）》将聚众扰乱公共、交通秩序罪改为聚众扰乱社会秩序罪（第二百九十条），一个重要目的就是为解决“车闹”“医闹”“房闹”“学闹”等以非法手段“维权”的问题，教化民风，严肃法纪。

《刑法修正案（九）》有三点重要变化：一是将首要分子的刑种限定为有期徒刑一种且限定最低法定刑为三年、删除了“拘役、管制或者剥夺政治权利”等轻刑，意味着触犯此罪的首要分子必须服刑三年以上七年以下；二是将首要分子的法定最高刑从五年提高到七年；三是拓宽了刑罚对象，从原来只追究“首要分子”的刑事责任拓展为“对其他积极参加的，处三年以下有期徒刑、拘役、管制或者剥夺政治权利”。

本款规定的“聚众扰乱社会秩序”，是指纠集多人以聚众侵入、占领工作场所以及封闭其出入通道，进行纠缠、哄闹、辱骂等。

“情节严重”，一般表现为扰乱的时间长、次数多、纠集的人数多，参与“闹”的人员与争议无关，扰乱重要的工作、生产、营业活动，造成的影响比较恶劣，等等。

“造成严重损失”，主要是指使经销商受到严重的破坏、产生巨大的可见的可量化的损失。

“首要分子”，主要是指在聚众犯罪中起组织、策划、指挥作用的犯罪分子。

“其他积极参加的”，是指在共同犯罪中，积极、主动参加的或者在共同犯罪中起重要作用的犯罪分子。

（三）维权须合法，违法即担责

1. 卖车欺诈、侵权，与消费者维权过度时的侵权，本属两个法律关系，适用不同的法律。前者适用合同法、消费者权益保护法，后者适用治安管理处罚法、民法、刑法。

2. 道歉加3000元赔偿，是典型的违法成本低、违法责任轻。与经销商被堵门一个月的直接经济损失相较，严重地不对称。但是，毕竟比以往的经销商束手无策有进步。

3. “车闹”以前太普遍，这样判罚也是对一些恶意“车闹”者的一个警示，依法处理、合理处理总比闹要好。

4. 经销商还是应该本着积极处理，客户至上的态度，对“车闹”行为有一个合理的应激机制，尽可能用最短的时间、最妥当周到的安排来解决“车闹”问题。

5. 除了民事诉讼、刑事诉讼这些通过国家强制力去实现的维权路径之外，还可报警，要求警方采集“车闹”现场的“车闹”者的身份信息并留存，同时警告“车闹”者，尤其是对其中的“职业车闹”要严加训诫。这个方法既可达到警示“车闹”的目的，又同时收集了证据，为日后的诉讼作了准备。

第三节 反垄断

汽车行业的反垄断其实是机遇与风险并存，对经销商而言，不见得都是坏事。但经销商必须正确应对，否则肯定会吃亏。

一、汽车流通领域的主要垄断问题

1. 总经销商制度

总经销商制度，实质上就是汽车生产厂家垄断制度。它是由《汽车品牌销售管理实施办法》（本节简称“办法”）在客观上一手制造的。而“办法”是2005年由商务部、发改委等共同制定的，作为部门规章，它已被2017年4月14日发布、2017年7月1日实施的《汽车销售管理办法》废止。因此，总经销商制度表面上已成为历史。

但其实，由于总经销商都是厂家设立的独资公司，这些公司还存续、还正常经营，所以，总经销商是名不存而实还在。总经销商制度赋予汽车生产厂家类行政机关的权力，汽车生产厂家据此可以完全按照自己的意思去选择、去确定、去废止、去指挥、去要求、去限制、去管理汽车经销商。经销商的生死存亡、兴衰进退、强弱盈亏，统统由总经销商说了算。总经销商对经销商握有生杀予夺大权，由此可见，总经销商制度是典型的垄断制度。

2. 品牌专卖制度

品牌专卖制度是“办法”规定总经销商制度的必然产物。它成了总经销商控制、左右经销商的利器。

经销商只能单品、单店经营某个品牌、专营并专卖，吊在一棵树上，不得有丝毫的变动。经销商建店的一切资金和物质投入必须符合品牌要求，高管及技术人员要受品牌培训并管理，经营物料要按照品牌要求去购买或定制，等等。这样，成本高昂、客源受限、整车及零配件库存无法合理安排、高管及核心技术人员进入与退出机制不能自由设计，经销商完全被捆住手脚，失去经营自主和自由。

3. 配件渠道垄断

这也是"办法"实施后的衍生物，汽车生产厂家掌握着零件、配件的供应渠道，零件、配件的供应品种、供应时间、供应方式、供应价格、供应包装形式等完全由汽车生产厂家支配，经销商根本不能按照经营需要去安排零件、配件的订购、运销、库存等经营活动，常常是这边被客户催得像热锅上的蚂蚁，那边汽车生产厂家要么慢条斯理地走流程处理零件配件供应活动、要么终于发货了却牛头不对马嘴，你要左前门它给你发来右后门，类似的事情让你哭笑不得。

二、汽车行业反垄断现状

1. 汽车行业作为广大群众密切关注的行业，受到的反垄断调查比较密集。

2. 从2014年起，我国刮起了针对汽车行业包括生产厂家和经销商的反垄断风暴。

2014年7月2日，商务部根据《反垄断法》，对丰田混合动力关键零部件企业的申报作出了附加限制性条件的批准。反垄断开始席卷汽车行业，有逾千家中外汽车企业接受了中国政府有关行政机关的反垄断调查，被调查者涉及从整车制造商、零部件供应商到经销商的整条产业链。国家发改委及全国多个地方物价局对汽车行业开出的反垄断罚单累计超过了18亿元，涉及一汽大众、奥迪、宝马、奔驰、克莱斯勒等多家知名汽车企业。

3. 国家发改委对日本住友等八家零部件企业价格垄断行为依法处罚8.3196亿元，对日本精工等四家轴承企业价格垄断行为依法处罚4.0344亿元，合计罚款12.354亿元。八家汽车零部件企业和四家轴承企业涉嫌达成并实施了汽车零部件、轴承的价格垄断协议，违反了我国《反垄断法》规定，排除、限制了市场竞争，不正当地影响了我国汽车零部件及整车、轴承的价格，损害了下游制造商的合法权益和我国消费者利益。

三、汽车行业反垄断的发展趋势

1. 开出罚单并不是反垄断的全部，中国汽车反垄断正在向纵深发展，未来的趋势是常态化、并与国际接轨。

2. 反垄断调查和处理措施已经使“办法”开始松动，并促进了《汽车销售管理办法》的公布实施，也就是说，反垄断推动了汽车流通领域原有规则的修改。因此，长期影响更为深远。

四、反垄断对汽车行业的影响

1. “办法”的制定机关同时是反垄断的主导部门，据称，反垄断风暴客观上是在为“办法”退出制造舆论。

2. 实质废除十年来普遍实行的、明显具有垄断性质的汽车品牌总经销商制度和强令经销商接受并实行的4S店专营经销模式已成为现实。

从《反垄断法》正式实施的2008年起，修改“办法”的呼声一浪高过一浪，“500家经销商上书”轰动一时；对“办法”修改完善的研究、探讨也是丰富多彩，官方的、民间的进行了一轮又一轮，各种文稿一份又一份。

3. 随着汽车行业流通规则的改变，经销商的产业链话语权将有机会得到增强，汽车产业利润链条将得到重塑。

经销商处于弱势地位的现状完全基于“办法”的规定，“办法”被废止，汽车流通领域整个经营格局就会改变，经销商受“压迫”、受“剥削”、受“管制”、受限制、没有经营自主权和行业话语权的局面就可能慢慢改变。

2014年7月31日，商务部发布《关于停止实施汽车总经销商和汽车品牌授权经销商备案工作的公告》，基本上旧的“办法”已经无法指导当前汽车经销管理，新的规定已经在2017年3月出台。

4. 如果汽车流通行业各种垄断制度能被顺利破除，长期影响深远：

（1）汽车行业特别是整车生产厂家存在广泛的垄断行为，这已经从众多车企向反垄断调查机构低头认错得到证明。

2014年4月，中国保险行业协会公布的数据显示，北京奔驰C级某车型的零整比（即汽车所有零配件价格之和与其售价之比）高达1273%。通常，国际上汽车“零整比”为300%，即整车的零部件分拆单独销售等于整车售价的3倍，而在中国相关机构的调查中却发现18个豪车和大众品牌车型中，10款汽车零整比超过400%，最高的北京奔驰C级零整比高达整车的12倍多。

在反垄断风暴中，捷豹路虎、奥迪、奔驰、宝马先后宣布下调原厂零部件的批发价，其目标就是满足零整比300%这一欧美市场平均标准。没有生产线的调整、没有原材料或配置的变化、没有税率的改变，却主动下调了整车和零部件的价格，这就是反垄断风暴对汽车生产厂家的影响。用雷克萨斯中国负责人的话来说就是：“我们将严格遵守中国法律法规，不断完善经营行为。”

整车制造商对于车价的控制、对于原厂零部件供应的严格控制，造成了中国市场上进口车价格长期虚高、零部件价格虚高，并进而影响了消费者的利益。将来，整车和配件价格都将下降，特别是进口车等主力车型的销售价格将基本做到和海外市场同配置车型价格接轨，汽车生产厂家将被动地让渡利润给消费者。

（2）经销商经营机制将更为灵活，经销商份额提升和经营环境改善机遇广阔。

经销商可自由选择经营模式，“汽车大卖场”“汽车超市”等多元化经营模式将出现，并迅速发展、越来越兴盛。

（3）经销商无须再一次性投入巨额建店资金，将可进行少量、渐进式投资，减少土地占用和土木工程建设，从而使资本收益和经营效率明显提升。

（4）零配件价格下调，对消费者有利、对经销商更有利。目前4S店老客户流失的主要问题，就是配件太贵导致维修保养费太高。

（5）汽车经销商面临重大挑战和机遇。反垄断利于市场资源配置优化，大型经销商集团资金雄厚、人才荟萃、设施齐备、实力强大，未来更可能通过资源整合、资本运作等动作来提升店面和区域的综合管理效率。

5. 汽车经销商面对反垄断风暴，该做些什么？

不同的汽车经销商受反垄断风暴的影响程度不一样，有的大、有的小，有的得益、有的受损，但绝大多数几乎没什么直接影响，有负面影响的更少。但是，经销商并不能因此就对反垄断行动置若罔闻，而要密切关注、认真了解，以便随时调整自己的经营管理策略，避免触犯高压线，挽回负面影响或者利用有利时机。

第四节　“退一赔三”浪潮

退一赔三并不是个标准说法，更不是法律术语。它是指消费者认为经销商在提供服务时实施了欺诈，向人民法院起诉请求退车、退款并要求经销商按照《消费者权益保护法》的规定给予消费者以三倍的赔偿，形象化地说，就是退一赔三。

由于车主们都是按整车来索赔并期待得到支持的，而汽车车价少则三五万元、多则几百万元甚至上千万元，三倍赔偿对车主和代理律师的诱惑力极大，所以近年来，汽车退一赔三案件呈爆发式增长，对经销商是沉重打击，对社会是巨大震动，不知有多少人在做“一诉发横财”之梦。

事实上，有的车主也确实从诉讼中获得巨大利益。已公布的案例95%以上是经销商败诉，天津、贵阳的三起宾利车退一赔三案件，都判令经销商赔千万元以上，尤其是天津，一个经销商在两起宾利案件中都败诉，赔偿总额达38855446.6元！

作者深知此类案件对经销商影响深重，特别关注、持续撰写关于汽车退一赔三的系列文章，发表在公众号“陈群汽车律师”（微信号：cqqcls）、法律博客“道义文章”（网址：cqlawyer2006.fyfz.cn）、大鱼号“婚姻家庭与财产传承”等自媒体上。下面摘录几篇文章与大家分享。

第一篇“玛莎拉蒂退一赔三”正确吗？合理吗？公平吗？

因为我是汽车律师，所以，经常有人拿汽车案件来咨询我，或将热点的汽车案件信息发给我。

最近，“全国首例平行进口车产地欺诈被退一赔三的判决”出炉的消息热传，该消息所传的是：“重庆车主游女士花130万元在重庆爱尚汽车销售有限公司购买了一辆玛莎拉蒂轿车，后因该车多次出现无法点火、天窗漏水、爬坡无力、突然熄火等故障，在要求经销商退车或换车无果的情况下，游女士将该经销商告上法院。”“2016年10月24日，重庆渝北区人民法院开庭审理了此案”，“2017年6月27日，重庆市渝北区人民法院作出一审判决，一审认定：经销商构成欺诈，判决经销商退还购车款130万元，并按退一赔三原则，赔偿390万元”。看起来很真实，几家大媒体也宣传了。

我注意到网文说：“游女士的代理律师、重庆康渝律师事务所主任陈晔律师介绍，从全国裁判文书网公开的案例看，这是全国首例平行进口车产地欺诈被退一罚三的判决。”

但是，我从裁判文书网根本搜不到文中所提到的判决，从网上只能搜到那些夸大其词的网文。

因此，我没有看到该案件的起诉状、答辩状、双方证据、一审判决书等重要文件，对案情的了解完全来自网络，本想等拿到有关材料再发言，但民意汹汹，再不说一些该说的，心里实在不忍。

我只能依据极其有限的网络材料，对几个十分重要的点来发表意见，因此，有可能不客观、不全面。请观者理解并体谅。

一、该车，依法应退车或换车吗?

该车的问题是“多次出现无法点火、天窗漏水、爬坡无力、突然熄火等故障”，对照法定的退车条件：

（一）形式条件

“在家用汽车产品三包有效期内，符合本规定更换、退货条件的，消费者凭三包凭证、购车发票等由销售者更换、退货。”即需要准备三包凭证、购车发票。

（二）实质条件

1. 免费更换或退货

(1)“开具购车发票之日起60日内或者行驶里程3000公里之内（以先到者为准)”。显然，案涉车辆时间超过了、里程也超过了。

(2)“转向系统失效、制动系统失效、车身开裂或燃油泄漏”。显然，即使“无法点火、天窗漏水、爬坡无力、突然熄火”都是真实的且有证据证明的，也不属于法律规定的退车换车的4种情形。

2. 需要支付使用补偿

“（一）因严重安全性能故障累计进行了2次修理，严重安全性能故障仍未排除或者又出现新的严重安全性能故障的；

（二）发动机、变速器累计更换2次后，或者发动机、变速器的同一主要零件因其质量问题，累计更换2次后，仍不能正常使用的，发动机、变速器与其主要零件更换次数不重复计算；

（三）转向系统、制动系统、悬架系统、前/后桥、车身的同一主要零件因其质量问题，累计更换2次后，仍不能正常使用的……”

在网文中没有看到符合上述三条件的说法。

所以，个人揣测该车不符合法定的退车或换车条件。

二、经销商欺诈了吗？

（一）关于玛莎拉蒂品牌

玛莎拉蒂是一家意大利豪华汽车制造商，1914 年 12 月 1 日成立于意大利博洛尼亚，公司总部现设于意大利摩德纳，该汽车品牌的标志为一支三叉戟。1993 年菲亚特收购玛莎拉蒂股权，但品牌保留了。

（二）关于平行进口车的“产地”

1. 所谓平行进口，就是与品牌授权相对应的一种汽车销售模式，我国在近一两年才在有关文件中规定了汽车平行进口的合法地位，且仍在“试点”中。

2. 对于平行进口汽车的产地，不可能像品牌销售那样规范、统一、严格。

品牌销售的车辆，全部是汽车厂家为了中国市场而专门设计、生产并运输到中国在中国市场销售的，俗称“中规车”，它的技术标准、燃油及气候要求、各项技术参数等都是符合中国法律法规及技术规范的，也符合中国人的使用习惯。

而平行进口车，它本来就不是为中国设计、制造的，何以要求其是中规车？常见的平行进口车主要有美规车（为美国市场设计和生产并供应美国市场的车）、加规车（为加拿大市场设计和生产并供应加拿大市场的车），这些车的产地还是在原产国，就像大量中规车是在原产国生产后漂洋过海、远涉重洋来到中国一样。并且，在车辆运抵目的国后，往往要进行一系列的技术整备，如 PDI，如地图、标识的当地化等，如果发生了技术整备或有改装、加装，就因此认为产地变成了改装地、加装地，那就是不正确的。

还有一种情况，跨国汽车公司的生产都是全球化的，为提高效率、节约成本、集中技术力量，一些汽车厂家会把某个系列或型号的车辆全部放在某个国家生产，另一些系列或型号的车辆全部放在别的国家生产，这样一来，在它的“原产地”就没有这些系列或型号的车辆的生产了，原产地被厂家安排到了另外的地方。

汽车不同于农产品，与阳光、雨水、气候、海拔、土地酸碱度等地域或地理条件无关。在这种情况下，汽车的产地与汽车的品质并没有多大关联，不因产地的变化而影响汽车的质量。在汽车界，对跨国大品牌汽车的产地其实是不重视的。

（三）如何理解平行进口车“原装”或“改装”

网文说《进口机动车辆随车检验单》标注该车为“改装车”，而天津奥尚汽车销售有限公司与重庆爱尚公司签署的《汽车销售合同》第二条约定，“保证所提供车辆为原装车”。

这里有两个事实问题：

1.《进口机动车辆随车检验单》标注该车为“改装车”吗？

我没有看到本案的《进口机动车辆随车检验单》，无法确知它是否标注该车为“改装车”；但是，我见过很多的《进口机动车辆随车检验单》，从来没有任何一份有标注车辆为“原装”或“改装”的。

《进口机动车辆随车检验单》是固定格式、固定内容，一共有收货人、发货人、入境日期、合同号、发货港、发票号、卸货港、发票所列数量、运输工具、提/运单号、品名及型号、提/运单日期、质量保证期、发动机号、底盘（车架号）、标记及号码、车辆识别代号（VIN）、检验情况18个项目，没有哪个项目会涉及“原装”或“改装”、会出现“原装”或“改装”的标记。

2. 天津奥尚汽车销售有限公司与重庆爱尚公司签署的《汽车销售合同》的约定与本案有关吗？

根据合同相对性原理，天津奥尚汽车销售有限公司是案外人、与本案无关，天津奥尚汽车销售有限公司与重庆爱尚公司签署的《汽车销售合同》的约定不能对本案产生任何影响，哪怕是它“保证所提供车辆为原装车”也不构成本案的承诺或约定，更不成为本案被告“欺诈”的证据。即使天津奥尚汽车销售有限公司与重庆爱尚公司签署的《汽车销售合同》涉及的车架号与本案完全相同，也不证明本案被告涉嫌欺诈。

三、是代理还是买卖？

据网文，“2014年，双方签下了一份《重庆爱尚汽车销售有限公司代理购车合同》，游女士认为，这是一份买卖合同；经销商称，这是一份委托代理合同。”“因这份《合同》中‘代理购车合同’的字体型号明显偏小，判决书也特意提到了这个细节，且因《合同》明确了游女士付款、逾期、定金、罚金等细则，从法律上看，这些都是买卖合同的要素。最终，法院从根据《合同》的内容和相应的法律条款认定了双方的买卖关系成立。”

且不说诉讼时效是否经过、撤销权是否已过除斥期间，若仅因“代理购车合同”的字体型号明显偏小的细节而认定合同性质，那就真是无语了，因为，没有任何一部法律这样规定、任何一种商业惯例这样认为、任何一个判例这样裁判：以字号来认定合同性质；代理合同也涉及付款、逾期等提法，罚金则是刑事法律术语，难道因为出现了这个术语而认定是刑事行为？

陈群律师未代理重庆“玛莎拉蒂退一赔三”案件的任何一方，只是客观地就网文所涉事实及本人多年承办众多汽车案件的经验发表一个汽车专业律师的见解。

第二篇：汽车“欺诈退一赔三”案件何其多！

作为汽车律师，本人经常接触汽车类案件。由于接到的汽车“欺诈退一赔三”咨询比较多，感觉其中有不少问题，于是，想仔细研究一下汽车欺诈诉讼的现状，为自己所钟情的汽车法律服务提供更加有力的支持。因最近比较忙、社会活动多，先从简单、耗时少的路径做起：百度，输入“汽车欺诈退一赔三”，立即跳出“百度为您找到相关结果约11800个”，网页有几十页，标题大多是十分有煽动性的，仔细看了前面五六页，后面的基本是重复的。

一、梳理这些案例，主要情况是：

1. 涉及的审级有一审、二审、再审；

2. 涉及的省级区域有北京、天津、重庆、浙江、四川、陕西、贵州、山东、湖南、广西、福建11个省市区；

3. 涉及的案例有十多个；

4. 涉及的品牌有宝马、路虎、玛莎拉蒂、奥迪、众泰、福特、皮卡、奇瑞、长安标致雪铁龙蒂艾仕、菲亚特；

5. 涉及的年份都在2013年、2014年、2015年、2016年、2017年这五年；

6. 涉及的最大标的达440多万元人民币；

7. 涉及的原因，“里程不符”1例，“前保险杆有明显的油漆修复痕迹”1例，“购买前两年有被火烧后的维修记录”1例，“退回再售未告知”1

例，“前中网左右明显不一致”1例，“左后叶子板漆面与原车漆面色差十分明显”1例，“买车三年发现买前有维修记录”1例，“右前保险杠做漆”1例，“隐瞒召回车再售”1例，“交车时里程表的读数和该车出售前临时牌照所对应的行驶里程不一致”1例，涉及PDI的2例；

8. 争议发生的时间，离买车的时间最短的6个月以内，最长的有3年多。

二、判决结果

1. 部分案例二审维持了一审。

2. 一审、二审不一致的案例，有对经销商有利的，有对车主有利的：

（1）温州路虎案，一审认为构成欺诈、判令经销商赔偿390万元，二审认为侵犯消费者知情权、判决赔偿30多万元结案；

（2）成都宝马案，一审认为欺诈行为证据不足，驳回了诉讼请求；上诉后，成都市中级人民法院认为，被告确认该车的前中网左右网格粗细应当一致，却不能对案涉车辆存在的外观问题作出合理解释，且经法院释明后既不举证也不申请鉴定，故认定该车前中网左右网格粗细不一致属于质量瑕疵，进而认定被告在销售车辆过程中故意隐瞒了车辆存在瑕疵的事实，已经构成了欺诈，判令撤销一审民事判决、按购车款1倍支付赔偿金81万余元。因原告未要求解除合同，对其主张退还购车款的请求不支持。对他主张赔偿的其他损失，因赔偿金足以弥补损失，故不予支持其“其他损失”请求。

3. 绝大多数都是打到二审就结案。

4. 只有一例，一审、二审都支持了消费者且经销商已履行了判决确定的义务，此后，经销商向某省高级人民法院提起了再审，再审撤销了原审判决，改判支持经销商的再审请求。

第三篇：汽车“欺诈退一赔三”案件发展趋势

一、汽车退一赔三（退一赔一）案件众多的主要原因

（一）来自法律规定

《消费者权益保护法》修订后于2014年3月15日施行，其第五十五条第一款将“退一赔一”改成了“退一赔三”，再加上其第二十三条第三款规定的六个月内瑕疵举证责任倒置，使汽车产品正式被规定为消费品，汽车“欺诈”案件赔偿比例明确，给人民法院裁判支持“退一赔三”提供了法律依据，且裁判易操作。

（二）来自媒体、舆论

媒体的大力宣传、舆论的鲜明倾向性，特别是网络文章的吸引眼球标题及煽动欲望表达，使一些本无诉求的人产生想法，进而在外界的鼓动下进入诉讼。

（三）来自消费者

1. 消费者的维权意识不断增强，懂得拿起法律武器来维护自己的合法权益；

2.《消费者权益保护法》的修订使消费者维权难度降低、维权收益翻了三倍，从而，维权动力极大增强，维权欲望高度膨胀。

二、汽车退一赔三（退一赔一）案件的发展趋势

（一）制度恐怕被利用

退一赔三的制度设计本是“惩罚性赔偿”，目的是要让不守诚信的商家承担失信的严重代价。但是，如果制度被误解、曲解、滥用，将会走入歧途。

（二）案件恐怕井喷，标的越来越大

1. 汽车价格高昂

于豪车车主而言，退一赔三的诉讼请求一旦得到法院支持，就是巨额现金赔偿，目前最高金额达440多万元，将来，不排除出现数千万元甚至数亿元的案件，因为，目前进入诉讼的豪车车价最高者才100多万元，而实际上豪车车价在千万元以上的在市场上并不少见。

2. 汽车机件复杂、易损

进口汽车漂洋过海、国产车也需要长途运输，新车从厂家到商家的运输过程中漆面及机件易损。

3. 汽车行业惯例不为社会了解和接受

汽车PDI、提前销售等行业惯例不仅不被普通人了解，甚至不被法官了解和理解，已有多例案件由于法官对汽车行业惯例不了解更不理解而按常识去处理而导致错判。

4. 豪车车主并不都是大富之人

贷款买车充门面的大有人在。退一赔三的结果对这部分人的吸引力非常大，他们将可能成为原告大军。

三、汽车退一赔三（退一赔一）案件对社会的影响

（一）贷款买车成风

与案件井喷密切关联的是，可能有人想以几万元、几十万元一搏“退一赔三”的机会。

（二）职业买家、“退手”出现

因暴利所诱，将出现以买车、退车为“业”的人，他们专门研究哪些车、哪些店、哪些环节易被攻破、易使“退一赔三”的目的实现。

（三）商家如履薄冰

因为动不动就被诉“欺诈退一赔三”、动不动就赔几十万元上百万元甚至更巨大的金额，商家经营行为风险暴增、利润陡降、亏损严重，正常销售和维修难以为继，关门歇业者增多，带来连锁反应。

（四）道德沦丧

1. “制造”瑕疵者出现

随着此类判例越来越多、宣传越来越广泛、暴利的引诱力越来越大，少数人对“权利”过度关注，对“瑕疵”夸张放大，对“欺诈”错误认识，对暴利疯狂追求，导致失去底线。

2. 诬陷“欺诈”者产生

有人将不择手段给商家扣上“欺诈”的大帽子，软硬兼施地给经销商施加压力，极力追求退一赔三。

3. 利令智昏

可能有互相勾结、狼狈为奸者出现。巨额的收益使一些人失去理智，其中可能有买家、销售者的员工、维修者的员工、律师、鉴定人、媒体人、消费者权益维护人士等。当这些人勾结在一起、把水搅浑之时，就将有大量支持退一赔三的案件出现，又反过来刺激更多的人加入这个制造瑕疵、诬陷“欺诈”的诉讼大军队伍。

第四篇：汽车退一赔三案件易演变成“以合法方式追求非法目的”的道具

一、汽车退一赔三案件易演变成“以合法方式追求非法目的”的道具

1. 这些年，实业难做，股票炒亏，房屋限购限贷无法炒，许多人资金无处投放、精力无处消耗、生财之道无处可寻。

2. 以消费者身份打官司是合法方式，形象光明正大，声音义正词严，

易得到各方支持。

3. 打汽车退一赔三官司成本低、风险小、成功率高，即使败诉，也仅损失差旅费、诉讼费，一旦成功，则是巨额进账、名利双收！

4. 汽车技术复杂、机件繁多、可乘之机不少。

二、大量汽车退一赔三案件，将对社会观念、社会生活、社会风气产生不良导向

曾经，一个南京彭宇案的判决使全国人民不扶、不敢扶、不愿扶跌倒老人；如果汽车“退一赔三”案件持续曝光、“消费者”经常性得到动辄数百万元甚至更多的金钱赔偿，那么，跟风学样者将蜂起，未来可能汽车“退一赔三”案件“遍地开花”：

1. “消费者”挖空心思、吹毛求疵地寻找甚至制造“退一赔三”的机会和理由；

2. 大批民众闻“退”而上、闻“退”而喜、闻“退”而围观；

3. 汽车经销商则闻“退”头疼、闻“退”丧胆，难以从纯粹的技术角度、根据客观情况去检查、发现、剖析并解决真正的汽车问题，大把的时间、精力、资金、资源被迫用于解决“退”问题；

4. 大批“退”客产生，他们以“退”为乐、以“退”为业、以“退”谋利，退汽车，退房屋，退各种各样能找到退货、退服务理由和“证据”的商品或服务，“退”货、“退”服务成为一个新兴的暴利行业和暴利“职业”。

三、目前，相当部分汽车退一赔三案件的处理不合适、不恰当，对汽车行业可能导致毁灭性打击

（一）不能对汽车及汽车行业苛求

1. 一台汽车有两万多个零配件，生产过程复杂性综合性突出，涉及很多部门、很多行业、很多国家；

2. 汽车设计、生产中运用最新科学技术、最新原材料、最新装配工艺，人类因知识的、观念的、能力的、设施设备的条件限制，对科学的、技术的、材料的、工艺的、综合的未知领域还有很多；

3. 新车从厂家到商家的运输路程遥远、过程艰险、磕磕碰碰在所难免；

4. 实行品牌销售制度这十几年来，中国的汽车工业、汽车商业都被跨国汽车企业严重挤压，基础不牢、实力不强、后劲不足，本就容易出问题，再遭受不合理待遇，将更加严重地影响中国汽车业的正常发展。

（二）不适当的处置产生的恶果很难修复

1. 医患关系的现实警示我们，正常的社会关系一旦遭到破坏，将持续恶化、很难恢复，医患相互间的误解、矛盾即使有所缓解、有所修复，也很难恢复到原有的正常状态；汽车同理。如果把汽车买家和汽车商家、汽车厂家的相互信任损毁殆尽，后果会比医患关系恶化更加严重。

2. 目前的一些做法（裁判、舆论等）使国际通行的、成熟的汽车行业惯例及我国特色的汽车行业惯例被质疑、被否定、被摧毁，致使行业道德无法维持、行业惯例难以实施，经销商对PDI等检查流于形式，不敢进行实质性操作，汽车的运行安全及人民群众的道路安全难以得到保障。

3. 汽车是国民经济的支柱产业，应当扶持，再也经不起折腾、经不起不合理的打击。

四、汽车退一赔三案件可能滋生腐败

对暴利的追求可能会使一些人铤而走险。广东等地报道过，有当事人、律师、法官、执行人员合谋制造假案，从“证据”“当事人”“证人”到起诉状、和解协议、裁判文书、执行文书，实行全包制的流水作业，一条龙到底，就是典型的“以合法方式追求非法目的”的行为。

汽车“退一赔三”案件还不同于上述完全虚假的案件，汽车的买卖是真实的、汽车的小瑕疵很容易找到，就看你能不能正确地、合理地认识和对待。

正因如此，汽车退一赔三案件更容易滋生腐败窝案且清查破获的难度更大。

第五篇：车主为什么在汽车“退一赔三”案件中常常胜诉?

车主在汽车退一赔三案件中胜诉，特别是在一审中胜诉，是非常正常的，也是必然的。之所以这么说，主要是因为以下几点：

一、车主是诉讼的发起者，是原告，在诉讼中占有主动权

1. 在汽车退一赔三案件中，原告都是车主，是由车主发动诉讼程序、由车主操控诉讼进程、案由及诉讼方向、诉讼管辖法院等；

2. 车主都是在发现了汽车的种种“问题”并咨询或聘请律师后起诉的；

3. 在专业人士帮助下，车主方基本上都做了诉讼策划且基本上做得很好，起诉时间、诉讼请求、事实与理由、证据都作了精心的设计安排。

二、车主一方面在道义上占优势，另一方面确实有相当的社会地位及社会影响力

1. 在现阶段，汽车仍是大宗消费品，人民群众买台车不容易，几万元、几十万元、百万元的车价，出了问题，易使人同情、关注。

2. 从对技术的了解、对信息的占有角度看，车主似乎是“弱势”。

3. 车主一般是多管齐下，既提起诉讼，又在诉讼外做足文章，特别是充分利用媒体、消费者协会的力量，以为消费者维权的正义大旗号令各方。

4. 从目前的案例看，绝大多数汽车退一赔三案件所涉车辆都是豪车，且这种趋势越来越明显。虽然早期有皮卡、福特，但近两年，爆出的案例却多是路虎、宝马、玛莎拉蒂等品牌中的百万元以上级豪车，且判赔总额越来越大，已从二三十万元上升到两三百万元，七月厦门的一例已突破400万元。

大家都知道，豪车车主往往“非富即贵”，有些车主在当地有相当的社会地位和社会影响力，基层法院基于自身利益的考虑，可能将天平倾向原告，甚至枉法裁判。

三、法律规定及社会现实导致了法官的倾向性

1. 《消费者权益保护法》《产品质量法》《侵权责任法》《家用汽车产品修理、更换、退货责任规定》等对消费者的保护力度非常大，如《消费者权益保护法》第五十五条第一款就是汽车“退一赔三”的法律依据，第二十三条第三款还规定了六个月内举证责任倒置，这些都是对消费者非常有利的；

2. 基层法官生活在原告的圈子里，裁判原告胜诉，于自己而言，更安全，更无后顾之忧；

3. 这些不公平的倾向、这些枉法裁判因披上了“维护消费者权益”的漂亮外衣而自带保护色，从而难以被认定为错案、更难被认定为枉法裁判；

4. 我国民事诉讼实行两审终审制，一审判决并不一定生效，于是某些法官认为犯不着太较真而给自己带来麻烦。

四、某些法官有“有错推定”及“剜肉补疮吃大户”的心理定式

作者作为汽车律师，经常代理汽车案件，承办过各种各样案由和诉讼请求的汽车类案件，在全国很多法庭出过庭、与各色法官打过交道，一个鲜明的强烈的感受就是，承办法官往往对汽车经销商有一种先入为主的“有错推定”心理，有的甚至公开在法庭上说出来，意思无非是：原告花那么多钱买车，车辆就不应该有问题，出现问题了你就得赔；你那么大店，早已赚够了，赔这点钱不算什么；你们店大利厚，出点钱维稳是应该的……他们总觉得，你是公司、你是大户，就该赔个人、赔客户。

五、媒体的宣传促进

在汽车退一赔三案件发酵的过程中，媒体起着极其重要的、推波助澜的作用。经过媒体的极力宣传，让最广泛的人群受到最诱人的刺激，跟风者就必然多了起来。而媒体是“无冕之王”，媒体的号召力、影响力、威慑力都是非常大的，法院畏惧于媒体的曝光，经销商畏惧于媒体的“揭秘”，甚至连政府都在意媒体的倾向。所以，一个汽车退一赔三案件，经媒体炒作以后，可能会偏离法治的轨道，朝着取悦民众的方向发展。

基于上述原因，汽车退一赔三案件中，原告胜诉比例非常高，且胜诉原因中法外因素占重要地位。

第六篇：为什么汽车退一赔三案件二审常常改判?

在汽车退一赔三案件中，有一个奇怪的、比较有规律的现象：一审时，原告（车主）胜诉，被支持退一赔三、获得数十万元甚至高达数百万元的巨额赔偿，以至于媒体发出惊呼：赚翻了，大发了。到了二审，却改判了，车主不再得到巨额赔偿，只象征性地获得补偿，甚至被驳回诉讼请求。甚至有的案例一审、二审都支持了车主、二审生效后都已经履行了，经销商却通过再审使案情发生逆转，人民法院改判支持经销商的再审请求、撤销原审判决。

那么，为什么会出现这样的逆转?

一、我国实行两审终审制，一审判决未生效，二审改判很正常

1. 汽车退一赔三案件是民事诉讼案件，案由是“买卖合同纠纷”。

2. 按照《民事诉讼法》的规定，我国的民事诉讼实行两审终审制，一审判决只有已过上诉期并且没有当事人上诉才可能生效；当事人在上诉期内依法提起上诉的，都要进入二审。

3. 二审判决作出并送达当事人，立即生效。

4. 之所以要设计成两审终审制，就是要设计好制约机制、纠错机制、救济机制并使之发挥作用，最大限度地保证民事诉讼依法进行、公平公正裁判。

5. 所以，二审对一审的判决予以改判，正是制度设计的初衷之一，是完全正常和正当的。

二、二审法院的专业素养

1. 一般来说，一审是在原告所在地的基层法院甚至派出法庭进行的，法官与原告可能有这样或那样错综复杂的关系，原告方可能给法官施加有形的或无形的压力；

2. 二审法院一般都是中级人民法院，在地理上可能离原告被告远了，与原告方在圈子上重合、交集的概率降低了；

3. 二审法院法官的职业荣誉感、职业责任感一般要强于一审法官。

三、案情更明了

一审判决出台后，原告方、媒体、消费者组织等都极力宣传、渲染，在这个各方博弈的过程中，产生了一个意外成果：案情更明了，是非真假由扑朔迷离变得水落石出了。

四、经销商懂得应对了

1. 在一审中，经销商突遭变故、仓促应对、阵脚慌乱；

2. 有的经销商意识不到面临的风险、舍不得花钱请律师，更不愿意花大价钱请精通汽车法律服务的律师；

3. 一审败诉了，经销商痛定思痛，紧急动员起来，重金聘请最了解汽车行业、最擅长打汽车类官司的律师；

4. 认真做诉讼策划，精心研究确定上诉请求、上诉理由、相应证据；

5. 从拒绝媒体、厌恶媒体到欢迎媒体、配合媒体，让外界了解真相。

五、民意更理性

民意从开始的欢呼、惊喜、羡慕、支持，到冷静思考、理性评价、不随便置喙。

六、媒体及时、全面的报道，一审的问题充分暴露了，不改不行

1. 如某省首例退一赔三案件，在一审、二审都支持原告车主之后，经销商履行了生效判决，然后提起再审。

有知情人士告诉媒体："这是一场不顾事实法律和情理的枉法判决。"媒体全文发表了知情人的意见。知情人士称，维权消费者廖某某是当地国土资源局的干部。廖某某起初想借补漆问题换车，被店方拒绝后，称"不给我换车，就让你的店赔得更多"，于是有了后面的一审判决和媒体对此维权案大获全胜的一窝蜂式的宣传报道。

知情人表示，“漆到底是谁在什么时间补的，这件事情法院从一审到二审一直都没有查清楚，无法判定店方是否存在欺诈行为。”据了解，目前该案已由湖南省高级人民法院再审改判。

2. 再如温州路虎案，一审判经销商退一赔三，本律师在得知情况后，撰写了“刍议路虎车主获赔314万”并发表在多个博客上，后受邀当面交流了意见，指出PDI是重要的国际通行的汽车行业习惯，不是普通的维修保养，后来二审改判以未告知PDI换件、侵犯知情权为由赔偿35万元。显然，二审是平衡的结果；但此案让法院知道，PDI作为重要的行业习惯，肯定要保护，不能随便以判决形式否定，否则会带来一系列问题；实际上，此案也成了PDI知识的一次大宣传、大普及。

第七篇：退一赔三案件败诉以后，经销商有什么后果?

谁都不想在诉讼中败诉，尤其是汽车经销商在汽车退一赔三案件中，更不想、不愿、不能败诉。

这是因为，如果在汽车退一赔三案件中败诉，就背上了两口大黑锅：

一是“欺诈”之污名。

民间一向有“好事不出门，坏事传千里”的说法。而法律规定民事诉讼是以公开为原则。现在的人民法院生效判决都可在裁判文书网及北大法宝、无讼等众多网站查到。经销商因“欺诈消费者”而败诉，商誉将因此受到极大的贬损，服务品牌将受到极大的负面影响，从而对将来的经营造成巨大的负担；并且，这种污名很难洗清，要恢复到原状更是难上加难。

二是三倍赔偿。

无论是数额还是影响，都是令经销商崩溃的！败诉可能引起多米诺骨牌效应和羊群效应，车主们可能群起而效仿，使经销商疲于应对、难以承受；上下游客户可能会落井下石，使经销商从此处处掣肘。

所以，汽车经销商要竭力使自己不要卷入退一赔三案件，如果不幸被诉，则要竭力打赢！

第八篇：汽车经销商如何做，才能避免成为“退一赔三”案件的败诉者?

在上一篇文章《汽车经销商假若在“退一赔三”案件中败诉，有什么后果?》里，陈群律师指出经销商败诉后将面临“背上了两口大黑锅”的严重后果。相信每一个经历过退一赔三案件的经销商都有深刻体会；即使没有经历过此种情形的经销商，也很容易就可以想象出那种惨状。

那么，经销商就只能束手就擒、坐以待毙、整车退一赔三吗?

不是的!

办法是什么?

笔者告诉您：请一个好律师！做好两件事!

这是陈群律师以十几年为经销商提供全面法律服务的经验看现有的败诉案例得出的结论。

一、请一个好律师

1. 所谓好律师，就是熟悉汽车法律服务的律师。他并不一定来自大所、名所，但是一定要具备六个“特别了解”：(1) 对汽车行业特别了解；(2) 对汽车经销商特别了解；(3) 对汽车经销商的业务流程特别了解；(4) 对汽车行业惯例特别了解；(5) 对汽车法律特别了解；(6) 对汽车类案件特别了解。此外，他还要有丰富的汽车争议处理、汽车诉讼应诉的实战经验；这样的律师，全国不到10人！再加一个条件：长期深入汽车经销商企业，深刻了解汽车经销商的喜怒哀乐、冷热痛痒、虚实长短，这样的律师少之又少。

2. 好律师要用优越条件聘请：绝对信赖 + 完全托付 + 十分尊重 + 优厚律师费 + 积极配合。

3. 不请好律师的直接后果就是：败诉，或者无法逆转!

有路虎经销商请不了解汽车行业、没有承办过汽车案件的律师协会副会长代理案件，该律师不了解PDI、更不知道PDI是汽车行业的商业惯例，抗辩无力，导致经销商败诉、并且被媒体推到风口浪尖；有玛莎拉蒂经销商舍不得花钱请律师，让员工代理，结果判赔数百万元；有平行进口汽车经销商，以为让有股东身份的资深律师代理就好，殊不知，平行进口汽车存在着不同于品牌授权汽车的规律、规则、规定及特点、证据。医生护士都不做自己及家人的手术和重症护理，因为给自己及家人做手术和重症护理时，医术和心理都难以维持在常态，难以正常发挥医术水平，极易出差错，所以医界有此惯例。律师其实道理相同。

二、做好两件事

（一）强化管理

1. 收车环节

（1）要与正规守信的物流公司合作。不要图运费便宜。相对于三倍赔偿而言，那点运输费不算什么！

（2）要清楚物流公司运输流程、时间节点。物流公司运送新商品车到店后，要及时、认真、仔细地验车。对于延迟到达的，必须查清楚原因，要严格把好验车关；对于夜间到达的、要在灯光明亮处验车；对于雨天到达、车身泥泞的，必须冲洗干净再验车。

作者处理过的一个案件中，物流公司的司机在半路上出了事故，在路边店花点小钱悄悄给糊弄过去了，趁着夜色或雨中泥泞给经销商交车，经销商被蒙在鼓里，等消费者起诉退一赔三的时候，就有点麻烦了！经销商可以抗辩说没有欺诈故意，但这种物流司机事故后的维修确实是发生在销售之前的，经销商如何证明自己不知道这个维修就是个难题。

2. 流转环节

汽车并不是从厂家直接就交到消费者手中的。汽车要经过很多流转环节，基本上每一个环节都是一次交易。因此，在厂家与经销商之间的流转、经销商内部的流转、经销商与二级经销商之间的流转、经销商与融资租赁商之间的流转等环节，要注意合同的名称和内容、发票的种类和填写要求，一台车只能开一次机动车统一发票，只能在销售给终端客户时才能开具；如果开错了，也会很麻烦，会成为“已经销售过”或“卖二手车”的证据，并且难以洗清。

3. 卖车环节

要设计并使用好乘用车买卖合同及相关表单，内容约定要清晰、明确、具体可操作，内容填写要规范、正确、惜字如金、不得随意添加项目或内容。对有 PDI 之外维修的车辆，一是要选择客户，不要销售给家用客户、尤其不要销售给难缠客户；二是要书面告知客户并保留已告知证据。

4. 交车环节

要区分 PDI 和普通维修，对 PDI 要用专门凭证，记载要清晰；交车单要逐项正确勾选，一定不要遗漏；要利用好厂家软件系统；凡是需要客户签字的，一定要客户当面签字，绝对不可漏签、代签、事后补签。缺少签字或签字不真实的文件，是没有证明力的！

（二）重视并打好诉讼之仗

1. 专业的事交给专业的人去做

不要出于这样或那样的考虑把专业的事让非专业的人去做，那会很被动的。

2. 要马儿跑得快就得给马儿勤喂草、喂好草

不要奢望律师是活雷锋，其要食人间烟火，还有精神追求；不应抠律师费，越是好的律师其律师费就越高，但绝不乱收费、绝对“人超所值”！

3. 对律师的配合至关重要

用人不疑，要向律师全面介绍情况、完整提供证据材料、及时提供一审全部材料，哪怕是负面的、极其不利的，也应当告诉律师，以便律师设计应对之策。如果将所谓的不利信息隐瞒自己的律师，那是最愚蠢的、最不应该的，因为，“要想人不知，除非己莫为”，原告律师可以从多个渠道、多种途径去获取信息，经销商的隐瞒只会令自己的律师被动、或增加工作量、或加大工作难度，进而使自己败诉；再者，经销商从经营角度看来“不利”的因素，律师从法律的角度、技术的角度、证据的角度看，并不一定不利。所以，经销商应当把有关情况毫无保留地“和盘托出”，以使己方的律师做好诉讼策划。

4. 不要害怕媒体

有话好好说，有话慢慢说，有话一定要说。不要让媒体成为一方的代言人；争取媒体公平公正平衡地报道。

5. 争取法庭、厂家、行业协会的正确理解、适当支持

如果大家感兴趣，可以关注微信公众号“陈群汽车律师”（微信号：cqq-cls）、法律博客“道义文章”（网址：cqlawyer2006. fyfz. cn）、大鱼号“婚姻家庭与财产传承”等自媒体，就能持续不断地接收到陈群律师写的汽车类专业文章！

第五节　车辆交接环节

一、交接

1. 汽车经销商在经营过程中需要经常与客户打交道，要与客户发生文

件的、钱款的、车辆的、凭证的、工具的交接，每次交接都应当把握好、规范操作。

2. 所有交接中，最重要的是各种形式的车辆交接。

二、车辆交接

（一）车辆交接的类型

1. 双方行为

车辆交接其实是一方给予、一方接受的两个方向的行为。

2. 接车

客户交车给经销商，经销商叫“接车”；这里的“客户”，主要地、经常地是指乘用车买卖合同的买方或机动车销售统一发票署名人，这是因为买方或发票人在上牌时、保养时、维修时、使用代步车时都需要向经销商交车，有时候也指物流公司或拖车公司，它们需要按运输合同向经销商交付运送的新车或拖运的事故车、故障车等，但交车频率要比买方或发票人要低。

3. 交车

经销商交车给客户，经销商叫“交车”，如新车交车、二手车交车、代步车交车等。

（二）经销商交车的类型及风险防范

1. 新车交车

是指客户与经销商签署乘用车买卖合同并支付全部价款（或他人代付，或银行贷款或汽车金融公司贷款并办妥抵押等）之后，经销商按照合同约定向客户移交车辆所有权及车辆实物的行为。

（1）新车交车前要做好如下工作：认真进行 PDI 检查并填制表格，核对清楚资源表、乘用车买卖合同、机动车销售统一发票、本公司财务部门已收齐全部车款的凭证或标的车的贷款已发放且标的车已抵押的有关证明文件、提车人身份证件、随车文件及工具等，带领提车人验车并书面确认。

（2）新车交车时要做好如下工作：再次检查车辆和文件；检查提车人的文件、证件，并与经销商的文件核对一致；把验车单、交车单等文件提交提车人查看、当面亲笔签署，然后把原件交公司存档；提车人必须适格，只能是买方或发票人，或持有买方或发票人的合格的委托书的人。

如果车辆有瑕疵，务必书面告知提车人，且取得提车人的书面同意。这一步骤必不可少，且必须严格规范，来不得半点马虎，否则，就可能面临“退一赔三”的诉讼并有极大的败诉风险！如果不是全款买车，务必要等贷款发放、抵押办妥、材料收齐才能放车。

（3）确保不交错车、不交问题车、不把车交错了人、不遗漏告知事项。牢记：早了、迟了、错了的交车，都是不应该的。

2. 二手车交车

（1）流程与新车相似，风险点及预防也相似。

（2）二手车交车要登记并请提车人验视行驶里程、出厂时间等，然后务必请提车人在相关单据上签名。

（3）要查明交通事故、违章、欠费、抵押的处理情况，确保车辆无负担。这些是与新车交车所不同的，而且是需要特别注意的。

3. 代步车交车

代步车是经销商为了给客户提供优质服务而将自备的汽车免费提供给客户在一定期间内使用的车辆。正因如此，代步车的交车有两次，一次是经销商将代步车提供给客户之时，一次是客户将代步车归还给经销商之时。

经销商交车给客户之时，一定要签订代步车使用协议，约定清楚使用代步车的驾驶人、时间、条件、归还的时间和条件、迟延还车的责任等，并记明交车前车况、油位、行驶里程。

客户将代步车交还给经销商时，可以不签订协议，但必须结清费用、记明时间、里程、油位、车况，处理完毕交通事故、违章等。

经销商向客户交付代步车时，还要注意检查行驶证的效力情况及代步车保险情况，不可将未年审的车、无保险、保险过期或保险额度不足的车交给客户。

（三）案例

某经销商既卖新车也卖二手车，有一次遇到一个大客户，买方同时买二手车和新车、维修另一台旧车、并要求经销商提供代步车，经销商大喜过望、奉若上帝，一一满足。

对于新车，经销商按买方要求在未收齐全款、未办理抵押时即提前放车，结果，买方使用中两次爆胎，因而拒绝上牌、拒绝抵押、拒绝还车，经销商既取不回车、又拿不到钱、还无法向贷款银行交差。

对于二手车，经销商未向买方过户即交车，买方在使用中发生重大交通事故，交通事故的受害人将经销商告上法庭，经销商成了被告。

巧的是，车主新买的新车、二手车都发生交通事故，连代步车也发生了交通事故，车主的老公于是找媒体、闹车展、网发负面信息，拒付维修费、不还代步车、不还贷款，故意损毁4S店财物，最终被刑事拘留。

这个案件称得上是“无巧不成书”，但经销商的过分迁就、失去底线也是重要原因。客户既然新车、二手车同时买，并且都提前提车了，就不应当提出要代步车，即使提出，经销商也不应该提供；新车该办的手续都不办就交车，本来就没把风险当回事；同样，二手车没过户就交车，也是做了不该做的。这正应了那句老话：苍蝇不叮无缝的蛋！

第六节　法律政策变化

法律的变化、政策的变化，给经销商带来的影响是极其巨大的、颠覆性的。近几年，对汽车经销商产生重大影响的法律政策变化，主要是汽车三包规定的出台、取消总经销商和经销商授权备案、开放平行进口、废止《汽车品牌销售管理实施办法》并实施《汽车销售管理办法》等。

未来可能发生的、对汽车业产生颠覆性影响的是中国或将制定禁售燃油汽车时间表及智能汽车的全面推出。

（一）法律背景

1. 2005年4月1日实施的《汽车品牌销售管理实施办法》（本节简称“办法”）确认总经销商对经销商实行品牌授权是我国汽车流通领域的唯一合法模式。

2. 《缺陷汽车产品召回管理条例》自2013年1月1日起施行。

3. 《机动车强制报废标准规定》自2013年5月1日起施行。家用汽车再也不实行强制报废制度，是否报废，依技术标准（检测结果）、依车主意愿。

4. 备受关注的《家用汽车产品修理、更换、退货责任规定》（以下简称“家用汽车三包规定”）历经曲折、多易其稿，经2012年6月27日国家质量监督检验检疫总局局务会议审议通过，于2012年12月29日予以公布，自2013年10月1日起施行。

5. 国家工商行政管理总局于2014年8月1日发布《关于停止实施汽车总经销商和汽车品牌授权经销商备案工作的公告》，以取消关键环节的方式，从形式上宣布了汽车流通领域总经销商、经销商制度的终结。

6. 国务院办公厅于2014年10月在《关于加强进口的若干意见》中提出，加紧在上海自贸区率先开展汽车平行进口试点工作。此后，国家不断增加汽车平行进口试点省市。汽车平行进口，从“地下操作”转正为合法进行。

所谓“平行进口”，是指除总经销商以外，由其他进口商从产品原产地直接进口，其进口渠道与国内授权经销渠道相“平行”。可分为“美规车”“中东版车”等，以区别于传统渠道销售的“中规车”。

2014年8月15日，上海市政府发布《上海国际贸易中心建设2014—2015年重点工作安排》，提出推动自贸试验区内“平行进口汽车”政策试点，建设“平行进口汽车”展示、体验等综合性展示交易平台和综合维修中心。提供售后保障亦是上海自贸区“平行进口”试点方案的主要内容之一，平行进口车也可有“三包”等售后服务。同时，原工商总局停止实施汽车总经销商和汽车品牌授权经销商备案，为非中规进口车经销商合规公平地开展经营活动提供了资质政策支持。

正规平行进口车经销商必须向消费者出具以下几项文件：(1) 货物进口证明书（关单）；(2) 随车检验单（商检单）；(3) 车辆一致性证书；(4) 机动车销售统一发票；(5) 进口车辆电子信息。这一证件主要用于车主缴纳车辆购置税，但目前只有部分省份要求在上牌中出示电子信息表，消费者可按需索取；(6) 3C认证。

7.《汽车销售管理办法》于2017年7月1日起实施。

8. 2017年9月8日至10日，2017中国汽车产业发展（泰达）国际论坛在天津滨海新区举行。工信部副部长辛国斌透露，针对一些国家已经制定了停止生产销售传统能源汽车的时间表，目前工信部也启动了相关研究，将制定中国自己的时间表。这些举措必将推动我国汽车产业发展的环境和动力发生深刻变化。

（二）存在的问题

1. “办法”实施十年有余，对我国汽车业（包括生产业和流通业）产生了深刻的影响，长久以来，汽车生产厂商利用市场支配地位对经销商颐指气使，厂、商双方地位严重不匹配、不平等，利益分配严重违背经济规律。

2. 2013年密集出台三部汽车法规，与原来长期仅“办法”一法独大的局面形成鲜明对照，但是，法律变化的密度和程度前所未有，汽车业毫无准备、应对不及时、反应跟不上。不过，这种局面正在逐渐改观，尤其是汽车生产厂家及大的经销商集团。

3. 汽车三包涉及汽车业生产、销售、维修全流程，影响之大难以预料。

4. “家用汽车三包规定”这部行政规章对汽车经销商的管理和营利模式产生了广泛的、深远的影响，同时也给销售管理、售后服务管理提出了新课题，预示着汽车业管理规范时代的开始。

5. “家用汽车三包规定”显然仅适用于自然人购买的、家庭自用的汽车，从主体上排除了企业单位、事业单位、行政机关、学校、社团等一切“公家”主体；从用途上排除了家用之外的一切“公用”。但是，实践中常常有各种各样的机关单位的公务或商务用车主张“三包权利”，有的甚至直接在起诉状中诉称要适用“家用汽车三包规定”和《消费者权益保护法》。作者曾在法庭上代理被告答辩“原告为企业，且购买汽车为公司运营，不应当适用‘家用汽车三包规定’和消费者权益保护法”时遭到了法官的粗暴制止：“谁说不适用？我说适用就适用！”

6. 停止执行品牌授权制度，也使汽车业面临重大改变，虽说这种改变可能是缓慢的，但是于汽车经销商而言，如何应变仍然是一个重大的新问题。

7. 《汽车销售管理办法》加大了对汽车厂家垄断行为的约束、限制，但真要落实，还有很长的路要走。

（三）面临的风险

1. 消费者高举“家用汽车三包规定”大旗，提出苛刻要求。

2. 消费者并不按常规出牌，通过多种途径追求退车、高额赔偿。

（1）给经销商施以暴力或暴力威胁，如堵门、跟踪经销商高管等；

（2）败坏经销商声誉，如找媒体、找消费者协会、上网发各种夸大的不实、不利信息等；

（3）“借刀杀人”，给经销商施以高压，找消防、工商、价格、反垄断等行政机关来查经销商，借机逼迫经销商答应其敲诈性要求。

3. 取消总经销商及经销商授权备案，打乱原有框架，却未建立新秩序，可能使汽车生产厂家与经销商一时都不能适应。

4. 开放汽车平行进口，对授权经销商是个冲击，平行进口商可能争抢授权经销商的市场份额、盈利机会；可能破坏原有交易秩序、交易规则；还可能导致消费者胃口撑大、要求提高、更难满足。

5. 汽车平行进口的法治建设、政策配套、行政管理与监督服务一时都跟不上，平行进口经销商自身急于求成、盲人摸象，都可能导致问题产生。

在深圳，已有几家平行进口汽车试点经销商或违约、或关门、或歇业、或老板跑路甚至老板“进去”了，发生各种大家都不愿意看到的情形。

（四）须继续研究的课题

1. 怎样理解“三包规定”及配套国家标准等规范性文件？

2. 怎样深刻领会汽车厂家的三包文件和配套商务政策？

3. 如何完善乘用车买卖合同具体条款设计？

4. 如何建立并完善销售表单体系？

5. 怎样防范和控制销售管理法律风险？

6. 怎样有效避免争议的产生？怎样高效合理地处理争议？

7. 如何完善维修合同具体条款设计，防范和控制售后管理法律风险？

8. 如何设计并完善与“三包规定”执行相配套的合同、表单、制度、流程？

9. “三包规定”施行以来，汽车经营状态、法律风险、消费者争议的特征及相应变化？

10. 如何防范和应对使歪招、耍阴谋手段的消费者？

11. 如何避免“被欺诈”？如何在“退一赔三欺诈诉讼”中立于不败之地？

12. 如何应对“互联网+”浪潮，抓住新时代的新机会，并在新形势下预见并规避风险？

13. 如何迎接二手车市场、汽车后市场的春天？

（五）总法律顾问执行

1. 解读“家用汽车三包规定”、汽车销售管理办法及相关国家标准，研究开放汽车平行进口的政策规定，研究汽车销售管理办法的规定，设计应对方案。

2. 与经销商高级管理人员会谈；了解经销商的基本情况、销售管理现状、目标需要；深入各公司做好现场摸底调查、企业现状盘点调查问卷及分析。

3. 对现有销售管理制度、合同、表单的合法性、合理性、可操作性进行审查，锁定最需要予以防控的重点问题。

4. 法律风险防控体系设计，根据优化后的流程设计、建立与变化后的法律政策规定相适应的风险控制的测评体系、监控体系、纠正体系、化解体系，帮助经销商彻底“挖雷”和建立“防火墙”。

5. 结合经销商现状和发展规划，设计、修改销售管理规章制度，修订、完善《乘用车买卖合同》与《作业指导书》，进行分类调整及改善，同时进行合同、表单、台账、管理记录的体系性、匹配性、可操作性审查与调整。

6. 对经销商销售管理现状作全面“健康检查”，编制法律风险诊断评估报告及风险防控操作指导书。

7. 与经销商一起对上述修订方案进行讨论，查缺补漏及修正。

8. 各类文件修改、定稿。

9. 导入培训和运行辅导培训。

10. 跟踪维护型服务。研究新类型案件，特别是“欺诈退一赔三”案件，找出其中规律性的东西、普遍性的东西，指导经销商调整经营策略和经营方案，以及应诉策划、应诉方案。

（六）经销商须配合完成的工作

1. 经销商基本情况及销售状况盘点调查问卷填报、访谈、回收及整理；

2. 乘用车买卖合同、表单、作业指导书等现有书面文件及电子文档的收集、整理、传递；

3. 明确提出管理中存在的最需要法律顾问解决的问题及风险；

4. 对所有的改善、调整须及时、有效地落实。

（七）行业发展趋势

1. 未来，节能、环保、高科技含量将是行业的主题曲

环保体现在汽车行业，就是电动汽车以及其他已经出现、将来出现的新能源汽车。据外媒报道，IHS 和摩根士丹利研究公司共同发布的纯电动车未来发展报告当中显示，2020 年特斯拉销量将占据全球电动汽车市场半壁江山。可见，电动车的发展势头有多猛！

从目前情况看，电动汽车除了环保优势以外，与传统燃油车相比，还有很多绝对优势：

（1）整车及动力源价格优势。

电比油便宜很多。据说，用电，一英里费用是四美分；用油，一英里费用是十五美分，差不多是四倍。随着技术进步和国家扶持，电价可能还会继续降低，这样一来，用车成本就大为降低。

（2）性能优势。

电动车性能比燃油车强。据说，电动车从能量到推力的转化效率高达90%，而燃油车的转化效率不到35%。比如，特斯拉 Model S 的最高配置已经可以在2.8秒内从0加速到每小时100公里了。

（3）维护保养便利优势。

电动汽车维护保养费用大大低于燃油汽车。因为燃油汽车的内燃机构造复杂、零部件很多；而电动车没有内燃机，那么多的零部件一下子就省去了；当然电路也是有一定复杂性的，但它比内燃机简单多了，维护费用要比同类燃油汽车便宜三分之一。

所以说，时代潮流汹涌向前，新能源驱动、智能互联、自动驾驶、共享出行等新模式、新方法、新路径不断涌现，发展新型能源汽车已是势在必行；在当前电动车及相关技术迅猛发展的背景下，无论是英国、德国还是其他国家，电动车取代汽油、柴油车的趋势已经出现。世界各个国家都行动起来了，请看各国的姿态：荷兰和挪威曾提出，将在2025年禁售燃油车。2016年，德国《明镜周刊》报道，德国联邦参议会通过一项决议，将于2030年起禁止所有燃油汽车上路。印度也称，要在2030年全面禁售燃油车。2017年7月初，法国能源部长 Nicolas Hulot 宣布，法国计划在2040年前停止销售汽油和柴油车。该计划是法国一项旨在履行巴黎气候协定承诺的"五年大计"的一部分。据新华社7月底消息，英国政府也准备从2040年起全面禁止销售汽油车和柴油车，以期改善空气质量。届时，在英国出售的车辆将全部为电动车。

新能源汽车生产销售竞赛已经开始加速，汽车销售企业既要有危机感、紧迫感，又要有很强的自信，因为新能源汽车还是汽车，其用户群体的特征不会有突变，其客源吸引与扩张、客户维护与增长的原理是相同的。汽车经销商现在要思考的问题是如何尽快学习新能源汽车的有关知识并适应新能源汽车的市场环境，在新能源汽车市场上占据先机，争取得到新能源汽车产业政策带来的利好，实现“弯道超车”的目标。

2. “互联网+”全面覆盖汽车行业

（1）百度、阿里巴巴、腾讯等互联网巨头企业纷纷发布了“造车计划”。上述这些发布造车计划的企业，没有一个是现在的汽车企业，没有一个涉足过传统的燃油汽车，他们对汽车的生产和销售是完全的“外行”。然而，他们却有十分明显的共同特征：都是互联网龙头企业，都有雄厚的资金、有庞大的规模、有巨大的流量和用户群体、有引导潮流的理念和经验、有超强的市场话语权、有极为敏锐的洞察力，是名副其实的市场风向标。

（2）腾讯通过合作的方式迅速介入中国汽车流通行业。

据中国汽车流通协会消息，腾讯与中国汽车流通协会正式牵手，于2018年3月29日，在深圳腾讯总部正式签署战略合作协议。中国汽车流通协会会长沈进军与腾讯公司董事会主席兼首席执行官马化腾共同出席了签约仪式。中国汽车流通协会副会长刁建申、副秘书长宋涛、腾讯公司副总裁林璟骅，以及广汇汽车、中升汽车、利星行汽车、永达汽车、国机汽车、大昌行汽车、元通汽车、正通汽车、广物汽车、长久汽车、运通汽车、万帮汽车、远通汽车、浩物汽车、润东汽车、利泰汽车、威佳汽车、宝利德汽车、润华汽车、祥龙汽车、华星汽车、盈众汽车、沈阳大众汽车、捷通达汽车、嘉华基业汽车、大兴汽车、汽车街、中坤集团等百强经销商集团投资人和双方业务团队的负责人也参加了仪式。

这可不是一般的合作，而是开启了汽车流通业的新时代！

中国汽车流通协会是经民政部审批的中国的汽车流通领域的全国性行业协会，旗下统领着全国的较大规模及较为规范的汽车经销商，是全国汽车经销商的领头羊；腾讯是大数据的大平台，是信息集散地，有海量的曝光量。腾讯此前已投资新能源汽车，涉足汽车生产领域；本次抓住了汽车流通领域的龙头，纲举目张，间接控制汽车流通领域，从此，腾讯等于参与了全国的汽车全产业链，又下了一盘既高超又绝妙的大棋！

中国汽车流通协会虽说多年来深耕汽车流通业，为汽车经销商做出种种贡献，但哪次都比不上这次。流通协会的这个动作，把汽车经销商带入大数据的快车道，给全国的汽车经销商带来福音、带来机遇、带来挑战！

双方都对合作寄予厚望、满怀信心。中国汽车流通协会会长沈进军表示："'互联网+'是汽车流通行业腾飞的助力，我们通过与腾讯公司合作这一路径，发挥互联网优势和工匠精神，进一步提高了汽车流通行业的运营及管理效率，希望通过这次合作，汽车流通行业能够插上腾讯的互联网翅膀，飞得更高，走得更远。"腾讯公司董事会主席兼首席执行官马化腾则表示："我们希望通过腾讯的一系列产品、方案能够助力汽车流通行业实现数字化、智慧化转型升级，为用户提供更好的体验。"

未来，双方主要的合作内容是开发定制版专用工具，以期达到如下效果：(1) 使经销商可以通过专属化的微信支付与小程序结合，提升门店社交流量。(2) 通过企业微信来实现快速响应和统一管理的运营效果。(3) 借助腾讯大数据能力，在店端利用人脸识别、人流分析、销售效率分析等服务，帮助经销商提升顾客购车体验。也就是说，借助腾讯的互联网控制力、遍布全国的汽车经销商的实体网络和经营能力，打通客户入口、提升客户黏度、改善客户体验，创造全新销售模式。

所以，可以想见的是，未来他们创造的新的产品、新的模式将颠覆汽车行业。从而，汽车行业的规则要变，习惯要变，法律风险管理的模式也要变。

可见，这个世界没有哪个行业是可以永远兴旺、一成不变的。没有哪个企业是可以一劳永逸的。危机与机会并存，变化与不变同在，就看您能不能认识并把握。

在这样如万花筒般多姿多彩、快速发展变化的时代，经销商只有居安思危、主动求变、以攻为守，才是企业持续发展的最强战略。

历史的车轮滚滚，大浪淘沙，推陈出新，更替迭代，时代发展、技术进步，只有适应时代变化的经销商才能勇敢而坚定地矗立于潮头！

如果您对汽车行业风险管理有独到见解，或是您有汽车退一赔三案件的生效判决书愿意与作者分享，欢迎关注作者公众号（见作者简介）进行交流，以便在再版时修订。作者后续还将写作《您被欺诈了吗?》，欢迎感兴趣的您继续关注。

您的积极参与，是汽车行业兴旺发达的强劲动力！

后　记

从童年时期开始，我便尝试写过各种各样的文章，作文、日记、诗歌、小说、散文、剧本，不亦乐乎。

一直以来，我以写文章为乐趣，博客、微博、微信、公众号、企鹅号、大鱼号、百家号、头条号，为了写作，我忙个不停。

然而，写一本书，却是前所未有的。

第一次准备出书，既兴奋，又忐忑，甚至不知从何下手。

忽然灵机一动，先把架子搭起来，就像建房一样，要有大的框架，也要有砖瓦沙子。我就是这样，先搜索资料、撰写提纲、迅速组织基本框架、填进文字，然后再慢慢修改，写着写着，慢慢进入角色、找到路径：哦，原来是这样的。

毕竟，我多年为汽车经销商提供法律服务，有太多的思考、太多的想法、太多的话语要表达，进入角色以后，内容就喷涌而出、一气呵成。

但其实，个中的苦和难，真是不经历不知道。从立下写书之“志”之后，为了完成自己定下的任务，经常是夜以继日、废寝忘食，以至于腰酸背痛、哪里的毛病都出来了！

写书有点像打官司，既要注意内容这个“实体”，也要注意编章节这个“程序”，于是就难。自己发明了一个小技巧，按编或按章分成一个又一个 word 文档，要阅读、要修改就简单得多，不用从头翻到尾；

然而，等全部写完后，又冒出了新问题：把一块块文章编到一起，还是要从头至尾地查看，既要耐心，更要细心，稍不注意，就把各编、各章给编错了位置，要想改正可就相当麻烦了。所以，我感觉写书是“痛并快乐着”。

图书在版编目（CIP）数据

汽车经销商法律风险管理攻略 / 陈群，许哲虎著．
—北京：中国法制出版社，2018. 12
ISBN 978 - 7 - 5093 - 9881 - 4

Ⅰ. ①汽… Ⅱ. ①陈…②许… Ⅲ. ①汽车 - 经销 -
法律 - 研究 - 中国 Ⅳ. ①D922. 294. 4

中国版本图书馆 CIP 数据核字（2018）第 241496 号

策划编辑　陈兴（cx_legal@ 163. com）
责任编辑　陈兴　赵律玮　　封面设计　杨鑫宇

汽车经销商法律风险管理攻略

QICHE JINGXIAOSHANG FALÜ FENGXIAN GUANLI GONGLÜE

著者/陈群，许哲虎
经销/新华书店
印刷/三河市紫恒印装有限公司
开本/730 毫米 × 1030 毫米　16 开　　印张/ 17. 5　字数/ 200 千
版次/2018 年 12 月第 1 版　　2018 年 12 月第 1 次印刷

中国法制出版社出版
书号 ISBN 978 - 7 - 5093 - 9881 - 4　　定价：56. 00 元

北京西单横二条 2 号
邮政编码：100031　　传真：010 - 66031119
网址：http：//www. zgfzs. com　　**编辑部电话：010 - 66010405**
市场营销部电话：010 - 66033393　　**邮购部电话：010 - 66033288**

（如有印装质量问题，请与本社印务部联系调换。电话：010 - 66032926）